Verhandlungen von 1882.

Schriften

des

Vereins für Socialpolitik.

XXI.

Verhandlungen von 1882.

Leipzig,
Verlag von Duncker & Humblot.
1882.

Verhandlungen

der

am 9. und 10. October 1882 in Frankfurt a. M.

abgehaltenen Generalversammlung

des

Vereins für Socialpolitik

über

Grundeigenthumsvertheilung und Erbrechtsreform; Internationale Fabrikgesetzgebung; Versicherungszwang und Armenverbände.

Auf Grund der stenographischen Niederschrift

herausgegeben

vom

Ständigen Ausschuß.

Leipzig,

Verlag von Duncker & Humblot.

1882.

Erste Sitzung.

Montag, den 9. Oktober.

(Die Sitzung wird um 9½ Uhr eröffnet.)

Geheimrath Professor Dr. Nasse (Bonn): Meine Herren! Im Auftrage des Vereins-Ausschusses habe ich die Ehre, die heutige Versammlung zu eröffnen und Sie willkommen zu heißen.

Es sind gerade 10 Jahre, daß die Eisenacher Versammlung zur Erörterung der socialen Frage zusammentrat und der Verein für Socialpolitik gegründet wurde. Die Gründung war ein Protest gegen die volkswirthschaftlichen Richtungen, welche in den letzten 10 bis 15 Jahren in der Presse und in allen öffentlichen Verhandlungen entschieden vorgeherrscht hatten. Der Protest war gerichtet gegen den einseitigen Individualismus, welcher mit Herstellung möglichst großer individueller Freiheit die wichtigsten Fragen der wirthschaftlichen Gesetzgebung gelöst glaubte und welcher die sittlich erziehende Aufgabe des Staats auf wirthschaftlichem Gebiet verkannte. Er war gerichtet gegen den Optimismus, welcher dem Ernst und der Dringlichkeit der sogenannten socialen Frage die Augen verschloß. Der Protest war keine politische Parteisache. Er ging aus von Männern aller nationalen Parteien in Deutschland. Es überwogen unter den Gründern wohl die Liberalen über die Conservativen und noch mehr die mittleren Parteien über die extremen, aber es fehlte ebenso wenig an hervorragenden Männern der streng conservativen Richtung, wie der Fortschrittspartei. Er war ein Mahnruf, der aus dem Staatsgefühl und dem socialen Gewissen des ganzen gebildeten Deutschlands hervorging und der in rasch wachsendem Maße im ganzen Volke Anklang gefunden hat. Denn darüber kann ja wohl kein Zweifel sein, daß in den Fragen, um welche es sich bei dem Zusammentritt jener Eisenacher Versammlung handelte, die öffentliche Meinung in Deutschland eine gründliche Umwandlung erfahren hat. So groß ist die Umwandlung, daß Mancher, der damals den Lehren von der alle Schäden heilenden Kraft der Concurrenz in vollster Ueberzeugung entgegentrat, jetzt ebenso sehr die Verpflichtung fühlt, den in weiten Kreisen verbreiteten Glauben an die Allmacht des Staatsgesetzes und der Staatsverwaltung zu bekämpfen.

Daher würde die Aufgabe des Vereins für Socialpolitik rasch erfüllt gewesen sein, wenn sie nur in der Negation des übertriebenen Individualismus der älteren Nationalökonomie bestanden hätte. Aber der Verein hat weiter geglaubt, auch eine positive Aufgabe zu haben. Er hat es unternommen, eine vom Kampf der Parteien und der Interessen möglichst unabhängige, sachgemäße und gründliche Erörterung socialpolitischer Fragen in Schrift und Wort zu veranstalten und so die Gesetzgebung auf diesem Gebiet anzuregen und vorzubereiten. Ich glaube, es hat sich gezeigt, daß auch diese Thätigkeit einem öffentlichen Bedürfnisse entspricht. Unsere parlamentarischen Versammlungen sind viel zu sehr mit Arbeiten überhäuft und der Parteikampf absorbirt in ihnen einen viel zu großen Theil der vorhandenen Kraft und Zeit, als daß sie selbst an eine gründliche Vorbereitung der Gesetzgebung denken könnten. Dieselbe geschieht daher in den Ministerien, welche sich zu diesem Zweck der Unterbehörden als ihrer Organe bedienen. Nun bin ich weit entfernt, den Werth dieser amtlichen Vorbereitung zu unterschätzen. Ich bin sogar mit einem unserer größten Staatsmänner und Historiker, mit B. G. Niebuhr, der Meinung, daß der Verwaltungsbeamte in der Regel der beste Gesetzgeber ist. Aber wer die Ueberhäufung gerade der tüchtigsten Kräfte in unsern Oberbehörden mit Arbeiten kennt und wer vor Allem erwägt, daß das Resultat dieser Vorbereitung ausschließlich auf dem Urtheil eines Mannes, des Ministers, beruht, der wird mit uns der Ansicht sein, daß daneben noch andere Wege offen sein müssen, um die Grundgedanken der Gesetzgebung anzuregen, zu prüfen und zu erörtern, in dem öffentlichen Leben zu verbreiten. An allen Orten sehen wir ja nun auch Vereine und Versammlungen entstehen, welche wesentlich auch die Einwirkung auf die Gesetzgebung zum Ziele haben und wohl ist unter uns in den letzten Jahren die Frage aufgetaucht und erörtert worden, ob es zweckmäßig sei, neben allen den andern Tagen auch unsere Versammlung noch festzuhalten. Aber die große Mehrzahl dieser andern Vereine und Congresse sind Vereinigungen, welche durch ein gemeinsames wirthschaftliches Interesse zusammengeführt werden und keinen andern Zweck haben, als dies ihr Sonderinteresse mit aller Energie zu vertreten und in der Gesetzgebung zur Geltung zu bringen. So wenig eine solche Beeinflussung der Gesetzgebung zu vermeiden ist, und so wenig die Berechtigung derselben innerhalb gewisser Grenzen geleugnet werden kann, so große Gefahren schließt sie in sich. Bei dem Kampf der Interessen pflegt das mächtigste Interesse, das mit den größten Mitteln und mit der rücksichtslosesten Energie seine Ziele verfolgt, zu siegen, die Schwächeren, deren Schutz gerade die Aufgabe des Staats, zu unterliegen und das Gemeinwohl, die harmonische Entwicklung des Ganzen tritt zurück. Deshalb, meine Herren, dürften Vereinigungen, wie die unsern und wie die, welche in der Nachbarstadt soeben getagt hat, welche sich frei erhalten vom Dienst der Interessen und der Parteien, doch noch eine große Bedeutung haben.

Zu dieser praktischen Thätigkeit des Vereins kommt endlich noch der Vortheil, welchen die persönliche Begegnung von Fachgenossen denselben gewährt. In fast allen Zweigen des menschlichen Erkennens sehen wir diejenigen, die darin arbeiten, von Zeit zu Zeit zusammentreten, um in mündlichen Gedankenaustausch zu kommen, um persönliche Beziehungen anzuknüpfen.

In einem Punkt aber haben wir in den letzten Jahren erkannt, daß unser Vereinsstatut einer Modification bedarf, wenn der Verein diesen Charakter, nicht bestimmten wirthschaftlichen und politischen Parteien zu dienen, sich bewahren wollte, wenn er überhaupt fortbestehen sollte. Wir haben, wie Ihnen bekannt ist, unsere Statuten dahin geändert, daß über die zur Diskussion gestellten Fragen eine Abstimmung nicht stattfindet, und wir hoffen, daß heute zum ersten Male diese neue Statutenbestimmung, nach der wir heute verhandeln, sich bewähren wird.

Somit, meine Herren, bitte ich Sie nun sich zu constituiren und zunächst einen Präsidenten zu wählen. Ich bitte den Herrn Sekretär des Ausschusses, die Wahl vorbereiten zu wollen.

Minister Freiherr v. Roggenbach (Bonn): Meine Herren! Eine zehnjährige Erfahrung hat uns gezeigt, wie wohl es um unsern Verein bestellt war durch die umsichtige, unermüdliche und aufopfernde Leitung unseres bisherigen verehrten Präsidenten. Ich glaube in Ihrer aller Sinn zu handeln, wenn ich mit dem Dank für die Vergangenheit Sie auffordere, die Bitte zu verbinden, Herr Professor Nasse möge auch diesmal unsere Verhandlungen leiten. Ich schlage Ihnen vor, Herrn Professor Nasse zum Präsidenten zu wählen. (Lebhaftes Bravo.)

Geheimrath Professor Dr. Nasse (Bonn): Wenn dieser Vorschlag Ihre Zustimmung findet, so bin ich bereit, die Wahl anzunehmen. Ich hoffe, daß die Herren Mitglieder mich mit derselben Freundlichkeit unterstützen und mit derselben Nachsicht beurtheilen werden, wie das in früheren Versammlungen der Fall gewesen ist.

Nach den Statuten liegt es mir ob, die Vice-Präsidenten und das Bureau zu ernennen. Ich ersuche die Herren Freiherr v. Roggenbach und Dr. Brüning das Amt der Stellvertreter des Präsidenten übernehmen zu wollen; das Amt des Schriftführers bitte ich zu übernehmen die Herren Stadtrath Dr. Varrentrapp, Dr. Struck, Prof. Thun und Geibel jun.

Vor der Tagesordnung ertheile ich Herrn Oberbürgermeister Dr. Miquel das Wort.

Oberbürgermeister Dr. Miquel (Frankfurt): Meine hochverehrten Herren! Gestatten Sie mir, vor dem Eintritt in Ihre Berathungen Sie Namens des Magistrats dieser Stadt in unsern Mauern freundlichst zu begrüßen.

Ihr hochverehrter Herr Präsident hat schon darauf hingewiesen, daß Ihr Verein zurückblickt auf eine zehnjährige Periode erfolgreicher Thätigkeit. Während dieser Periode sind die in Deutschland in der Diskussion befindlichen socialen Fragen an Bedeutung und Umfang fortwährend gewachsen. Von dem Augenblick an, wo die bis dahin in den kleinen staatlichen Kämpfen und in dem Ringen um die Wiederaufrichtung des deutschen Reiches gebundenen Kräfte der Nation frei wurden, haben dieselben sich den inneren social-politischen Fragen zugewendet, und seit der Zeit ist die Aufmerksamkeit der Nation weit mehr und steigend von den politischen Formfragen übergegangen zur Discussion der socialen Fragen. Damit ist auch die Aufgabe Ihres Vereins fortwährend gewachsen an Bedeutung und Erfolg. In einer Zeit der Interessenkämpfe und der vielfachen gegensätzlichen Behandlung der wirthschaftlichen und socialen Fragen begrüßen wir auch hier in Frankfurt die Berathungen eines Vereins, der, zusammengesetzt aus den Männern der Wissenschaft und des praktischen Lebens aller Klassen, die socialen

Fragen lediglich mißt nach dem Maß der allgemeinen Wohlfahrt, sie gründlich studirt, für die Gesetzgebung vorbereitet, unbefangen und unbehindert durch Doctrinen der Vergangenheit, der Frage näher tritt, ob und inwieweit sociale Uebelstände und Schäden durch das Einschreiten der Gesetzgebung und der Verwaltung, durch die Ausdehnung und Veränderung der Befugnisse und der Aufgaben des Staates und der öffentlichen Corporationen gebessert werden können, einer Vereinigung, die sich vor allem zum Ziele setzt, den durch die neuere Entwicklung bedrohten Klassen, den weniger begünstigten Theilen unseres Volkes stützend, helfend und rathend zur Seite zu stehen, mit voller Sympathie. Wir hoffen, daß Ihre diesmaligen Berathungen von gleichem Erfolge gekrönt sein werden wie die früheren. Wir erhoffen selbst von der Berathung der wichtigen Gegenstände Ihrer Tagesordnung für uns Belehrung und neue Anregung und wir hoffen, daß Sie demnächst auf das Resultat Ihrer diesjährigen Verhandlungen mit Befriedigung zurücksehen werden. Vor allem aber wünschen wir, daß es Ihnen in unsern Mauern gut gefallen und daß Sie scheidend uns eine freundliche Erinnerung bewahren mögen. (Bravo!)

Präsident Professor Dr. Nasse: Ich erlaube mir, im Namen des Vereins dem Herrn Oberbürgermeister Miquel für die freundlichen Worte, die er an uns gerichtet hat, herzlich zu danken. Wir ersehen daraus, wie er so ganz auf die Bestrebungen unseres Vereins einzugehen und sie zu würdigen im Stande ist. Ich kann zugleich versichern, daß wir gern nach Frankfurt gekommen sind. Die wiederholten Sitzungen an diesem Ort legen, glaube ich, Beweis dafür ab, wie angenehm es uns ist, gerade in dieser Stadt zu tagen.

Vor der Tagesordnung hat noch das Wort Herr Senator v. Oven.

Senator v. Oven (Frankfurt): Geehrte Herren! Gestatten Sie mir, daß ich Sie im Namen der Gesellschaft zur Beförderung nützlicher Künste, Namens der polytechnischen Gesellschaft in diesem Saale willkommen heiße. Sie befinden sich in den Räumen dieser Gesellschaft und die Gesellschaft rechnet es sich zur Ehre und zur Freude an, Sie hier versammelt zu sehen. Die Bestrebungen, welche die Gesellschaft seit einer langen Reihe von Jahren verfolgt hat, berühren ebenfalls das sociale Gebiet. Dies hat sie gerade auf dem Boden der Vereinsthätigkeit und auf dem praktischen Wege zu verfolgen gesucht und glaubt, manche Resultate als freudige und erfolgreiche begrüßen zu können. Von hohem Interesse ist es daher dieser Gesellschaft, Sie hier in ihren Räumen vereinigt zu sehen und Sie begrüßen zu dürfen. Mögen Sie sich hier heimisch fühlen und mögen Sie aus diesen Räumen wieder scheiden in dem Bewußtsein, daß Sie auch für die Bestrebungen unserer Gesellschaft erfolgreich gewirkt haben. (Bravo!)

Präsident Professor Dr. Nasse: Ich danke dem Herrn Präsidenten der polytechnischen Gesellschaft sowohl für die freundliche Begrüßung wie vor Allem dafür, daß die Gesellschaft die große Freundlichkeit gehabt hat, in ihren Räumen uns ein unsern Zwecken überaus förderliches und passendes Obdach zu gewähren. Es ist uns eine große Freude, zu gleicher Zeit zu wissen, daß die Ziele einer

Gesellschaft, die hier in der Stadt so vieles Gute geleistet hat, mit den unsern sich nahe berühren. (Es folgen einige geschäftliche Mittheilungen.)

Meine Herren, die Kasse des Ausschusses ist gestern revidirt worden. Es ist Rechnung gelegt bis zum 1. September 1882, die Rechnung ist geprüft, mit den Belägen verglichen und ist richtig befunden worden. Der Kassenbestand weist den erfreulichen Betrag von 4324 Mark 74 Pfennig auf, so daß wir in den Stand gesetzt sind, unsere Bestrebungen durch Schriften, die wir an die Mitglieder vertheilen, in ausgiebiger Weise weiter zu verfolgen. (Es folgt eine Mittheilung bezüglich des ausscheidenden Drittels der Mitglieder des Ausschusses. Diese ausscheidenden Mitglieder sind: von Bojanowski, Kalle, Dr. Knapp, Dr. Löwe=Calbe, Ludwig=Wolf, Dr. Nasse, Dr. Neumann, Dr. Roscher. — Von den cooptirten Mitgliedern scheiden aus die Herren: Dr. Binding, Bueck, Dr. Conrad, Dr. v. Miaskowski, Dr. Miquel, Freiherr v. Reitzenstein, Dr. Wagner.)

Es werden gewählt die Herren:

von Bojanowski (Weimar),
Dr. Knapp (Straßburg),
Dr. Löwe=Calbe (Berlin),
Ludwig=Wolf (Leipzig),
Dr. von Miaskowski (Breslau),
Dr. Nasse (Bonn),
Dr. Neumann (Tübingen),
Dr. Roscher (Leipzig).

Wir treten nun in die Tagesordnung ein. Zum ersten Gegenstand ertheile ich das Wort dem Herrn Referenten Professor Dr. von Miaskowski (Breslau).

Referat

von Professor Dr. v. Miaskowski (Breslau)

über

Grundeigenthumsvertheilung und Erbrechtsreform in Deutschland.

Verehrte Anwesende!

Wenn der Ausschuß unseres Vereins mir zur Wiedereröffnung der allgemeinen Versammlungen nach fast zweijähriger Pause das Wort ertheilt hat, so empfinde ich das als eine besondere Ehre. Darf ich doch hoffen, damit unsere fortan wieder regelmäßig stattfindenden Zusammenkünfte einzuleiten.

Und daß wir uns regelmäßig versammeln, dafür fehlt es uns wahrlich weder an Berathungsgegenständen, noch an sonstigem Anlaß.

Denn wir befinden uns in einer Uebergangszeit, sowohl hinsichtlich des wirthschaftlichen Lebens selbst, als auch hinsichtlich der Lehre von demselben. In einer solchen Zeit aber thut es Noth, die alten Formen des wirthschaftlichen Lebens wie die alten Lehrsätze in der Wissenschaft auf ihre Widerstandsfähigkeit und Haltbarkeit und die neuen auf ihre Durchführbarkeit und innere Begründung zu prüfen.

Wo vermöchte solches aber besser zu geschehen, als in einem Kreise von Personen, die lediglich durch das Interesse an derselben Sache zusammengeführt werden?

Und während uns dasselbe objective Interesse zusammenführt, hält uns, trotz aller Differenzen im Einzelnen, dieselbe Ueberzeugung, dieselbe Gesinnung zusammen.

Wenn ich diese Gesinnung, soweit sie das socialpolitische Gebiet betrifft, in eine kurze Formel zusammenzufassen versuche, so möchte diese so lauten, daß wir alle an den Errungenschaften unserer Cultur, sowie an dem wirthschaftlichen Eckstein derselben, dem Privateigenthum und der persönlichen Freiheit, festhalten, diese Errungenschaften aber einem immer größeren Kreise von Personen zugänglich machen und damit die Kluft zwischen den besitzenden und nichtbesitzenden Klassen schließen oder doch wenigstens verengen möchten.

Innerhalb dieses weiten Programms, auf dessen Durchführung unsere ganze Zeit hindrängt, ist aber im Einzelnen für die größten individuellen Meinungsverschiedenheiten Raum.

Zu uns gehören diejenigen, die ernst und ehrlich von dem freien Zusammenwirken, sei es der unteren Klassen allein, sei es der höheren mit ihnen und für sie, eine Hebung des vierten Standes erwarten. Zu uns gehören aber gleichermaßen auch diejenigen, die von dem voluntarism allein den gewünschten Erfolg nicht erhoffen und deshalb die Gesetzgebung mit ihrem Zwang herbeirufen. Zu uns endlich gehören auch diejenigen, denen eine arbeiterfreundliche Gesetzgebung nicht genügt, sondern die allein von einer Ausdehnung des Gebiets der öffentlichen Wirthschaft die Ausfüllung der mannigfachen Lücken und die Auflösung der mancherlei Disharmonieen des privatwirthschaftlichen Systems erwarten.

Vielleicht, daß die Meinungsdifferenzen, die in diesem Augenblick die ganze Nation durchziehen und in unserm Verein wie in einem Mikrokosmus ebenfalls zum Ausdruck gelangen, sich bis zu einem gewissen Grade vereinigen lassen, wenn man jeder dieser Ansichten ihre relative Berechtigung für ein bestimmtes Land und eine bestimmte Culturstufe zuerkennt. Und wahrscheinlich auch, daß ihre Vertreter, indem sie sich ihre Ansichten bildeten, von den Eindrücken, die sie in verschiedenen Ländern empfingen, und von den Erfahrungen, die sie an verschiedenen Orten machten, wesentlich bestimmt wurden. Um uns die Verschiedenheit der Culturstufen und der sich aus denselben ergebenden Forderungen klar zu machen, brauchen wir aber nicht einmal in fremde Länder zu wandern. Bereits das deutsche Reich zeigt uns innerhalb seiner Grenzen sehr starke Contraste. Hier an den gesegneten Ufern des Mains und Rheins hat eine ein Jahrtausend alte Cultur, hat eine wesentlich homogene Nationalität eine gewisse Ausgleichung unter den verschiedenen Klassen, ihren Anschauungen, Sitten, ihrer Lebenshaltung geschaffen. Hier wird man daher vielleicht vertrauen dürfen, daß der regelmäßige Verlauf der Cultur von selbst den im Interesse des Ganzen erforderlichen Ausgleichungsprozeß auch ohne tief eingreifende Intervention des Staates weiterführen werde. Ja selbst wo es momentan größere Schwierigkeiten und Hemmnisse zu überwinden gilt, da wird die freie Selbsthülfe der Arbeiter und der humane Sinn der Arbeitgeber aus eigener Initiative auch diese größtentheils — wenn auch nicht allein — zu überwinden wissen. Anders im Nordosten, wo den Massen die erst unlängst beseitigten Verhältnisse der Grundherrschaft noch immer im Blut und in den Sitten stecken. Dort ist zu den aus alter Zeit stammenden Klassenunterschieden der ländlichen Bevölkerung der erst aus den letzten Jahrzehnten herrührende sociale Gegensatz in der Großindustrie hinzugetreten und die ursprüngliche Kluft dadurch nur noch erweitert worden. Und hierzu kommt noch in einigen Theilen des Ostens der Unterschied der Confessionen und Nationalitäten, und endlich eine Arbeiterbevölkerung, die weder die Fähigkeit noch die Uebung besitzt, sich selbst schrittweise das im gegebenen Augenblick Mögliche und Erreichbare zu erkämpfen.

Und doch gehören diese verschiedenen Culturzustände ein und demselben Reiche an, und doch drängt der erleichterte Austausch der Gedanken und der Verkehr der Menschen, wie in den oberen und mittleren, so auch in den unteren Klassen nach einem Ausgleich der Lebensansprüche und Lebenshaltung.

Was Wunder, daß das Vorhandensein dieser Gegensätze und das Gefühl des Unvermögens, dieselben aus eigener Kraft auszugleichen, bald zu dumpfer Resignation, bald zur größten Empfänglichkeit für die ausschweifendsten Zukunftsphantasieen führt. Dort im Nordosten, wo einerseits die unteren Klassen sich nicht selbst zu helfen wissen und die oberen zu dünn gesäet sind, um sie wirksam unterstützen zu können, und wo andererseits ein Ausgleichungsprozeß, an dem im Süden und Südwesten Jahrhunderte gearbeitet haben, in Jahrzehnten erfolgen muß, sollen nicht die Errungenschaften unserer ganzen Cultur in Frage gestellt werden, kann und muß der Staat viel tiefer eingreifen, als im Süden und Westen. Dabei hat er aber zugleich das propter vitam vitae perdere causas zu vermeiden, oder, zu deutsch, die Eckteine der Cultur, Eigenthum und Freiheit, möglichst zu schonen, indem er die Cultur vertheidigt und ausbreitet.

Für diese verschiedene socialpolitische Aufgabe, die dem Staat im Südwesten und Nordosten unseres Vaterlandes erwächst, giebt es ein nicht uninteressantes Präcedenz in der neuen Agrargesetzgebung. Im Westen und Süden Deutschlands hatte sich die Agrarverfassung des Mittelalters im Laufe der Jahrhunderte gleichsam von selbst zu größerer Freiheit entwickelt. Es bedurfte daher, um sie vollständig zu beseitigen, in unserm Jahrhundert nicht so radicaler Eingriffe wie im Nordosten. Hier dagegen mußte unvermittelt mit einem Schlage ein ganz neuer Zustand geschaffen werden, für den es Vorbereitungen nur auf den königlichen Domänen gab. Es mußte der Staat somit hier erst selbst eine Saat ausstreuen, deren Früchte er dereinst pflücken wollte, während im Westen und Süden demselben die leichtere Aufgabe zufiel, den Baum mehr oder minder stark zu schütteln, von dem die Frucht der modernen Agrarverfassung, langsam gereift im Lauf der Jahrhunderte, gleichsam von selbst herabfallen sollte.

Das eben gebrauchte Bild führt mich unwillkürlich zu meinem eigentlichen Thema: den Beziehungen des Erbrechts zu der Vertheilung des Grundeigenthums im deutschen Reiche.

Ehe ich in die Behandlung desselben eintrete, bedarf es aber wohl einer kurzen Erklärung dafür, wie der Verein für Socialpolitik zur Wahl dieses dem Gebiet der Agrar- und Justizpolitik angehörenden Themas gekommen ist. Diese Erklärung dürfte in der eminent socialpolitischen Bedeutung dieses Gegenstandes liegen. Denn das Wohl und Wehe des ländlichen Arbeiterstandes wird kaum durch ein anderes Moment so sehr bestimmt wie durch die Grundeigenthumsvertheilung, und diese wieder hängt wesentlich von der Gestaltung des Erbrechts ab.

Ich beginne mit einer Skizzirung der Art, wie der deutsche Boden nach Eigenthumseinheiten vertheilt ist. An den nöthigen Zahlen hierfür, welche, wenn sie ihren Zweck vollständig erfüllen sollen, aus ein und derselben Zeit stammen und nach denselben Gesichtspunkten aufgenommen und verarbeitet sein müßten, fehlt es freilich so gut wie vollständig. Doch genügt das vorhandene Material immerhin, um die Entwerfung eines im Allgemeinen zutreffenden Bildes zu ermöglichen.

Dieses nun zeigt im Nordwesten und Südosten unseres Vaterlandes gewisse gemeinsame Züge, während der Südwesten und der Nordosten im vollständigen Gegensatz zu einander stehen.

Im Nordwesten und Südosten wiegt der bäuerliche Grundbesitz vor und findet sich neben demselben einerseits eine verhältnißmäßig kleine Zahl großer Güter, deren Gesammtareal jedoch nicht über 25 % des Bodens einnimmt, und eine große Anzahl kleiner Güter, deren Gesammtareal dem der großen Güter nicht einmal gleichkommt. Wenigstens die Hälfte, bisweilen aber auch ein viel größerer Prozentsatz allen Bodens wird vom bäuerlichen Besitz eingenommen. Es gehören zur nordwestlichen Ländergruppe einmal die deutschen Küstenstriche an der Nordsee und ihre Fortsetzungen im Binnenlande, also namentlich der westliche und mittlere Theil von Schleswig-Holstein, das bremische Landgebiet, Oldenburg, Hannover, Westfalen, Braunschweig, die hessische Grafschaft Schaumburg, die beiden Lippe, Waldeck, und zur südöstlichen Gruppe der größte Theil von Ober- und Niederbaiern, Theile der baierischen Kreise Oberpfalz und Schwaben, sowie jenseits des deutschen Reichs die deutschen Kronländer Oesterreichs. Die Verbindung zwischen beiden compacten Ländermassen bilden Theile der thüringischen Staaten, und hier wieder namentlich der Ostkreis des Herzogthums Altenburg, und Theile des Königreichs Sachsen. Es sind das vorzugsweise vom sächsischen und friesischen sowie vom baierischen Volksstamm bewohnte Länder, in denen die hofweise Ansiedelung namentlich am Meer und im Gebirge häufig vorkommt und die Wirthschaften größtentheils — wenn man von der sich neuerdings in Braunschweig, Hannover und anderwärts ausbreitenden Rübencultur absieht — auf Getreidebau und Viehzucht basirt sind. Die Eigenthümer dieser Bauerngüter bewirthschaften dieselben mit ihren Familien und einem fremden Dienstpersonal selbst. Sie sind Eigenthümer, Dirigenten, Aufseher und Arbeiter in einer Person. Und hierin, sowie in der sich an die natürliche Gliederung der Familie anschmiegenden Arbeitstheilung bestehen die Hauptvorzüge der bäuerlichen Wirthschaften.

Ein gesunder Bauernstand findet sich zerstreut auch noch in vielen Theilen des deutschen Nordostens und in einigen des Südwestens. Doch wird er dort im Allgemeinen durch den großen, und hier durch den kleinen Grundbesitz in den Hintergrund gedrängt.

Die Küstenstriche um die Ostsee und ihre Fortsetzungen bis tief in das Binnenland hinein: der Osten Schleswig-Holsteins, die beiden Mecklenburg und die östlichen Provinzen Preußens sind vorzugsweise die Sitze des großen Grundbesitzes, welcher hier zum mindesten 50, hie und da wohl aber 60 und 70, ja in Neu-Vorpommern über 80 % des gesammten Bodens einnimmt. Diese östlich von der Elbe gelegenen, ursprünglich von Slaven bewohnten Länder sind für die deutsche Cultur verhältnißmäßig spät gewonnen worden und dürfen den Germanisirungsprozeß auch heute noch nicht als völlig abgeschlossen ansehen. Auf den großen Rittergütern und den umfangreichen Domänen haben der Getreide-, Kartoffel- und Rübenbau, die Viehzucht, die Waldwirthschaft und die landwirthschaftlichen Nebengewerbe: Branntweinbrennerei, Bierbrauerei, Zuckerfabrikation, ihre naturgemäße Stätte.

Den größten Gegensatz zum Nordosten bildet in jeder Beziehung das mittlere und südwestliche Deutschland. Zunächst hinsichtlich der Vertheilung des Grundeigenthums. Wie im Nordosten die großen, so herrschen hier die kleinen Güter vor, welche gewöhnlich nur gerade hinreichen, um die den Landbau selbst treibende Familie zu ernähren und zu beschäftigen. Nimmt in

Großgüterbezirken der spannfähige Bauernhof die unterste oder doch eine mittlere Sprosse auf der Leiter der verschiedenen Güter ein, und sind demselben nur hier und da ausnahmsweise kleinere Landstellen beigemischt, so ist in Mittel- sowie in Süd-Deutschland das größere Bauerngut auf der Scala der Grundeigenthumsvertheilung zur höchsten Stufe avancirt und theilt diese Stellung hier nur noch mit dem standesherrlichen Besitz und dem Besitz der todten Hand. Die Rolle, die außerhalb des Privateigenthums im Nordosten fast ausschließlich das Domänengut spielt, muß dasselbe im Süden mit dem noch umfangreichen Gemeindebesitz theilen. Wie im Nordosten der Staat die mittelalterliche Agrarverfassung bis in ihre letzten Consequenzen auflöste, so hat er auch die Gemeindegründe allgemein der Theilung unterworfen, während man im Süden auch in dieser Beziehung weniger schroff vorgegangen ist, so daß sich hier bis auf den heutigen Tag noch sehr umfangreiche Allmenden erhalten haben. Nach unten läuft die breite Schicht der kleinen Güter in zahlreiche Zwerg- Gewerbe- und Tagelöhnergüter aus, so daß hier der größte Theil des Bodens (zwischen 60 und 80 %) von dem Klein- und Zwergbesitz eingenommen wird. Hierher gehört der größte Theil der thüringischen Staaten, der beiden Hessen, der fränkischen Theile Baierns, Nassaus, der Rheinprovinz und des größten Theils von Württemberg, Baden und Elsaß-Lothringen. Diese Länder finden sich fast ausschließlich von Franken, Allemannen, Hessen und Thüringern besiedelt: lauter Stämmen, die sich bereits seit den Anfängen deutscher Geschichte auf dem von ihnen jetzt eigenommenen Boden dorfweise niedergelassen haben und bereits damals mit der römischen Cultur in mehr oder minder nahe Berührung gekommen sind. Der kleine Umfang der Güter, das Zerfallen dieser in viele kleine Parcellen, die Gemengelage und der theilweise noch gegenwärtig bestehende Flurzwang sind zugleich ebensoviele Hindernisse für einen rationellen Ackerbau im großen Styl der norddeutschen Wirthschaften. Dieselbe Rolle, die auf dem Ritter- und Domänengut das Capital und die intelligente Leitung spielen, übernimmt hier das hochgradige Interesse und die unermüdliche Sorgfalt des seine Scholle mit den Seinigen selbst bebauenden Kleingütlers. Der kleine Umfang des Grundbesitzes, verbunden mit einer sehr dichten Bevölkerung, führt daher zu großer Arbeitsintensität des Betriebs, zur Ersetzung des Pferds durch die Kuh, des Pflugs durch den Spaten, des Wagens durch den Tragkorb. Namentlich in den fruchtbaren Flußthälern und Ebenen mit mildem Klima treten der Ackerbau und die Viehzucht hinter den Gemüse-, Wein- und Handelsgewächsbau, sowie die Obstzucht zurück. Größere spannfähige Bauerngüter finden sich hier im Allgemeinen nur selten, versprengt unter den kleinen Gütern vor, und nur ausnahmsweise drücken sie der Bodenvertheilung einer Gegend ihren Stempel auf, so z. B. im badischen Schwarzwalde, im württembergischen Oberschwaben, im Hohenloheschen u. s. w.

Sollen wir mit den meisten Agrarpolitikern der Gegenwart diejenige Vertheilung des ländlichen Grundeigenthums als die günstigste bezeichnen, in der sich der große, mittlere und kleine Besitz entsprechend der natürlichen Ausstattung und der wirthschaftlichen Culturstufe eines Landes in zweckmäßiger Weise gemischt findet und der bäuerliche Grundbesitz überwiegt, so wird dieser Typus der Grundeigenthumsvertheilung dem heutzutage an jedes wirthschaftliche Gebilde anzulegenden socialpolitischen Maßstabe besser entsprechen müssen, als jeder andere Typus.

Und in der That befindet sich die breite Masse der Bevölkerung bei einem solchen Gemisch der verschiedenen Gütergrößen am besten, vorausgesetzt nur, daß die großen Güter keinen zu weiten Raum einnehmen, daß es an kleinem und kleinstem Besitz für den strebsamen und tüchtigen Arbeiterstand nicht fehlt und daß die spannfähigen Bauerngüter vorwiegen.

Ich will versuchen, dieses Urtheil näher zu begründen.

In den Bezirken des einseitig vorwiegenden großen Grundbesitzes kann das Einkommen der ländlichen Arbeiter unter Umständen ein hohes sein. Diese Eventualität trifft in den Ländern mit fruchtbarem Boden und günstiger Absatzgelegenheit wie z. B. an der Ostküste Holsteins, in Neu-Vorpommern, in einem Theil Mecklenburgs u. s. w. ein. Schreitet die Bevölkerung nicht zu früh zur Ehe, so pflegt die Lebenshaltung derselben — ausschließlich gemessen an dem, was sie ißt nnd trinkt und wie sie sich kleidet — daher hier eine befriedigende zu sein. Aber die starke überseeische Auswanderung aus diesen Gegenden, sowie die große Empfänglichkeit, welche die socialdemokratische Agitation hier unter den ländlichen Arbeitern findet, zeigen denn doch, daß es denselben an dem rechten Behagen sowie namentlich an derjenigen Anhänglichkeit an die heimathliche Scholle fehlt, welche wir an der Bevölkerung anderer Gegenden unseres Vaterlandes, selbst bei niedrigerer Lebenshaltung, finden. Den Grund hiervon erblicke ich in der großen Schwierigkeit für die Arbeiter, sich einen kleinen Besitz zu erwerben und so allmählich durch Fleiß, Sparsamkeit und Glück innerhalb des von ihnen erwählten Berufs und auf der heimischen Scholle vorwärts zu kommen. Denn auch die Ansässigmachung als Instleute auf den großen Gütern ist kein Surrogat für die Erwerbung eines eigenen Besitzes. Indem die Ansässigmachung auf der Inststelle zu frühem Heirathen führt, schließt sie mit dem meist darauf folgenden reichen Kindersegen zugleich jede Aussicht auf eine bessere Zukunft aus. Der Instmann wird faktisch zu einem glebae adscriptus, der das Gefühl des freien Grundbesitzers nicht kennt und nicht kennen kann. Dazu kommt dann noch die weite Kluft, die in den Großgüterbezirken die ländlichen Arbeiter, mögen sie nun zum Gesinde, zu den freien Tagelöhnern oder den Instleuten gehören, von der Gutsherrschaft und den gutsherrlichen Beamten trennt und hier ähnliche sociale Verhältnisse schafft, wie in den Bezirken der Großindustrie, wo zwischen dem Unternehmer und dem Arbeiter eine nur selten überbrückbare Kluft gähnt.

Das entgegengesetzte Bild von dem Obigen zeigen die socialen Verhältnisse der Kleingüterbezirke. Hier ist fast Jedermann auf dem Lande Grundeigenthümer oder kann es doch mit einigem Aufwande von Arbeit und Sparsamkeit werden. Aber bei der dichten Bevölkerung liegt die Gefahr nahe, daß die kleinen Güter durch wiederholte Theilung zu Zwerggütern werden, Zwerggütern, die zu klein zur vollständigen Ernährung einer Familie und zur Ausnutzung ihrer Arbeitskräfte sind. Die Klein- und Zwerggüter pflegen bereits in gewöhnlichen Zeiten, bei Durchschnittsernten den äußersten Rand des Nahrungsspielraums zu erreichen. Mißräth dann gar die Ernte während einer Reihe von Jahren, bricht eine Viehseuche aus, zerstören Krieg oder Revolution die Frucht des Feldes, so gelangt der Kleingütler in die äußerste Bedrängniß. Denn an Ersparnissen aus guten Jahren fehlt es entweder ganz oder, wo sie vorhanden sind,

sind sie doch sehr bald verzehrt, und eine weitere Reduction der Lebenshaltung ist kaum möglich. In solchen Zeiten kommen dem kleinen Besitz auch seine socialpolitischen Vorzüge abhanden. Bestehen diese in normalen Zeiten hauptsächlich darin, daß der Kleingütler trotz angestrengter Arbeit und vielfachen Entbehrungen dennoch mit seinem Schicksal zufrieden ist, mit Zähigkeit und Liebe an der heimischen Scholle hängt und den Verlockungen socialer und politischer Utopisten den Widerstand des conservativen Besitzers entgegenstellt, so ändert sich das Bild jetzt, wo der Besitzer zum Proletarier herabsinkt, auf einmal. Noth und Verzweiflung drängen die Bewohner ganzer Dörfer zur Auswanderung und es bemächtigt sich ihrer eine bis dahin völlig unbekannte Empfänglichkeit für sociale und politische Umsturzpläne. Mithin stellt sich unter den Kleingütlern in solcher Zeit der Noth ausnahmsweise ein Gemüthszustand ein, wie er bei der besitzlosen Bevölkerung der Großgüterbezirke die Regel bildet, und gerade dort am stärksten hervortritt, wo die Lebenshaltung am höchsten ist. Als Beleg hierfür erinnere ich nur an das Verhalten der ländlichen Arbeiterbevölkerung einestheils des deutschen Nordens während des letzten Jahrzehnts und namentlich während der ersten Hälfte der 70er Jahre, und an das Verhalten der süddeutschen Bevölkerung am Ende der 40er und am Anfang der 50er Jahre.

Die Mängel der eben erwähnten Extreme der Bodenvertheilung auf socialem Gebiet finden sich am besten vermieden dort, wo bei einer zweckmäßigen Mischung von Gütern verschiedener Größe der spannfähige bäuerliche Besitz den Grundstock bildet. Was den Bauer vor allem auszeichnet, ist, daß er eine Reihe von schlechten Jahren leichter zu überwinden vermag, als der Kleingütler und, unter Umständen auch als der Großgrundbesitzer. Denn in der Fähigkeit, sich krumm zu legen, macht keiner es ihm gleich. Der Bauer ist ferner ein nothwendiges Mittelglied zwischen dem Großgrundbesitzer und dem ländlichen Arbeiter. Wo im Nordosten der Bauernstand fehlt, da will auch die Ansetzung kleiner Landstellen nicht gelingen: bedürfen doch die Besitzer dieser zu ihrem Gedeihen eines mannigfach abgestuften Bauernstandes, an den sie sich anlehnen, und freier Gemeindeverhältnisse, in denen sie sich wohl fühlen können. Wo beides fehlt, fehlen auch die Voraussetzungen für eine ansässige und zufriedene Arbeiterbevölkerung. Wer diese schaffen will, schaffe daher zuerst einen kräftigen Bauernstand.

Aber worin besteht denn die bessere Lage der ländlichen Arbeiter bei vorherrschend bäuerlichem Grundbesitz? Etwa in einem hohen Einkommen? Das Einkommen der Tagelöhner, des Gesindes und der Instleute des Großgrundbesitzes ist nicht selten höher. Oder in der großen Leichtigkeit, mit der sie zu eigenem Grundbesitz gelangen können? In diesem Punkt sind ihnen wieder die Arbeiter der Kleingüterbezirke überlegen. Also wohl darin, daß, weil die Gelegenheit zur Erwerbung des Grundbesitzes nicht so allgemein verbreitet ist, wie in den Klein- und Zwerggüterbezirken, die ländliche Bevölkerung im Durchschnitt sich nicht so früh niederläßt und heirathet, auch nicht so sehr an der Scholle klebt, sondern leichter in andere Berufe abströmt. Und sodann darin, daß denjenigen, die sich der Landwirthschaft dauernd widmen, die Bahn zum Fortschreiten innerhalb ihres Berufs und zur Erwerbung eines Besitzes doch wieder ungleich mehr geebnet ist, als in den Großgüterbezirken.

Wir wissen namentlich aus Westfalen, daß hier die ländlichen Arbeiter als Knechte oder Heuerlinge auf den Bauer- oder Rittergütern beginnen und aus dieser Stellung sich nicht selten in die Klasse der kleinen Kötter und Brinksitzer emporarbeiten, und daß es dann ihnen selbst oder ihren Kindern wieder gelingt, sich zuerst in den Besitz eines kleinen und dann vielleicht auch in den eines größeren Colonenguts zu setzen. Wenn der Uebergang in die Klasse der Grundbesitzer hier im allgemeinen langsamer vor sich geht und schwieriger ist als in den Kleingüterbezirken, so ist das erreichbare Ziel dafür auch wieder höher gesteckt. Auch beeinflußt die höhere Lebenshaltung des Bauernstandes die Lebenshaltung der unter ihm stehenden Klassen. Diese höhere Lebenshaltung macht die Bevölkerung der Bauerngutsbezirke ländlichen Nothständen gegenüber viel widerstandsfähiger als die Bevölkerung der Kleingüterbezirke. So ist denn bei vorherrschendem Bauerngutsbesitz die Erhaltung der auf die bestehenden Zustände gerichteten Gesinnung eine viel allgemeinere, als in den Großgüterbezirken und zugleich eine viel constantere als in den Kleingüterbezirken.

Prüfe ich die Vertheilung des deutschen Grundbesitzes nach diesem eben gewonnenen Maßstabe, so gelange ich zu dem Schluß, daß sie den obigen Anforderungen im ganzen Nordwesten und Südosten, aber auch noch immer auf großen Strecken des Nordostens und Südwestens entspricht.

Eine Ausnahme bildet nur ein Theil des Nordostens und Südwestens. Wenn in Mecklenburg der Bauernstand im ritterschaftlichen Gebiet auf ein Minimum reducirt ist, oder wenn in Neu-Vorpommern mehr als 80 % des nutzbaren Bodens von selbständigen Gutsbezirken eingenommen werden, oder wenn in Ober-Schlesien von 1193 selbständigen Gutsbezirken sich 528 in der Hand von nur 49 Personen befinden, so wird man nicht leugnen können, daß hier Ansätze zu Latifundienbildungen vorliegen, die, weiter entwickelt, uns zu englischen Zuständen führen müssen. Und andererseits ist die Zersplitterung der Güter in Theilen von Mittel- und Süd-Deutschland wieder so weit gediehen, daß eine rationelle Bodencultur hier ausgeschlossen ist und die kleinen Besitzer leicht zu Proletariern herabsinken.

Damit gelange ich zu dem Resultat, daß dort, wo ein gesunder Bauernstand prävalirt, die Vertheilung des Grundbesitzes ihren Schwerpunkt gleichsam in diesem hat und damit die Garantie längerer Dauer darbietet, während Länder mit einseitig vorwiegendem Großgrundbesitz zur Latifundienbildung, und Länder mit einseitig vorwiegendem Kleinbesitz zur Zwerggüterei hinneigen, also über sich selbst hinaus auf krankhafte Zustände hinweisen.

Wenn nicht alle Anzeichen trügen, so tritt innerhalb unserer im Ganzen gesunden Grundeigenthumsvertheilung diese letztere Erscheinung, nämlich die Zunahme einerseits der sehr großen und andererseits der ganz kleinen Güter, beides auf Kosten des mittleren Besitzes, in den letzten Jahrzehnten immer stärker zu Tage.

Daß wir hier nur von Vermuthungen sprechen können, wo wir absolute Sicherheit haben sollten, gereicht unserer Statistik nicht zur Ehre. Denn außer den beiden bekannten Denkschriften des preußischen Ministeriums für landwirthschaftliche Angelegenheiten besitzen wir keinerlei zuverlässiges Material über diesen Gegenstand. Die preußischen Zahlen reichen aber nur bis zum Jahre 1865, auch leiden sie an mehr als einem Mangel. So ist die ganze Aufnahme auf den Begriff der Spannfähigkeit basirt, ohne daß dieser selbst genau und gleich verbindlich für alle Gegenden festgestellt worden wäre. Und in dem Grau der allgemeinen Durchschnittszahlen vermögen wir das Schwarz und Weiß, aus deren Gemisch dasselbe entstanden ist, nicht mehr zu unterscheiden. Sollen dergleichen Durchschnittszahlen daher von Werth sein — und sie können es sein — so müssen sie durch einzelne Untersuchungen, welche die typischen Vorgänge innerhalb engerer Grenzen feststellen, ergänzt werden.

Ehe ich durch bündige beweiskräftige Zahlen widerlegt werde, halte ich daran fest, daß unsere im Ganzen gesunde Bodenvertheilung sich auf dem Wege befindet, auszuarten und krankhaft zu werden.

Diese Ansicht stütze ich auf eine Reihe von Notizen, die ich sowohl officiellen wie Privatquellen entnehme.

Auf die eben behauptete Thatsache läßt sich, abgesehen von den einzelnen Daten, welche sie zu verbürgen scheinen, auch schon aus allgemeinen Gründen schließen. Diese Gründe sind in dem Anwachsen der ländlichen Bevölkerung und in der außerordentlichen Zunahme des beweglichen Kapitals zu finden.

So ist der Prozeß des Kleinerwerdens der Güter eine Folge gesteigerter Arbeitsintensität und das Größerwerden eine Folge besser durchgeführter Arbeitstheilung, vermehrter Benutzung von Maschinen und überhaupt größerer Kapitalsintensität der Wirthschaft. In den beiden eben erwähnten Fällen gehen die Veränderungen zuerst in dem Umfang der Wirthschaften vor sich und an diese schließen sich bei uns mehr oder minder schnell die Veränderungen in den Gütergrößen an. Es ist also die Veränderung in den Wirthschaftseinheiten, welche zugleich zur Veränderung der Besitzeinheiten führt. Und wir können es nur mit Freuden begrüßen, daß in Deutschland beide Prozesse im Allgemeinen — wenn wir von einigen Ausnahmen absehen — miteinander Hand in Hand gehen oder doch der eine dem andern unmittelbar zu folgen pflegt, während z. B. in England und Irland und neuerdings auch in einigen Theilen Frankreichs die wirthschaftliche Correctur der vorhandenen Eigenthumseinheiten durch Zerlegung der großen Güter in einzelne Theile und deren Verpachtung erfolgt, was meist zum Absenteeismus der Grundeigenthümer führt.

Was wir an den neuesten Veränderungen in der Vertheilung des deutschen Grundbesitzes tadeln, ist aber nicht dieses, daß sich die Güter vergrößern und verkleinern, entsprechend den vorhandenen Bedürfnissen der Volkswirthschaft sowie des landwirthschaftlichen Betriebs, sondern daß es häufig geschieht unabhängig von diesem innerlich begründeten und deshalb unaufhaltbaren Proceß, lediglich in Folge von Tendenzen, welche dem beweglichen Kapital als solchem inne wohnen.

Diese Tendenzen treten hauptsächlich in folgenden beiden Vorgängen deutlich und prägnant zu Tage.

Wie im Speculationshandel mit Effecten auf der Börse, sucht ein Theil des Geldkapitals im Grundbesitz seine Anlage, lediglich um durch wohlfeilen Einkauf und theueren Verkauf einen möglichst großen Handelsgewinn zu erzielen. Am billigsten lassen sich solche Güter ankaufen bei Leuten, die sich in finanzieller Klemme befinden, und wo diese nicht von selbst eintritt, da versucht man sie künstlich zu erzeugen, um sie dann beliebig ausnutzen zu können. Und am besten lassen sich solche Güter dann wieder verwerthen, wenn man sie in Theile zerlegt und diese Theile entweder an einen benachbarten Besitzer oder an besitzlose Arbeiter verkauft. Je unsicherer die rechtzeitige Bezahlung des Kaufschillings erscheint, um so höher wird dieser selbst normirt. Man begnügt sich wohl auch mit der Anzahlung, treibt den Käufer gelegentlich zum Zwangsverkauf und kauft das Grundstück dann für einen Spottpreis zurück, um es alsbald wieder einem Dritten an den Hals zu hängen. So bringt denn der Gütermetzger das, was innerlich zu einander gehört, bisweilen zusammen; noch häufiger aber reißt er es künstlich auseinander. In jedem Fall aber fördert er den Agglomerations- wie den Zerstückelungsproceß des Grundeigenthums.

All diese Manipulationen vollzieht das Kapital aber gewöhnlich nur in demjenigen Stadium, in dem es in der Hand des Gütermetzgers aus tausend kleinen Kanälen zu einem großen Strom zusammenfließt.

Ein zweites Mal ergießt sich dann das Geldkapital auf das Land, nachdem es im Handel und in der Industrie, im Bank- und Börsenverkehr sich in großen Massen in einzelnen Händen angesammelt hat, um seinen Besitzern größere Sicherheit der Anlage und eine angesehenere persönliche Stellung zu verschaffen. Auf einen entsprechenden Gewinn, bestehe dieser auch nur in der Verzinsung nach landesüblichem Zinsfuße, wird nicht immer, wohl aber häufig verzichtet. Dafür bietet diese Kapitalanlage die Annehmlichkeit des Sommeraufenthalts, die Möglichkeit noblen Passionen — der Jagd, Fischerei u. s. w. — nachzugehen und den Söhnen eine gesunde Beschäftigung sowie zugleich das Ansehen der land-gentry zu verschaffen. Motive dieser und ähnlicher Art sind es, die das große Kapital aus den Städten auf das Land hinausdrängen, wo es Investirung im Grundbesitz sucht und findet.

Derselben Tendenz dienen auch die großen, in festem Besitz befindlichen Herrschaften der depossedirten Fürsten, Standesherren u. s. w., deren große Revenüen, nicht ganz aufgezehrt, immer wieder von Neuem in Grundbesitz angelegt werden.

Gegen diese Transsubstantiation des Geldkapitals in Grundbesitz wäre nun an sich nichts einzuwenden, wenn sie nur nicht unsere an sich gesunde Grundbesitzvertheilung verschlechterte und wenn sie nicht zugleich durch das Elend so vieler grundbesitzenden Familien erkauft wäre. Und zwar häufig ohne deren Verschulden, nur weil dem Grundbesitz bei dem Zusammenstoß mit dem beweglichen Kapital die Rolle des irdenen Topfes zugewiesen ist, der durch den eisernen in Scherben zerschlagen wird.

Denn das bewegliche Kapital, wo es in Berührung mit dem Grundbesitz tritt, befruchtet zwar dieses und steigert seine Productivität in außerordentlicher Weise, sucht aber zugleich den Grundbesitz von sich abhängig zu machen und seinen Gesetzen zu unterwerfen.

Indem der Grundbesitz sich dann wieder diesem Einfluß zu entziehen sucht, kommt es zu Reibungen und Kämpfen, ähnlich wie zwischen dem Kapital und der Arbeit. Dieser Antagonismus zwischen dem monied und land-interest beginnt, wenn wir von der antiken Welt absehen, mit der modernen Städtegründung, mit der ersten Ansammlung von beweglichem Kapital im Handel und in der Industrie, setzt sich dann mit der Anhäufung der Geldmassen seit der Entdeckung Amerikas fort und culminirt in unserer Zeit der unermeßlichen Vermehrung des beweglichen Kapitals.

Die mittelalterliche Agrarverfassung mit ihrer Gebundenheit des Grundbesitzes und der Grundbesitzer erschwerte zwar die Befruchtung des Grund und

Bodens durch das bewegliche Kapital, setzte damit aber auch zugleich dem Eindringen und der Herrschaft desselben auf dem Lande Schranken.

Die freie Agrarverfassung, welche seit der französischen Revolution von 1789 überall an die Stelle der Feudalordnung tritt, räumt diese Schranken hinweg und ermöglicht dadurch im Bunde mit der Anwendung der Naturwissenschaft auf die Landwirthschaft eine bis dahin nicht geahnte Steigerung der landwirthschaftlichen Production. Sie hat aber, wo sie rein negativer Natur war, zugleich den Grundbesitz dem beweglichen Kapital auf Gnade und Ungnade übergeben. Glücklicherweise ist die Irrlehre des dem Aufklärungszeitalter entstammenden laissez-faire hier niemals so entschieden zur Anwendung gelangt, wie auf anderen Gebieten. Selbst in den Zeiten des größten Freiheitstaumels hat man denn doch nicht ganz vergessen, daß der Grund und Boden, wie er für den Staat von anderer Bedeutung ist wie das bewegliche Kapital, so auch dessen positive Förderung viel weniger entbehren kann. Es enthält daher die moderne freiheitliche Agrargesetzgebung neben ihren rein negativen Bestandtheilen, welche mit der Vergangenheit tabula rasa machten, auch nicht unwesentliche positive Schöpfungen für die Zukunft: sei es, daß sie die aus früheren Zeiten stammenden umbildet, sei es, daß sie dieselben neu ins Leben ruft. Wir rechnen zu den ersteren in Deutschland namentlich das Institut der preußischen Landschaften und zu den letzteren die Arrondirungs-, Deich-, Wasser-, Meliorations-, Vereins- und Unterrichtsgesetzgebung und die diesen Gebieten angehörigen staatlichen Anstalten. Aber immerhin sind das erst nur Anfänge zu neuen positiven Schöpfungen, Anfänge, deren Fortbildung die Sorge der Gegenwart und die Aufgabe der Zukunft ist.

Mit dieser negativen Richtung der neueren Agrargesetzgebung hängt auch die Unterstellung des gesammten Grundbesitzes unter ein wesentlich der Natur des beweglichen Kapitals angepaßtes Erbrecht zusammen. Ja, in der Ausdehnung des römischen Erbrechts auf den Grundbesitz ist, nächst einer ungenügenden Organisation des landwirthschaftlichen Creditwesens, das Hauptmittel gegeben, durch welches das bewegliche Kapital seine Herrschaft über den Grund und Boden ausübt.

Um die ganze Tragweite dieses Schrittes klar zu legen, gestatten Sie mir wohl, für einen Augenblick auf die Geschichte des deutschen Erbrechts einzugehen.

Dieses war in den ersten Jahrhunderten der deutschen Geschichte ein wahres Familienerbrecht. Feste, unabänderliche Regeln leiteten den Grundbesitz von einer Generation auf die andere über, ohne daß eine Abweichung von denselben statthaft gewesen wäre. Damit der Grundbesitz in der Familie blieb, waren Frauen von der Succession in denselben ausgeschlossen oder doch den Männern nachgestellt. Auch durfte über denselben ohne Einwilligung der Blutsverwandten weder unter den Lebenden noch auf den Todesfall verfügt werden. Die von Männern abstammenden männlichen Nachkommen des Erblassers gleichen Grades besaßen gleiche Erbrechte; doch wird die Naturaltheilung des Immobiliarnachlasses Anfangs factisch nicht häufig vorgekommen sein und, wo sie ausnahmsweise vorkam, den vorhandenen Bedürfnissen der Volkswirthschaft entsprochen haben. Dieses, dem Zustand der reinen Naturalwirthschaft entsprechende Erbrecht erlitt aber bereits früh einige Modificationen.

Mit dem Eindringen der ersten Anfänge des Geldverkehrs sowie sonstiger römischer Einflüsse namentlich auf demjenigen Boden, auf dem Römer und Germanen zusammentrafen, mit dem Beweglicherwerden des Lebens und der Verbreitung christlicher Elemente in Anschauung und Sitte, sowie mit dem Erstarken des Staates mußte sich auch das Erbrecht ändern.

Neben den Männern erhielten jetzt auch Frauen ein Erbrecht; das sogenannte Beispruchsrecht verlor sich zum Theil ganz, zum Theil wurde es nur abgeschwächt; letztwillige Verfügungen fanden in immer weiteren Kreisen Eingang und der Immobiliarnachlaß wurde nun häufiger der Naturaltheilung unterworfen. In Folge dieser Entwickelung wäre das aus germanischer Wurzel erwachsene Erbrecht, namentlich in den Städten, der im 15. und 16. Jahrhundert erfolgten Reception des römischen Erbrechts immer mehr entgegen gereift, wenn nicht die ständische Periode für die Vererbung des Grundbesitzes einen Rückschlag gebracht hätte. In dem engen Kreise des Lehn- und Hofrechtes, sowie sonstiger ständischer Sonderrechte lebten die altgermanischen Ideen des Erbrechtes, modificirt durch die specifischen Bedürfnisse des mittelalterlichen Lebens, wieder auf. Diese Modificationen sind namentlich darauf zurückzuführen, daß alles Eigenthum sich mittlerweile in ein Ober- und Untereigenthum gespalten hat und daß jetzt nicht mehr die Bedürfnisse des ganzen Volks, sondern einzelner Stände maßgebend waren. In den Kreisen des Adels gelangte die Rücksicht „auf die Erhaltung des Ansehens und Glanzes der Familie" zur Geltung, und innerhalb des hofhörigen Verbands richtete sich das Bemühen auf die Erhaltung der Prästationsfähigkeit der bäuerlichen Höfe.

In der Erbfolge des Lehn- und Hofrechts, der Stammgüter, der Güter der hochadligen Häuser und der Familienfideicommisse treten die Frauen wieder hinter die Männer zurück oder werden von diesen auch ganz ausgeschlossen; die Veräußerung der Familiengüter wird theils wieder mehr erschwert, theils vollständig verboten; die Testirfreiheit wird zurückgedrängt; die ursprünglich factisch nur selten vorgekommene Verschuldung und Theilung des Grundbesitzes wird jetzt auch rechtlich ausgeschlossen. Eine Consequenz der Untheilbarkeit des Grundbesitzes ist die Individual-Succession in denselben, derart, daß immer nur einer unter mehreren nach gemeinem Recht gleichberechtigten Erben das väterliche Gut erhält und daß den übrigen Geschwistern nur mäßige Abfindungen u. s. w. zu Theil werden, oder daß sie auch allein auf den mobilen Nachlaß angewiesen sind.

Durch diese ständisch-singulären Erbrechte hat sich der größte Theil des deutschen Grundbesitzes vor der Zerstückelung, vor dem Eindringen des beweglichen Kapitals, vor der Verschuldung und vor der Expropriation zu schützen gesucht und zu schützen gewußt. Die auf eine Erhaltung des Gleichgewichts der produktiven Kräfte gerichtete Agrarverfassung bewahrte den Grundbesitz dann weiter vor der Ansammlung in einigen wenigen Händen. Auch gegen die Anwendung des mittlerweile recipirten römischen Rechts war das oben skizzirte ständische Erbrecht gerichtet. Und so stehen wir denn vor der merkwürdigen Erscheinung, daß, während das römische Recht principiell für das ganze Gebiet des Privatrechts recipirt wird, seine Anwendung auf die Vererbung von ländlichen Immobilien gleichwohl von dem größten Theil des deutschen Bodens jahrhundertelang ausgeschlossen bleibt.

Erst seitdem die mittelalterliche Agrarverfassung beseitigt und die ständische

Gesellschaft vor dem allgemeinen Staatsbürgerthum zurück gewichen ist, drängt auch das gemeine Erbrecht — und ich verstehe unter demselben auch das dem römischen Recht nachgebildete Recht der modernen Codificationen — in seiner Anwendung auf den ländlichen Grundbesitz vor.

In dieser Beziehung zeigt sich ein hochinteressanter Unterschied unter den Hauptculturvölkern des westlichen Europa.

Wie England seine Feudal-Verfassung, ohne die Continuität zu unterbrechen, in eine modern-repräsentative umgewandelt hat, so bildet es auch aus lehnrechtlicher Wurzel sein der Natur des Grundbesitzes angepaßtes Intestat-Erbrecht aus, nach welchem das Grundeigenthum nach dem Tode seines Besitzers immer nur an eines seiner Kinder übergeht. Nicht dieses aber trägt, wie vielfach behauptet wird, die Hauptschuld an der excentrischen Grundeigenthumsvertheilung in England, sondern der Mangel an Fürsorge für die Erhaltung des mittleren Besitzes seitens des englischen Staats. Zur Zeit, als der Bauernstand in England am meisten bedroht war, zeigte sich der englische Staat, der denselben gegenüber dem Andrängen des beweglichen Kapitals und des großen Grundbesitzes energisch hätte schützen sollen, ebenso unfähig diese Aufgabe zu erfüllen, wie bei uns nur die landesherrliche Gewalt in Mecklenburg und Neu-Vorpommern.

Ein von diesem sehr verschiedenes Bild zeigt uns Frankreich. Wie Frankreich die Zeit zu einer organischen Reform seiner ständischen Körperschaften und seiner Social-Gesetzgebung verpaßt hatte, so auch auf dem Gebiet des Erbrechts. Mit dem ancien régime beseitigte die französische Revolution auch dieses mit einem Schlage. Von dem feudalen Erbrecht, das den Grundbesitz unlöslich an bestimmte privilegirte Familien gekettet hatte, ging man hier unvermittelt zum Erbrecht des Jahres 1793 und des Code über. Von der Rücksicht auf die Natur des Grundbesitzes und auf die Möglichkeit seiner Erhaltung in der Familie, findet sich namentlich in dem ersteren Gesetz keine Spur vor: die freie Testirbefugniß wird der Gleichheitsidee und dem Theilungszwang geopfert. Mit einem Wort, die französische Revolution sanctionirt den bekannten Gedanken Mirabeau's „que l'égalité des successions ne peût être dérangée par les dispositions de l'homme et qu'on ne puisse favoriser aucun de ses héritiers au préjudice de l'autre.“ Auf diese sprungweise Entwickelung in Frankreich paßt daher in vorzüglicher Weise der Ausspruch Sir Henry Maine's: „The history of property — and succession dürfen wir hinzufügen — on the European continent is the history of the subversion of feudalized law of land by the Romanized law of movables.“

Eine mittlere Stellung zwischen Frankreich und England nimmt Deutschland ein. Zwar das römische Erbrecht gilt auch hier im Prinzip für einen großen Theil des deutschen Reichs. Dasselbe behandelt die zum Nachlaß gehörigen Immobilien vollständig wie die Mobilien, indem es den in demselben Grad mit dem Erblasser verwandten Personen völlig gleiche Rechte einräumt und die Taxation des Nachlasses nach dem Verkehrswerth sowie die Naturaltheilung begünstigt. Im preußischen Landrecht wird der Taxation nach dem Verkehrswerth noch besonders Vorschub geleistet durch die Bestimmung, daß jeder Erbe das Recht habe den meistbietlichen Verkauf des Nachlaß-Grundstücks zu verlangen, während das auf dem linken Rheinufer geltende französische Erbrecht wieder mehr auf die Natural-Theilung desselben hindrängt. In der Einschränkung der Testirbefugniß endlich gehen das französische wie das preußische Recht — an altdeutsche Rechtsideen anknüpfend — noch über das römische Recht hinaus.

Auf die Dauer müssen diese erbrechtlichen Bestimmungen zu folgenden Resultaten führen: sofern nämlich einer der Erben das Gut ungetheilt übernimmt, zur Ueberlastung desselben mit Nachlaß-Schulden, zum Zwangsverkauf und auf diesem Umwege oder direct zum Uebergang in fremde Hände; sofern das Nachlaß-Grundstück aber in natura getheilt wird, zu einer unwirthschaftlichen Zerstückelung des Grundbesitzes und schließlich zur Sprengung der Agrarverfassung.

Diese Wirkungen werden um so sicherer und schneller eintreten, je stärker der Grundbesitz überhaupt verschuldet ist, je mehr Erben, unter die das Nachlaß-Grundstück getheilt werden muß, im einzelnen Fall vorhanden sind, in je ungünstigerer Lage sich die Landwirthschaft befindet, je weniger Kapital der das elterliche Gut antretende Erbe oder seine Frau besitzt und je weniger zweckmäßig die Verfassung des Hypothekenwesens und die Organisation des ländlichen Credits eingerichtet sind.

Wenn diese Wirkungen bisher noch nicht überall in voller Schroffheit hervorgetreten sind, so ist das in Frankreich zurückzuführen auf das Zwei-Kinder-System, durch welches die ländliche Bevölkerung dem morcellement des Bodens vorzubeugen weiß, in Deutschland dagegen durch das Gewohnheitsrecht und die zahlreichen Singular-Rechte, welche das gemeine Erbrecht bisher von der Anwendung auf einen großen Theil des Bodens ausgeschlossen haben. Und dort, wo das lebhafte Familiengefühl einen adäquaten rechtlichen Ausdruck nicht findet, pflegen die Erblasser zu mannigfachen Hülfsmitteln zu greifen und die Erben nicht geringe Opfer zu bringen, um den Grundbesitz in der Familie zu erhalten. Mit dem Erblasser und den Erben im Bunde standen bis vor kurzem in Deutschland die Richter, indem sie nicht selten contra legem Gutsübertragungsverträge, niedrige Erbschaftstaxen, Erbschaftsauseinandersetzungen, an denen unter Vormundschaft oder Curatel stehende Personen betheiligt waren, selbst wenn sie dem Interesse dieser nicht ganz entsprachen, bestätigten oder doch anerkannten.

Indeß täusche man sich nicht, eine solche allgemeine Verschwörung gegen das geschriebene Recht ist auf die Dauer nicht möglich. Sie dauert nur so lange, als der frühere Rechtszustand in der Sitte noch ein mehr oder minder starkes Echo findet; auf diese wird das geschriebene Recht der Gegenwart aber nothwendig zersetzend und auflösend wirken. Denn jeder mit einer solchen contra legem getroffenen Disposition Unzufriedene kann dieselbe umstoßen, und an solchen wird es in unserer Zeit, in der die einzelnen Familienglieder durch Beruf und Neigung von dem Familiensitz weit weg versprengt werden und der Besitz eines möglichst großen Kapitals die Voraussetzung für jede selbständige Unternehmung ist, nicht fehlen.

Und auch die einzelnen Singular-Rechte in der Form, in der wir sie aus der Vergangenheit überkommen haben, befinden sich in precärer Lage. Seit der Beseitigung der Stände, denen sie auf den Leib geschnitten waren, schweben sie gleichsam in der Luft. Denn was bedeutet ein bäuerliches Anerbenrecht, nachdem der rechtliche Begriff des Bauernstandes und Bauerngutes verschwunden ist? Was das adlige Familien-Fideicommiß zu einer Zeit in der der Adel durch die Aristocratie abgelöst wird? Auch stehen wesentliche Bestimmungen dieser singularrechtlichen Institute mit den Grundprincipieen unserer heutigen Wirthschaftsordnung, mit unsern Rechtsideen und sittlichen Idealen in Widerspruch. Denn es widerstrebt unserm Rechtsbewußtsein, wenn ein Kind den Grundbesitz allein erbt und die andern vollständig leer ausgehen, wie das ältere Anerben- und Fideicommißrecht bestimmen. Es liegt ferner weder im Interesse der Familie noch in dem der Volkswirthschaft, wenn die Person des Anerben oder Fideicommißbesitzers, gleichgültig, ob sie tüchtig ist oder nicht, von dem Gesetz unabänderlich bestimmt wird, und ebenso wenn das Gesetz die Aufnahme hypothekarischer Schulden und den Verkauf einzelner Stücke des Fideicommißguts verbietet. Es widerspricht endlich unsern Gerechtigkeitsidealen, wenn wir das tiefsinnige Wort des Dichters: „Was du ererbt von deinen Vätern hast, erwirb es, um es zu besitzen" von der Anwendung auf ein bestimmtes Rechtsgebiet völlig ausgeschlossen sehen, indem der durch Familien-Fideicommiße vinculirte Besitz gegen die Untüchtigkeit, den Leichtsinn und die Verschwendungssucht ihrer einzelnen Mitglieder gefeit erscheint, während ringsum jede wirthschaftliche Schuld sich auf Erden rächt.

Aber bleibt denn, will man für das Grundeigenthum die Scylla des altständischen Anerbenrechts und des Familien-Fideicommisses in seiner starren gemeinrechtlichen Form vermeiden, wirklich nichts andres übrig, als dasselbe an der Charybdis des allgemeinen Erbrechts zerschellen zu lassen?

Wie befremdend es nach dem Vorhergesagten auch klingen mag, ich glaube diese Frage für Deutschland entschieden verneinen zu sollen.

Wie auf dem Gebiet der Agrarverfassung die Aufgabe der Gegenwart nicht darin besteht, bei der Negation der mittelalterlichen Ordnung der Dinge stehen zu bleiben, sondern die gesunden Gedanken früherer Zeiten mit den Ideen der Gegenwart zu lebenskräftigen Institutionen zu verbinden — ich erinnere hier nur an den fruchtbaren Keim, der in den altpreußischen Landschaften für die Ausgestaltung des bäuerlichen Credits und in den Erbpachtverhältnissen früherer Zeiten für die Schaffung eines Bauernstandes enthalten ist —, so auch auf dem Gebiete des Erbrechtes.

Wir brauchen auch hier nur die bisherige Rechtsentwickelung zu befragen — freilich nicht die in unsern Gesetzbüchern paragraphirte allein, sondern auch diejenige, die in der Sitte unserer Dörfer, Bauerhöfe und Rittergüter zu Tage tritt, und nicht nur diejenige unseres Rechtes, sondern auch die verwandter Völker —, um auf den richtigen Weg gewiesen zu werden.

Zunächst brauchen wir eine Erweiterung der Testirfreiheit, soweit es sich wenigstens um Verlassenschaften handelt, die aus ländlichen Grundstücken bestehen. Wie die Reception des römischen Rechtes mit seiner nur durch Pflichttheilsrechte eingeschränkten Testirfreiheit seiner Zeit einen wesentlichen Fortschritt bedeutete gegenüber dem starren Zwang des altdeutschen Intestaterbrechtes, welches letztwillige Verfügungen und Veräußerungen von Immobilien ausschloß oder doch sehr bedeutend einschränkte, so muß jetzt über das römische Recht hinausgegangen werden. Die große Beweglichkeit des modernen Lebens und die volkswirtschaftliche Nothwendigkeit, die einmal gebildeten Unternehmungen und Vermögen in der Flucht der Generationen zusammenzuhalten, verlangen dieses gebieterisch. Die hochentwickelte Volkswirthschaft der Engländer und Amerikaner scheint auch unserer Rechtsentwickelung hier den richtigen Weg vorzuzeigen. Und wollte man hiergegen einwenden, daß das aus ursprünglich specifisch römischer Wurzel erwachsene Pflichttheilsrecht derart in unser Rechtsbewußtsein hineingewachsen ist, daß es ohne schmerzliche Operation nicht entfernt werden kann, so lasse man es im Princip noch eine Weile bestehen, schränke es aber derart ein, daß es dem Erblasser selbst unter ungünstigen Verhältnissen — starke Verschuldung des Gutes, viele Kinder, ungünstige landwirthschaftliche Conjuncturen u. s. w. — noch möglich wird, Dispositionen zu treffen, durch welche der Familie das Gut erhalten wird. Im Uebrigen baue man aber auf die elterliche Liebe, welche es in freien Anordnungen unter Lebenden und auf den Todesfall besser als das starre Gesetz verstehen wird, die nöthige Ausgleichung des Vermögens unter den Kindern, wenn auch nicht nach dem Princip der formalen Gleichheit, so doch nach dem der materiellen Gerechtigkeit zu treffen.

Aber die Erweiterung der Testirfreiheit allein genügt nicht, sie genügt namentlich nicht für ein Volk wie das unsrige, das im großen Ganzen nicht gewöhnt ist, seine Nachlaßverhältnisse durch letztwillige Verfügungen zu ordnen. Wenigstens trifft dies für den größten Theil der ländlichen Bevölkerung und hier speciell für den Bauernstand zu.

Hier gilt es nun, ein neues, den Bedürfnissen des Grundbesitzes angepaßtes Inteſtat-Erbrecht zu schaffen, oder viemehr nur die vorhandenen Keime zu einem solchen weiter zu entwickeln. Denn es braucht nur diejenige Uebung und Sitte zum geschriebenen Recht erhoben zu werden, welche theils innerhalb des Rahmens des geltenden Rechts theils auf Umwegen außerhalb desselben und gegen dasselbe sich Geltung zu verschaffen sucht.

Wenn wir große Gebiete Süd-West- und Mittel-Deutschlands und ferner kleinere auch sonst versprengte Gebiete ausnehmen, so findet sich das Bestreben, den ländlichen Grundbesitz durch Uebertragung desselben zu einem mäßigen Anschlag an einen der Erben, in der Familie zu erhalten, allgemein verbreitet. Indem man zu einem der vielen Mittel greift, welche die Erreichung dieses Zieles versprechen, glaubt man durchaus nichts Unrechtes zu thun, selbst wenn man weiß, daß es dem Sinn und Wortlaut des Gesetzes widerspricht. Hier liegt ein Stück wichtigen Rechtsbewußtseins vor, dessen Berücksichtigung der Social-Oeconom dem Gesetzgeber der Zukunft dringend ans Herzen legen muß.

Und glücklicher Weise dürfen wir constatiren, daß die Gesetzgebung, wenn auch fürs Erste nur schüchtern und zaghaft, diesen Weg bereits betreten hat, den Weg zur Formulirung eines den Bedürfnissen der gegenwärtigen Volks- und Landwirthschaft angepaßten Anerbenrechtes.

In dieser Beziehung unterscheidet sich die deutsche Erbrechtsgesetzgebung sehr wesentlich von der französischen. Mit einem Radicalismus, der dem goût excessif de logique et d'équité entspricht, welchen ein neuerer französischer Schriftsteller für die apanage de tout citoyen français erklärt, hat die französische Revolution aus Furcht vor der alten Gesellschaft und in dem Bestreben, das Vermögen derselben zu zerstückeln, die Bildung eines Gewohnheitsrechts auf diesem Gebiet im Keim erstickt. Auch blieb selbst für die gesunden Gedanken der früheren singulären Rechtsbildungen kein Raum mehr übrig.

In Deutschland wurde nun freilich das römische Recht recipirt und in einigen Ländern ein demselben durch die neuere Gesetzgebung nachgebildetes Erbrecht geschaffen, aber nebenbei ließ man — wie schon erwähnt wurde — noch die mannigfachen singulären Erbrechts-Institute und das Gewohnheitsrecht bestehen.

Nur in Preußen ging man in allen diesen Beziehungen radicaler zu Werk. Das allgemeine Landrecht behielt das Fideicommiß zwar bei, bildete dasselbe aber doch den Anforderungen des modernen Lebens entsprechend um und die spätere preußische Gesetzgebung hat die starre Unveräußerlichkeit, Untheilbarkeit, Unverschuldbarkeit der Güter noch weiter gemildert. Der preußischen Gesetzgebung ist dann auch die Gesetzgebung einiger anderer deutschen Länder in dieser Beziehung gefolgt.

Das allgemeine Landrecht behielt freilich auch noch das specifisch bäuerliche Erbrecht mit seiner gemäßigten Erbschaftstaxe bei, aber die Stein-Hardenbergische Agrargesetzgebung beseitigte auch dieses vollständig.

Hier wo man den Bogen der Freihandelsdoctrin auf dem Gebiet der Agrargesetzgebung am stärksten gespannt hatte, sollte die Reaction gegen ihre Ausschreitungen auch am frühesten eintreten.

Bereits seit den 20er Jahren und dann wieder in den Jahren 1841 und 1847 hat die preußische Regierung — wie es scheint, auf die persönliche Initiative Friedrich Wilhelm III. und IV. hin — zuerst bei den Provinzialständen dann auch beim Vereinigten Landtage Schritte zur Wiedereinführung eines bäuerlichen Anerbenrechtes oder wenigstens einer ermäßigten Erbschaftstaxe gethan.

Aber sie begegnete damals entweder leidenschaftlichem Widerstreben oder doch kühler Ablehnung.

Wie die Mehrheit der Franzosen auch gegenwärtig die Gesetzgebung der Revolution von 1789 in jeder Beziehung für ein unübertreffliches Ideal hält, an der auch im Einzelnen nicht gemäkelt werden darf, so trieb man bis in unsere Tage eine Art politischen Cultus mit der Stein-Hardenbergischen Agrargesetzgebung.

Diese war nun freilich im großen Ganzen eine historische Nothwendigkeit und darin dürfte zugleich ihr höchstes Lob enthalten sein. Auch wird man es wohl erklärlich finden, daß gegenüber den zahlreichen Widerständen, die sie zu überwinden hatte, ihre Durchführung sich von einer gewissen doctrinären Einseitigkeit nicht immer fern gehalten hat.

Aber uns, die wir über den Parteikämpfen jener Tage stehen und die Fundamental-Principien jener Gesetzgebung als gesichert ansehen dürfen, gebührt denn doch ein freieres Urtheil über dieselbe, als diejenigen es haben konnten, die in der Vertheidigung derselben gegen die maßlosen Angriffe einer kurzsichtigen Reaction selbst zur Partei wurden.

Und da wird denn doch nicht geleugnet werden können, daß sie es in mehr als in einem Punkte versehen hat: zunächst indem sie die Gemeinheitstheilungen mit einem übel angebrachten Fanatismus durchführte, sodann indem sie den Waldbesitz einer unwirthschaftlichen Zerstückelung Preis gab, ferner indem sie die Verkehrsfreiheit für den Grundbesitz begründete, ohne doch den Güterschacher auszuschließen oder doch zu erschweren, und endlich — um von andern Punkten zu schweigen — indem sie den bäuerlichen Grundbesitz dem allgemeinen Erbrecht unterwarf.

In all diesen Punkten steht die Gesetzgebung manches andern deutschen Staats höher als die preußische.

Doch es bedurfte erst der Erfahrungen mehrerer Jahrzehnte, es bedurfte namentlich der für die Landwirthschaft schwierigen Zeiten, wie wir sie seit dem Schluß der 60er Jahre durchleben, um diese Mängel zum allgemeinen Bewußtsein zu bringen.

Aber wenn auch um theueren Preis, so haben wir endlich doch erkannt, daß nicht alles, wofür die früheren Generationen sich bedingungslos begeisterten, die Probe der Erfahrung zu bestehen vermag. Dieser Einsicht ist es dann zugleich — wenn auch nicht ihr allein — zu verdanken, daß die Reform des bäuerlichen Erbrechts in der Gegenwart ungleich weniger Widerstand findet als in den 20er und 40er Jahren.

Die Bewegung für diese Reform ging zunächst am Schlusse der 60er Jahre von jener neuen preußischen Provinz aus, der der preußische Staat manchen trefflichen Mann und manche bewährte Einrichtung verdankt. Den vereinten Bemühungen sich sonst im politischen Leben nicht selten befehdender Männer gelang es endlich 1874 das sogenannte Hannoversche Höfegesetz zu Stande zu bringen, freilich nicht, ohne daß dasselbe vorher von der Scheere eines dem Leben abgewendeten Doctrinarismus im preußischen Abgeordnetenhause und im Ministerialbureau gründlich beschnitten worden wäre. Dem Hannoverschen Höferecht hatte in mehrfacher Beziehung ein aus dem Jahre 1870 stammendes Lippe-Schaumburgisches Gesetz zum Vorbild gedient. Um dieselbe Zeit wie in Hannover wurden auch in Bremen, Oldenburg und Braunschweig ähnliche, ja zum Theil weitergehende Gesetze erlassen. Aber es bedurfte doch noch einiger Zeit, um das Vorurtheil gegen diese Gesetzgebung soweit zu überwinden, daß an eine Ausdehnung derselben auf die altpreußischen Provinzen gedacht werden konnte. Mittlerweile war das öffentliche Urtheil auch so weit gereift, daß durch eine Novelle zum Hannoverschen Höfegesetz vom Jahr 1880 die wesentlichsten Verstümmelungen, welche der ursprüngliche Entwurf des Hannoverschen Provinzial-Landtags vom Jahre 1874 erfahren hatte, wieder beseitigt werden konnten.

Bei Gelegenheit der Einbringung eines für die Provinz Westfalen bestimmten Gesetzentwurfes faßte das preußische Abgeordnetenhaus im Jahre 1879 den Beschluß, die Staatsregierung zu ersuchen, daß sie die in diesem Gesetzentwurfe enthaltenen Grundsätze auch für die übrigen Provinzen zur Anwendung bringe. Von der Staatsregierung um ihre Ansicht befragt, haben nun freilich eine Reihe von Provinziallandtagen — die Provinziallandtage von Ost- und Westpreußen, Pommern und Posen — sowie der Communallandtag des Regierungsbezirks Wiesbaden die Frage nach dem Bedürfniß „einer anderweiten Regelung des Erbrechts", wie der technische Ausdruck lautet, negirt, während die Provinziallandtage von Lauenburg, Schleswig-Holstein, Schlesien, Westfalen, Brandenburg und Sachsen und zum Theil auch der Communallandtag des Regierungsbezirks Kassel sich für die provinzielle Regelung des Grund-Erbrechts erklärt haben. In Lauenburg und Westfalen haben die Verhandlungen bereits zum Erlaß von Gesetzen geführt, welche sich an das Hannoversche Höfegesetz in seiner verbesserten

Fassung anschließen, ja die westfälische Landgüterordnung von 1882 kommt den Bedürfnissen des Grundbesitzes noch weiter entgegen. In den übrigen vier Provinzen, sowie im Regierungsbezirk Kassel befinden sich die Gesetze noch im Stadium der Berathung.

All diesen Erbrechtsgesetzen ist gemeinsam, daß sie den Kern des altständischen Anerbenrechts mit der modernen Wirthschafts- und Rechtsordnung versöhnen wollen.

Zu diesem Zweck wird von der freiesten Dispositionsbefugniß des Grundeigenthümers ausgegangen und dieselbe für letztwillige Verfügungen noch über die Schranken des gemeinen Pflichttheilsrechts hinaus erweitert.

Für den Fall, daß keine letztwillige Verfügung getroffen worden ist, wird für den landwirthschaftlichen Grundbesitz die Individual-Succession eines der Kinder eingeführt; diese schließt jedoch die Vererbung des Nachlasses nach gemeinem Recht nicht aus. Der Anerbe erhält neben dem Eigenthum am Grundbesitz ein sogenanntes Voraus, eine Vortheilsberechtigung an dem Werth desselben ($^1/_3$ des Ertragswerths nach dem Hannoverschen Recht, $^1/_4$ nach dem Bremischen Recht), während an dem übrigen Werth sämmtliche Erben zu gleichen Theilen participiren, so in Hannover, Bremen, Lauenburg, Schleswig-Holstein. Bisweilen liegt die Begünstigung des Anerben auch nur in der niedrigen Erbschaftstaxe, für die er das Gut antritt, so z. B. in Westfalen und nach dem Gesetz-Entwurf von Brandenburg und Schlesien. Wie viel Güter der Erblasser hinterläßt, so viel Anerben werden berufen. Die Höhe des Voraus und die niedrige Erbschaftstaxe wird lediglich durch die Rücksicht auf die Erhaltung des Gutes in der Familie bestimmt. Nur in Braunschweig und Schaumburg-Lippe erhalten die Miterben des Anerben lediglich Abfindungen und keine Erbantheile. Der Werthermittelung wird der Ertragswerth zu Grunde gelegt. Dieselbe erfolgt entweder in jedem einzelnen Fall durch eine Taxationscommission, oder ein für alle Mal nach Maßstab des Grundsteuer-Katasters. Den ersteren Weg schlagen das Hannoversche Höferecht und die demselben folgenden Höfegesetze ein, den letzteren die westfälische Landgüterordnung. Die Gesetzentwürfe für Brandenburg und Schlesien combiniren beide Modalitäten, sodaß nur für den Fall, daß ein Erbe es verlangt, eine individuelle Ermittelung des Ertragswerths eintritt, während sonst der kapitalisirte Katastral-Reinertrag entscheidend ist.

Weitere Punkte, in denen diese Gesetze unter einander differiren, sind folgende. Während das Schaumburg-Lippesche, Braunschweigische, Bremische, Lauenburgische und Hannoversche Gesetz das Anerbenrecht auf den bäuerlichen Grundbesitz beschränken, geben das Oldenburgische und westfälische Gesetz, sowie die neueren Gesetzentwürfe für Schleswig-Holstein, Brandenburg, Schlesien und Sachsen demselben eine weitere Ausdehnung auf das gesammte land- und forstwirthschaftlich benutzte, behauste oder nicht behauste Grundeigenthum. Es war für diese weitere Ausdehnung des Anerbenrechts die Erwägung maßgebend, daß dasselbe in seiner neuesten Gestalt vollständig losgelöst erscheint von seinem bäuerlichen Ursprung, und daß alle Gründe, welche für die Ersetzung des gemeinen Rechts durch das Anerbenrecht sprechen, gleichmäßig für alles land- und forstwirthschaftlich benutzte Grundeigenthum zutreffen. Speciell für den mittleren Grundbesitz ist das Anerbenrecht eine Nothwendigkeit, weil derselbe durch das Erbrecht weniger geschützt ist, als der große Grundbesitz, welchen Lehnrecht,

Stammgutssystem und Familien-Fideicommisse in den Familien erhalten helfen. Aber auch für den großen Grundbesitz kann das Anerbenrecht dereinst die Bedeutung eines Schutzdachs gewinnen, unter das derselbe treten wird, wenn das Familien-Fideicommiß beseitigt werden sollte. Und ferner, je besser das allgemeine Intestaterbrecht den Bedürfnissen des ländlichen Grundbesitzes und der grundbesitzenden Familien entspricht, desto geringerem Widerstande wird die Aufhebung des Familien-Fideicommisses oder doch eine weitere Annäherung desselben an das allgemeine Erbrecht seiner Zeit begegnen. Dazu kommt dann die weitere Erwägung, daß es das allgemeine Urtheil weniger choquirt, wenn eine bestimmte Kategorie von Gütern oder eine bestimmte Art von Rechtsgeschäften einem eigenen singulären Recht unterstellt wird, als wenn dies mit Rücksicht auf eine bestimmte Klasse von Personen geschieht. Zudem fehlt es nicht an Präcedenzfällen für einen solchen Vorgang. Hat sich doch für die sich auf den Handel beziehenden Rechtsgeschäfte und Institute ein eigenes Handelsrecht und speciell für den Handelsverkehr zur See ein eigenes Seerecht trotz der im Allgemeinen nivellirenden Tendenz des modernen Rechts erhalten. Und auch für den der Land- und Forstwirthschaft sowie dem Bergbau dienenden Grundbesitz hat sich ein eigenes Agrar-, Forst- und Bergbaurecht ausgebildet. Warum sollte nicht auch das Erbrecht, sofern sich dasselbe auf den land- und forstwirthschaftlich benutzten Boden bezieht, eigenartig gestaltet werden können?

Endlich ein letzter, aber der wichtigste Punkt, in dem die neueren Gesetzgebungen untereinander differiren, ist folgender. Die Bremische und Oldenburgische, sowie die neuere Preußische Gesetzgebung für Hannover, Lauenburg und Westfalen lassen das gemeine und Preußische allgemeine Erbrecht für den gesammten Grundbesitz in Kraft. Durch einen ausdrücklichen Willensact des Eigenthümers, der sich in der Eintragung eines Gutes in die Höfe- oder Landgüterrolle manifestirt, soll dasselbe jedoch für den Fall der Vererbung dem Anerbenrecht unterworfen werden können. Indem diese Eintragung im Vergleich zur Errichtung einer letztwilligen Verfügung außerordentlich erleichtert wird, und indem ferner für den Fall der Eintragung die Regeln, nach denen die Vererbung erfolgt, nicht erst ausdrücklich von dem Einzelnen bestimmt zu werden brauchen, sondern im Gesetz fixirt sind, leistet die Gesetzgebung der Anwendung des Anerbenrechtes Vorschub. Die Präsumtion spricht also hier für die Geltung des allgemeinen Rechtes; das Anerbenrecht, um für das einzelne Gut zur Anwendung zu gelangen, muß von dem Eigenthümer desselben ausdrücklich gewollt sein. Dasselbe bleibt aber dann, wenn dieser Wille durch Eintragung in die Höferolle zu Tage getreten ist, so lange in Geltung, als die Löschung des betreffenden Grundstücks aus der Höferolle nicht erfolgt ist.

Ein anderes System als das der Höferolle hat die Schaumburg-Lippesche und die Braunschweigische Gesetzgebung und hat der Entwurf des Brandenburgischen Provinziallandtags acceptirt. Dasselbe lag auch dem Schorlemerschen Entwurf für Westfalen und dem ursprünglichen Entwurf des Provinzial-Ausschusses der Provinz Schlesien zu Grunde: in den beiden letzten Provinzen ist es aber angesichts des Wunsches der Staatsregierung, die Anerbenrechtsgesetzgebung in allen preußischen Provinzen über den Leisten der Hannoverschen Höferolle zu schlagen, wie ich glaube, sehr contre cœur aufgegeben worden. Es unterscheidet sich vom System der Höferolle dadurch, daß die Vererbung nach

Anerbenrecht zum Intestaterbrecht für den gesammten bäuerlichen Grundbesitz gemacht ist. Dadurch ist die Vererbung nach gemeinem Recht für das einzelne Grundstück übrigens keineswegs ausgeschlossen, nur muß sie in jedem speciellen Fall ausdrücklich gewollt und dieser Wille in einer letztwilligen Disposition ausgesprochen sein. Die Lippe-Braunschweigische Gesetzgebung steht somit in dieser Beziehung in directem Gegensatz zur Preußisch-Hannoverschen. In Hannover spricht die Präsumtion für das gemeine Erbrecht, und das Anerbenrecht kann auf das einzelne Grundstück nur dann Anwendung finden, wenn dieses in die Höferolle eingetragen ist; in Lippe-Braunschweig dagegen bildet das Anerbenrecht die Regel, die, um für das einzelne Grundstück durch das gemeine Erbrecht ersetzt zu werden, ausdrücklich ausgeschlossen werden muß.

In denjenigen Ländern, in denen das Anerbenrecht virtuell oder potentiell für den gesammten land- und forstwirthschaftlich benutzten Grundbesitz eingeführt ist, ist von demselben doch meist der ganz kleine Besitz, der zur Erhaltung einer Familie nicht ausreicht, ausgeschlossen: so nach den Gesetzen von Bremen und Westfalen und nach den Gesetzentwürfen für die Provinzen Schlesien, Brandenburg und Sachsen, während die übrigen Gesetze eine solche Minimalgrenze nicht kennen.

Zieht man in Betracht, daß die Sitte, letztwillige Verfügungen zu treffen, bei uns auf dem Lande, namentlich unter dem mittleren Stande, wenig verbreitet ist, so wird man daraus den Schluß ziehen müssen, daß das geltende Intestaterbrecht auf die Dauer für die Art der Vererbung entscheidend werden muß. Wenigstens dürfte dies die Regel sein. Denn wenn in Hannover und Oldenburg die Benutzung der Höferolle im weitesten Umfange erfolgt ist, so ist das eine Ausnahme, die auf durchaus singuläre Zustände zurückzuführen ist. In Hannover war der Einführung des Höfegesetzes eine hochgradige Erregung der gesammten Bevölkerung vorausgegangen. Hier, wo eine im besten Sinne aristokratische Gesinnung die weiteste Verbreitung findet, wurde die Erhaltung des Anerbenrechts als eine specifisch hannoversche Angelegenheit angesehen, für die sich in gleicher Weise Herr von Bennigsen und Herr Windthorst und mit ihnen die ganze Bevölkerung interessirte. So gelang es denn gleich in den ersten Jahren, die Eigenthümer von über 60 % aller damals eintragungsfähigen Höfe zur Unterstellung derselben unter das Höferecht zu bewegen. Und in Oldenburg wiederum hatte das alte Grunderbrecht bis zur neuen Gesetzgebung ununterbrochen fortbestanden und entwickelten die Verwaltungsbehörden eine so energische Thätigkeit, um dasselbe der Bevölkerung auch in der neuen Form zu erhalten, daß gleich in den ersten Jahren ebenfalls ein großer Theil aller Grundbesitzungen dem neuformulirten Grunderbrecht unterstellt wurde.

Ich bezweifle auch nicht, daß es dem Einfluß des westfälischen Bauernvereins und seinen allmächtigen Leitern gelingen werde, in dieser Provinz ein ähnlich günstiges Resultat zu erzielen.

Dagegen bin ich der Ueberzeugung, daß in den übrigen preußischen Provinzen, sowie in anderen deutschen Ländern das Anerbenrecht erst dann von wirklich maßgebender Bedeutung werden wird, wenn es gelingt, dasselbe nach dem Vorbilde Lippe-Schaumburgs und Braunschweigs und zugleich ohne die in diesen Ländern beliebte Beschränkung desselben auf den bäuerlichen Grundbesitz zum Intestaterbrecht für den gesammten ländlichen Grundbesitz zu erheben.

Nun wird aber gegen eine solche Ausdehnung des Anerbenrechts auf das ganze Gebiet des deutschen Reichs mit Recht geltend gemacht, daß in manchen Gegenden das Rechtsbewußtsein und die Sitte der ländlichen Bevölkerung einer solchen Maßregel entschieden widerstreben würde. Es ist das namentlich der Fall in Gegenden mit sehr zerstückeltem und zugleich sehr parcellirtem Grundbesitz, in denen derselbe etwas von der Beweglichkeit des Kapitals angenommen hat und in denen das Rechtsbewußtsein zugleich zäh an der Sitte der gleichen Erbtheilung festhält.

Darf nun die Gesetzgebung auf dem Gebiet des Erbrechts den vorhandenen Rechtsüberzeugungen überhaupt keinen Zwang anthun, so würde sich solches namentlich dort, wo die Güterzerstückelung und -Parcellirung eine krankhafte geworden ist, auch nicht einmal aus Rücksichten auf die Erhaltung der vorhandenen Grundbesitzvertheilung empfehlen. Erst nach Maßgabe, wie hier gesundere Verhältnisse eintreten, — und diese zu schaffen oder zu begünstigen, ist eine der wichtigsten Aufgaben der Agrarpolitik —, sollte den Besitzern der besser arrondirten Güter von mittlerem und größerem Umfange Gelegenheit gegeben werden, dieselben dem Anerbenrecht zu unterstellen.

Eine solche Möglichkeit ist aber bei dem bisher eingeschlagenen Wege einer einheitlichen Regelung dieser Frage für ein ganzes Land oder eine ganze Provinz nicht vorhanden. Denn diese erfolgt nur, wenn sich der überwiegende Theil der Bevölkerung für das Anerbenrecht entscheidet. Dabei kommen aber weder die kleinen Unterabtheilungen eines Landes und einer Provinz, noch die einzelnen Güter zu ihrem Rechte. Dies hat sich schon früher in Oldenburg und noch neuerdings in Westfalen und Hessen gezeigt, indem sich weder für das ganze Großherzogthum Oldenburg, noch auch für die ganze Provinz Westfalen noch endlich für den ganzen Regierungsbezirk Kassel ein einheitliches Anerbenrecht einführen ließ und daher hier schon in den einzelnen Landestheilen unterschieden werden mußte. Auch wurden durch die provinzielle Regelung des Anerbenrechts Anomalien, wie z. B. die folgende veranlaßt: daß nämlich zur Provinz Westfalen vier Kreise der Rheinprovinz hinzugeschlagen werden mußten, um ihnen ein Anerbenrecht zu gewähren, das der übrige Theil der Rheinprovinz perhorrescirte.

Ich gelange daher zu folgendem Vorschlag: Die Commission für die Ausarbeitung eines deutschen Civil-Gesetzbuches möge neben dem allgemeinen Erbrecht, welches für das sämmtliche Mobiliarvermögen und ebenso für das städtische Immobiliarvermögen in Anwendung zu kommen hätte, für das land- und forstwirthschaftlich benutzte Grundeigenthum das Anerbenrecht in doppelter Gestalt einführen: nämlich einmal in der Gestalt eines von Gesetzeswegen geltenden Intestaterbrechts und sodann eines erst durch Eintragung in die Höferolle zur Anwendung gelangenden Höferechtes. Den einzelnen Ländern und Landestheilen (Provinzen, Kreisen, Bezirken) wäre dann anheimzugeben, sich für das eine oder andere der beiden Erbschaftssysteme zu entscheiden.

In den Landestheilen mit arrondirtem Besitz und starkem Familienbewußtsein würde wahrscheinlich das Anerbenrecht als Intestaterbrecht recipirt werden, so daß dasselbe für das einzelne Grundstück im gegebenen Vererbungsfall nur durch ausdrückliche Willenserklärung ausgeschlossen werden könnte; in den Ländern mit zerstückeltem und parcellirtem Grundbesitz, stark hervortretendem Individualismus und Gleichheitsgefühl dagegen würde das allgemeine Mobiliarerbrecht Anwendung auf den ländlichen wie auf den städtischen Grundbesitz finden, jedoch so, daß seine Wirksamkeit für einzelne Güter durch ausdrückliche Eintragung derselben in die Höferolle ausgeschlossen werden könnte. Von der Belehrung und dem Beispiel erwarte ich dann, daß man sich mit der Zeit in ganz Norddeutschland, in einem großen Theil Baierns, im württembergischen Ober-Schwaben, im Hohenloheschen, im badischen Schwarzwalde für das Anerbenrecht als Intestaterbrecht erklären werde, während in Mittel- und Südwest-Deutschland mit Ausnahme nur der eben bezeichneten Bezirke das jetzige System der Höferolle neben dem allgemeinen Erbrecht Anwendung finden werde.

Daß sich gegen diesen Plan mancherlei Bedenken vorbringen lassen, weiß ich wohl, und habe ich dieselben neben einer detaillirten Ausführung meines Vorschlags in der zweiten Abtheilung meines für unsern Verein ausgearbeiteten Gutachtens eingehend berücksichtigt. An dieser Stelle verbietet mir die leider bereits zu weit vorgeschrittene Zeit, näher auf dieselben einzugehen.

Ich eile daher zum Schluß, indem ich, nochmals zu dem Anfange meines Vortrages zurückkehrend, nur noch die Frage zu beantworten suche, was denn eigentlich durch eine solche Reform des Erbrechts erzielt werden soll? Diese Antwort lautet in Kürze: es soll die im großen Ganzen gesunde Vertheilung des ländlichen Grundeigenthums in der Zukunft besser conservirt werden, als das gemeine Erbrecht dies zu thun gestattet, und es sollen die grundbesitzenden Familien gegenüber dem Andrängen des beweglichen Kapitals in ihrem Besitz besser geschützt werden, als dies gegenwärtig möglich ist.

An der Erhaltung der vorhandenen Grundbesitzvertheilung und der altangesessenen grundbesitzenden Familien hat der Staat ein eminentes Interesse. Denn eine gesunde Grundbesitztheilung bildet die erste Gewähr für eine gesunde Vermögens- und Einkommensvertheilung überhaupt. Sie allein schützt auch davor, wie selbst von socialdemocratischer Seite wiederholt zugestanden worden ist, daß die sociale Frage auf dem Lande nicht eine ebenso brennende werde, wie sie es bereits in den Städten ist. Sodann sind die Familien, in deren Besitz sich ein großer Theil der größeren und mittleren Güter befindet, namentlich in unserm Nordosten, aufs Engste mit den Schicksalen unseres Staates und unserer Dynastie verwachsen, für die sie im Kriege ihr Blut vergossen und im Frieden ihre besten Kräfte hingegeben haben. In unserm Bauernstande endlich besitzen wir ein sociales Element, um das uns mancher andere Staat beneiden dürfte, mancher Staat, der trotz größeren Reichthums und höherer materieller Cultur dennoch auf thönernen Füßen ruht, weil ihm ein gesunder Bauernstand fehlt. Wie dieser Mittelstand eins der kostbarsten Vermächtnisse unserer Geschichte ist, so ruht in ihm auch eine der kräftigsten Bürgschaften für unsere Zukunft. Denn noch immer gilt das Wort des Dichters:

Es sproßt der Stamm der Riesen
Aus Bauernmark empor!

(Lebhafter Beifall!)

(Die Diskussion wird eröffnet.)

Staatsrath Dr. Geffcken (Straßburg): Meine Herren, ich stimme den Schlüssen des Herrn Referenten vollständig bei, und möchte mir nur noch erlauben, einiges zur Unterstützuug und Ergänzung derselben auf einem Gebiet hervorzuheben, das mir durch längeren Aufenthalt besonders bekannt geworden ist: ich meine nämlich die englischen Grundeigenthums- und Erbrechtsverhältnisse.

Ich glaube, daß dieselben beweisen, daß bei der Freiheit der Verfügung durch letztwillige Bestimmung keine nachtheiligen Folgen sich ergeben. Es könnte das auf den ersten Blick auffallend erscheinen, denn an und für sich ist es ja kein wünschenswerther Zustand, daß nur 180 000 Personen über 10 Acres Land und die 600 Familien der Pairie allein $^1/_5$ des ganzen Bodens besitzen. Es ist aber dabei in Betracht zu ziehen, daß die Pächter als Miteigenthümer des landwirthschaftlichen Eigenthums im Allgemeinen angesehen werden müssen, insofern sie einen sehr großen Bestand an lebendem und todtem Inventar besitzen. Dazu sind die großen Güter durchweg in Farms von etwa 168 Acres zerlegt, so daß die Farmer, die in der Zahl von 1 160 000 vorhanden sind, für die Cultur dasselbe leisten wie mittelgroße Bauern und also der Mangel kleinerer Grundbesitzer sich nicht fühlbar macht. Die Concentration des englischen Grundbesitzes in verhältnißmäßig wenigen Händen ist zwar einerseits die Folge des englischen Erbrechtes, welches ab intestato die Präsumtion für den ältesten Sohn statuirt, ein Pflichttheilsrecht nicht kennt und, obwohl eigentliche Fideicommisse äußerst selten sind, doch dem Besitzer das Recht giebt, eine Substitution für zwei Generationen vorzunehmen. Diese singulären Bestimmungen können offenbar fallen, und sie werden von den meisten Kennern der englischen Verhältnisse verurtheilt. Indessen die testamentarische Freiheit und die Abwesenheit des Pflichttheilsrechtes, die damit zusammenhängt, wird sicherlich in England niemals angetastet werden. So lange aber diese Freiheit besteht, werden gerade die großen Grundeigenthümer ihren Besitz zusammenhalten, ein Verkauf von Grundbesitz wird nur dann vorkommen, wenn ausnahmsweise der Eigenthümer verschuldet ist und gerade bei solchen Verkäufen hat der kleine Kapitalist am allerwenigsten Aussicht, erfolgreich zu concurriren. Der Herr Referent hat wenigstens im Vorbeigehen diese Fragen gestreift und hat den englischen Staat getadelt, daß er dem Verschwinden, der Auffaugung des bäuerlichen Grundbesitzes nicht entgegen getreten ist. Indessen es ist außerordentlich schwer zu sagen, wie das hätte geschehen sollen. Die Auffaugung des englischen Bauernstandes fällt vornehmlich in das vorige Jahrhundert, wo die reich gewordenen Indier, die sogenanten Nabobs zurückkehrten und die Bauern auskauften. Es ließ sich das kaum verhindern; denn wenn zwei Theile da sind, von denen der eine kaufen und der andere verkaufen will, so ist es immer schon ein exorbitantes Eingreifen des Staates, dies zu verbieten. In England ist eben der Grundbesitz das Moment, das für die sociale Geltung entscheidet. Jeder reich gewordene Mann wünscht und strebt danach, ein Grundbesitzer zu werden und diesen Grundbesitz auf den ältesten Sohn zu vererben, damit eine Familie zu begründen: „to make an eldest son" — wie der Ausdruck lautet. Es wäre auch den Farmern sehr schwer, Eigenthümer zu werden, weil sie unter keinen Umständen die Preise für das Land zahlen könnten, welche der reiche Industrielle und Kaufmann dafür zu bieten bereit ist, der sich mit einer ganz geringen Verzinsung begnügen will, die jetzt kaum noch 2 % beträgt. Noch weniger aber würden die arbeitenden Klassen dazu im Stande sein, da bei den durchschnittlich hohen Löhnen die precäre Lage der kleinen Grundbesitzer auch keineswegs etwas ist, wofür sie ihre jetzige Stellung eintauschen möchten.

Stein in seinen drei Fragen des Grundbesitzes behauptet eine Aussaugung der Pächter; eine solche besteht aber schon aus dem einfachen Grunde nicht, weil, wenn sie stattfände, der Grundbesitzer nach dem Ablauf der Pacht keinen Pächter wiederfinden würde. Im Gegentheil sehen wir, daß bei allen nachtheiligen Conjuncturen, so z. B. bei Aufhebung der Kornzölle und jetzt wieder bei den Mißernten und der amerikanischen Concurrenz, die großen Grundbesitzer stets sich bereit finden lassen, Nachlässe der Pacht zu bewilligen, weil es nur in ihrem eigenen Interesse ist, einen fähigen Pächterstand zu erhalten. Die Einbuße an der Grundrente fällt also in letzter Instanz auf die Schultern, die sie am besten tragen können. Wären die Pächter in schlechter Lage, so würde die Concurrenz der Farmer nicht so groß sein. Auch die Lage der ländlichen Arbeiter ist nicht so übel. Seit Elisabeth ist der Preis des Brotes auf das Doppelte, der Löhne auf das Sechsfache gestiegen. Nach Caird war der letztere 1 sh. 2 d., der Preis des Weizens 46 sh. per Quarter; jetzt kostet der letztere 50—52, und der Lohn ist um 70 % gestiegen. Die Zahl der Arbeiter hat sich vermindert durch die Maschinen, aber die Arbeiter selbst sind besser gestellt. Ich glaube demnach, daß man sagen kann, daß das englische Erbrecht, wenn es auch lediglich auf speciell englischen Zuständen beruht, doch ein solches ist, welches für England ganz gewiß vertheidigt werden kann. Unter dem englischen System hat die Landwirthschaft die höchste Ausbildung erreicht. Der Durchschnittswerth des Acre ist in England etwas über 50 Pfund Sterling, in Frankreich nach den neuesten Ermittelungen von A. de Foville 32 Pfund Sterling. Letzteres erzeugt wenig mehr als die Hälfte der Weizenmenge, die der Boden von England hervorbringt, weil eben bei der Getheiltheit des Besitzes die Cultur von Gras und Grünfrüchten nicht möglich ist, welche dem Boden Ruhe und der Viehzucht ausreichenden Dünger giebt. England producirt nach Caird 28 Bushel Weizen per Acre, Frankreich und Deutschland 16, Indien 14, die Vereinigten Staaten 13, Italien 12,3, Rußland 5,5. Dazu hat es mehr Pferde, Schafe u. s. w. im Verhältniß zu seinem Boden als irgend ein anderes Land, und zwar von ausgezeichneter Beschaffenheit. Die Lage Großbritanniens als eines industriellen Landes, welches längst nicht mehr das für seine Bevölkerung nothwendige Korn hervorbringt, macht es sehr wichtig, so viel wie möglich aus dem Boden zu ziehen, und die Erfahrung beweist, daß das englische System der reichen Grundherren, der wohlhabenden Farmer und Arbeiter dies in höherem Maße zu Stande bringt, als irgend ein anderes. Die Entwickelung strebt in England unstreitig mehr und mehr dahin, daß der Getreidebau immer mehr zurücktritt und Weiden und Gartenfrüchte an dessen Stelle treten. Während im Jahre 1853 England nur den Verbrauch von Weizen für 18 Tage einführte, ist diese Einfuhr jetzt schon auf die Hälfte des Bedarfs gestiegen. Alle Nahrungsmittel, welche den Transport ertragen, werden in steigenden Mengen vom Auslande bezogen. England wird immer mehr Weide, Garten und Park. Ich sehe aber darin eine Gefahr nur für den Fall eines solchen Krieges, der Englands Zufuhr gänzlich abschnitte; im Uebrigen ist dies einfach die Entwickelung des kapitalreichsten Landes, das den besten Preis zahlen kann. Vor allem aber hat dieses System des englischen Grundeigenthums dasselbe bewahrt vor der größten Geißel, unter der das festländische seufzt, nämlich vor der ungeheueren Verschuldung. Es ist ja das ein Punkt, auf den hier einzugehen zu weit führen würde; ich will nur constatiren, daß die Lage des englischen Grundeigenthums vor allem beruht auf der englischen Testirfreiheit, daß die Gebundenheit des Bodens, wie sie durch die praesumtio juris beim Intestaterbrecht entsteht, einen verhältnißmäßig geringen Einfluß hat und daß nach meiner Erfahrung diese absolute Freiheit, über den Nachlaß zu verfügen, in England durchaus keine nachtheiligen Folgen gezeigt hat. Daß ein Vater seine Kinder vollständig enterbt zu Gunsten dritter Personen, daß ein Vater für seine jüngeren Kinder absolut nicht sorgt und alles auf den ältesten Sohn concentrirt, das kommt so gut wie gar nicht vor, und ich glaube, daß auch wir, wenn wir diese absolute Testirfreiheit als erstes Princip für das Grundeigenthum einführen, wenn wir den Pflichttheil, allerdings nur für das Grundeigenthum, beseitigen, davon keinerlei nachtheilige Folgen zu gewärtigen haben, vielmehr eine Stärkung der Autorität des Familienhauptes und die Zusammenhaltung des Grundbesitzes in dem Sinne, wie ihn auch die Vorschläge des Herrn Referenten begründen. (Bravo!)

Sombart (Berlin): Ich habe die Absicht, meine Herren, nach dem glanzvollen Vortrage unseres Herrn Referenten mich nicht über ein neues Intestaterbrecht auszusprechen, bevor er uns nicht den zweiten Band unserer Vereinsschrift geliefert hat. Dagegen kann ich schon in diesem Augenblick auch für deutsche Verhältnisse mich für eine Abänderung unserer Gesetzgebung dahin aussprechen, daß ich für die Testirfreiheit bin und daß ich da, wo es angezeigt ist, auch die in verschiedenen preußischen Provinzen eingeführte Höfeordnung oder Höferolle eingeführt sehen möchte. Hierdurch sind wir in die Lage gesetzt, es nach den verschiedenen Verhältnissen unseres deutschen Vaterlandes in das Belieben des Erblassers zu stellen, diese oder jene Form zu wählen, denn, meine Herren, die Macht der Gewohnheit und die Sitte einer Landschaft ist größer als das geschriebene Gesetz und ich möchte diese in unserm deutschen Vaterlande auch beibehalten sehen. Es würde dann aber ein Correctiv eintreten können da, wo wir krankhafte Zustände sehen, wie sie in dem Vortrage des Herrn Referenten vorgeführt sind, namentlich im Süden und Südwesten, einerseits in der Richtung des Pulverisirsystems, andererseits, im Osten, nach der Richtung der Latifundien.

Sollte aber, meine Herren, durch die Einführung der Testirfreiheit, wie ich sie acceptire, aus Deutschland ein Park- und ein Jagdrevier werden, wie der verehrte Herr Vorredner es bezeichnet hat, dann würde ich mich auch gegen diese Maßregel aussprechen, denn, meine Herren, englische Zustände — sie mögen ja für jenes Land passen — möchte ich am wenigsten auf Deutschland ausgedehnt sehen. Unser deutscher Mittelstand, unser Bauernstand muß die Kraft und die Basis der Zukunft sein, und wenn die englischen Landlords, deren 977 jeder 50 000 Magdeburger Morgen Areal besitzt, somit bereits $^3/_5$ des ganzen Landes inne haben, und wenn wir andererseits unsere östlichen Latifundien beseitigen wollen, dann würden wir ja nach den Ausführungen des Herrn Vorredners Gefahr laufen, den Latifundienbesitz bei uns zu vermehren und die 16 000 Rittergüter, die wir schon haben, noch zu vergrößern. Meine Herren, wie aber gesagt, ich glaube nicht, daß nach der Sitte und der Macht der Gewohnheit diese englischen Zustände in Deutschland eintreten können. Sollte allerdings das Capital, dem eine gewaltige Macht zu Gebote steht, in dem Maße, wie es bereits angefangen hat, in den Ostprovinzen sich niederzulassen und Grundbesitz zu erwerben, immer mächtiger werden und sogar den kleinen und den Mittelgrundbesitz aufsaugen, dann würde ich in der Testirfreiheit ein Mittel dazu sehen, so daß der Erblasser in den Stand gesetzt wird, seinen Grundbesitz möglichst einem oder mehreren seiner Kinder zu überweisen. Meine Herren, bei uns in Deutschland, sowohl nach der politischen als auch nach seiner wirthschaftlichen Gestaltung, müssen wir die verschiedenen Ländergruppen, wie sie uns vorgeführt sind, ins Auge fassen, und ich würde es als etwas unmögliches bezeichnen, daß beispielsweise in der Rheinprovinz oder in Süddeutschland ein Gesetz eingeführt werden könnte, welches die jetzigen Verhältnisse, wenn ich mich so ausdrücken darf, auf den Kopf stellt. Deshalb facultativ, so daß, wenn es nützlich ist, im Laufe der Zeit — wir müssen ja in der Landwirthschaft mit Jahrhunderten rechnen — es eingeführt werden kann, und dazu dient sowohl die Testirfreiheit wie die Einführung von Höferollen und dergleichen. Wenn man speciell auf Braunschweig exemplificirt, wo umgekehrt das Intestaterbrecht die Basis bildet, so sind dort die wirthschaftlichen Verhältnisse der Bauernhöfe so eingerichtet, daß es möglich ist. Auch in Oldenburg wäre es vielleicht möglich, aber was dem einen recht wäre, wäre dem andern billig, und wenn wir die Absicht haben, einen Bauernstand da, wo er abhanden gekommen ist, also in den Ostseeprovinzen wieder zu etabliren, so würde dieses erschwert durch ein Intestaterbrecht, erleichtert aber dadurch, daß, wie ich mich vor drei Jahren schon in Frankfurt ausgedrückt habe, die Staatsregierung vermocht würde, Mittel und Wege zu schaffen, durch welche die Bevölkerung aus den dichtesten Theilen des Vaterlandes, wo 15 000 Menschen anf der Quadratmeile wohnen, nach denjenigen Gegenden übergeführt werde, wo nur 2—3000 Menschen wohnen und sehr fruchtbarer Boden vorhanden ist. Ich bedauere, daß Herr Oberbürgermeister Miquêl durch Gesundheitsrücksichten verhindert ist, uns den durch die Tagesordnung in Aussicht gestellten Vortrag zu erstatten; vielleicht wird er doch im Laufe der Debatte Gelegenheit nehmen, auf diesen Gegenstand zu sprechen zu kommen.

Wenn ich also von meinem Standpunkt aus für Befestigung des mittleren und kleinen Grundbesitzes eintrete, so will ich eine Erleichterung, den großen

Grundbesitz, vor allem den Staatsdomänenbesitz in kleineren Besitz zu zerlegen, einmal wegen Zunahme der Bevölkerung, die sich bereits in diesem Jahrhundert verdoppelt hat, dann aber auch, weil wir durch die intensive und rationelle Wirthschaft der letzten Decennien in den Stand gesetzt sind, auf kleinerem Areal mehr zu produciren, und vorzugsweise aus socialen Gesichtspunkten, um die spannfähigen Wirthschaften zu vermehren. Wir besitzen beispielsweise in Preußen noch über 8 Millionen Hektare in den Händen der selbständigen Gutsbezirke und Domänen. Wenn diese in kleinere Wirthschaften aufgelöst würden, so würden wir die Anzahl unserer ländlichen Grundbesitzer, die glücklicherweise in Preußen noch über 2 Millionen beträgt, noch mehr vermehren. Wir würden Erscheinungen des wirthschaftlichen Lebens beseitigen, namentlich daß die Leute nicht mehr als Tagelöhner und Gesinde dienen, sondern sich einen eigenen Herd begründen können. Deshalb trete ich auch dem Verkleinern der größeren Güter durchaus nicht entgegen. Friedrich der Große hatte schon die Absicht, dies zu thun, wie wir aus den in jüngster Zeit publicirten Urkunden ersehen, und wir müssen es namentlich da thun, wo der Bauernstand ruinirt ist, wo er im vorigen Jahrhundert abhanden gekommen ist, in Mecklenburg und Neuvorpommern und anderen Landestheilen, und hierbei muß meiner Ansicht nach die Staatsregierung vorangehen, sie muß die Domänen zu diesem Behufe zur Verfügung stellen. Nennen wir das immerhin experimentiren, aber wenn eine Bevölkerung sich so vermehrt und namentlich aus denjenigen Theilen, wo der Latifundienbesitz vorherrscht, bei der dünnen Bevölkerung die große Auswanderung nach Amerika stattfindet, dann müssen wir doch annehmen, daß das ein krankhafter Zustand ist. Nicht wie der Fürst Bismarck meinte, der Executor treibt die Leute über den Ocean, oder, wie Herr Windthorst sich ausgedrückt hat, ein Mangel an Glaubens- und Gewissensfreiheit, nein, aus den protestantischen Landestheilen, aus Pommern wandern die meisten Leute aus. Im Jahre 1881 sind 25 000 Pommern über den Ocean gegangen und zwar aus dem Regierungsbezirk Stralsund allein über 3 % der Bevölkerung, während die Zunahme kaum 1 % beträgt, in einem Landestheile, wo jährlich die Steuerkraft abnimmt, — und dort, meine Herren, giebt es gar keine Katholiken. Also der Krebsschaden liegt darin, daß es an einem Mittelstande fehlt, und den zu schaffen, ihn zu befestigen, muß unsere Aufgabe sein, und dazu müssen wir durch die Gesetzgebung nach Kräften mitwirken. (Bravo!)

Oberbürgermeister Dr. Miquel (Frankfurt a./M.): Meine Herren, ich muß mich, durch meinen Gesundheitszustand gezwungen, leider darauf beschränken, einige wenige Bemerkungen zu dem Vortrage, den wir die Freude hatten zu hören, zu machen, und darauf verzichten, die Frage, wie wir es beabsichtigten, eingehend zu erörtern, ob und unter welchen Bedingungen nicht blos der Mittelstand im Grundbesitz erhalten, sondern auch vermehrt und auf Gebiete ausgedehnt werden kann, in denen er sich zeitweilig nicht befindet. Ich kann von vorn herein bemerken, daß ich mich mit einer vielleicht auch nicht einmal nothwendigen Modification, wenn ich den Herrn Referenten recht verstanden habe, seinen Conclusionen in Beziehung auf die demnächstige deutsche Civilgesetzgebung vollständig anschließen kann. Ich bin nämlich nicht, das will ich vorausschicken, für eine gänzliche Aufhebung des Pflichttheilsrechts, und zwar nach meiner ganzen Auffassung deswegen nicht, weil ich die Aufhebung des Pflichttheilsrechts für den Zweck, den wir hier verfolgen, nicht für nothwendig erachte (Sehr richtig!), dann aber auch nicht geneigt bin, gegenüber der gesammten Entwickelung und einer tief im Volke vorhandenen Rechtsanschauung eine solche Maßregel zu treffen. Meine Herren, die Testirfreiheit, von der man gesprochen hat, die volle, freie Disposition, unbeschränkt durch Gesetze unter Lebenden und von Todeswegen zu verfügen über seinen Besitz, setzt einen hohen Grad der Entwickelung oder des Vorhandenseins der Familieneinheit und des Familienbewußtseins in Beziehung auf den Besitz der Familie voraus.

Ich will mich näher erklären. Wenn der westfälische Bauer einem seiner Söhne sein Gut überträgt, und die übrigen Kinder nur mit sehr geringen Abfindungen abgefunden werden, so ist dies nur möglich und zu erhalten, wenn auch die abgefundenen Kinder nach wie vor als Familienglieder angesehen werden, auf den Hof zurückkehren dürfen, vom Hofe auch nach der Abfindung unterstützt werden, stets als Familienglieder betrachtet werden sowohl von dem überlebenden Anerben, als von dem abtretenden Gutserblasser. Wo das nicht der Fall ist, da würde eine völlige Aufhebung des Pflichttheilsrechts in seinen Folgen oft als eine ganz criante Rechtsverletzung, als eine Willkür gerade da erscheinen, wo überhaupt noch der Besitz nicht als der zufällige persönliche Besitz des Familienoberhauptes, sondern als mehr oder weniger der Familie zustehend angesehen wird. Nun, meine Herren, ist der große Irrthum — und ich glaube dadurch gerade die Conclusionen des Herrn Referenten zu unterstützen —, den man in Bezug auf die Bemessung der Abfindung, also des Pflichttheilsrechts in den bäuerlichen Verhältnissen gemacht hat, der, daß man ohne Weiteres die in dem städtisch-römischen Recht entwickelten Anschauungen von der Schätzung des Besitzes nach Kapitalwerth angewendet hat auf die ganz verschiedenartigen bäuerlichen Verhältnisse, wo allein die Schätzung nach dem Ertragswerth vernünftig und richtig ist. Darin liegt der Schwerpunkt der ganzen Sache. Meine Herren, wir wollen ja nicht durch unsere Gesetze dazu zwingen, daß das vererbte Gut verkauft wird, darin sind doch alle einig, daß ein gesetzlicher Zwang zum Verkaufe nicht geübt werden soll, man will wenigstens gestatten, daß das Gut in der Familie bleibt; aber ich behaupte, in dem Augenblicke, wo die Gesetzgebung die Abfindung erzwingt und bemißt, unter der Voraussetzung eines gar nicht stattfindenden Verkaufs gegen Baargeld an einen Dritten, in demselben Augenblicke üben Sie diesen künstlichen Zwang. Ich bin selbst sehr vielfach in meiner practischen Erfahrung ganz nahe betheiligt gewesen bei der Bemessung von Abfindungen und der Aufstellung von Taxen. Wenn wir den Verkaufswerth zu Grunde legten, dann waren die Abfindungen viel zu niedrig; wenn wir aber eine ganz richtige Bemessung, selbst ohne Präcipualvergütung für den Gutsannehmer, des Ertragswerthes zu Grunde legten, dann waren dieselben Abfindungen oft völlig den Grundsätzen des römischen Rechts über Pflichttheile entsprechend. Darin liegt auch der Schwerpunkt unserer Höfegesetzgebung, nicht in einer künstlichen und willkürlichen Reduction des Pflichttheilsrechts, sondern nur in einer richtigen Bemessung desselben. Auch auf diesem Gebiet, wie auf so vielen anderen, müssen die für unsere deutschen Verhältnisse absolut nicht passenden und in einem steten Kampfe seit drei Jahrhunderten mit denselben befindlichen Principien des römischen Rechts geändert werden. Schreiben Sie vor, daß Sachkundige den dauernden, nachhaltigen, immer vorhandenen Reinertrag unter richtiger Berücksichtigung aller der Risiken und Gefahren des Gutsübernehmers feststellen sollen, dann werden Sie kaum eine erhebliche Aenderung der römischen Grundsätze über Pflichttheilsrecht brauchen. Also in diesem Punkte bin ich vielleicht nicht ganz einverstanden, und ich lege das Gewicht auf die andere Art der Abschätzung, welche allein unseren Verhältnissen entspricht.

Im übrigen theile ich vollständig die Auffassung, daß man für diejenigen Länder Deutschlands, welche noch wirklich Höferecht haben nach Sachsenrecht — und dazu rechne ich Hannover, einen großen Theil der Provinz Sachsen, Westfalen, einen Theil der Rheinprovinz, Braunschweig, Anhalt, Oldenburg, Detmold und Bückeburg, sowie den größten Theil von Holstein —, daß es da ganz unbedenklich ist, gegenüber der noch bestehenden lebendigen Sitte, gegenüber der Rechtsentwickelung, wie sie dort stattgefunden hat, den Grundsatz aufzustellen, daß alle näher zu bezeichnenden Güter, namentlich die bäuerlichen Güter, die bisher nach Höferecht vererbt wurden, präsumtiv nach Anerbenrecht zu vererben sind, vorbehaltlich der Rechte der freien Disposition unter Lebenden und vorbehaltlich des Rechtes der Abänderung dieses intestatmäßigen Anerbenrechts in bestimmte Grenzen durch den Gutsbesitzer. Ich habe bei Gelegenheit der Berathung des westfälischen Höfegesetzes mich entschieden dagegen ausgesprochen, das Hannoversche System der Höferolle anzunehmen. Zwar muß ich zugeben, daß die Höferolle sehr stark benutzt ist in Hannover, daß über 60 % der Höfe, jetzt nahezu 70 % eingetragen sind; dennoch weiß ich aus eigener Erfahrung, in welcher Masse von Fällen durch Liederlichkeit oder Einsichtslosigkeit des Besitzers, durch zufällige persönliche Umstände die Eintragung zum großen Schaden der ganzen Familie versäumt wird, ohne daß dazu irgendwelche innere Gründe vorhanden sind. Die Eintragung in die Höferolle ist ja weiter nichts, als die Constituirung eines den Verhältnissen angemessenen gemeinen Rechts, welches abgeändert werden kann durch Verfügung inter vivos und mortis causa und daher garnicht unbedingt bindend ist, durchaus keine übermäßige Schranke dem betreffenden Hofbesitzer auferlegt. Ich würde also für diese Landestheile ganz unbedenklich das System von Braunschweig acceptiren.

Dann haben wir eine zweite Gruppe in Deutschland, — man kann überhaupt, wenn man im großen Ganzen die unendliche Verschiedenheit unserer bäuerlichen Verhältnisse betrachtet, drei Hauptgruppen unterscheiden. Ich nannte zuerst die soeben berührte westliche Gruppe des kleinen und Mittelbesitzes nach sächsischem Höferecht, welches ausgeht von der Untheilbarkeit des Hofes, wo die Lasten auf dem gesammten Hofe ruhten, wo jedes von dem Hof veräußerte Grundstück von der Last frei wurde. Nun gehen wir über die Elbe hinüber. Je weiter wir da nach Osten vordringen, desto stärker werden die Gegensätze gegen diese Art der Bodenvertheilung. Während in den altdeutschen Ländern, in Süddeutschland und Westdeutschland, jeder Grundbesitz hervorgegangen ist aus der Gesammtheit, aus dem Gesammteigenthum bei ursprünglich gleicher Auftheilung für alle Genossen nach dem Höfesystem, infolgedessen auch der Besitz aller Feldmarkgenossen zerstreut liegt in den gesammten Gewinnen der Feldmark, finden Sie durchgängig jenseits der Elbe den geraden Gegensatz. Dort ist der Besitz in der Regel nicht entstanden aus der ursprünglich gleichen Auftheilung, aus dem gleichen Nutzungsrecht an dem Gesammteigenthum, vielmehr ist hier Occupation und Eroberung die Regel. Daher der große Gegensatz nicht blos in der Vertheilung des Bodens und in der Größe der Güter, die überstarke Entwickelung des großen Grundbesitzes gegenüber dem kleinen Grundbesitz, sondern auch das durchaus verschiedene Gemarkungsrecht. Ich kann das hier nicht näher ausführen, aber Sie brauchen nur ein Dorf in den östlichen Provinzen sich anzusehen, so werden Sie gleich finden, daß das Gut das ursprüngliche, das der adelige Eroberer occupirte, sich darauf niederließ, sich die Wege baute, die Hintersassen aus den colonisirenden deutschen Ländern hinter sich her zog und ihnen das gab, was er abgeben wollte; Wiese, Feld, Wasser, Weide gehörten ihm — Alles gemeines Eigenthum in den übrigen deutschen Landestheilen. Dort kann es also nur darauf ankommen, diejenigen doch noch immerhin sehr stark entwickelten kleinen Besitzungen, welche sich auch dort finden, in den Niederungen z. B. der Flüsse fast ausschließlich, in der Mark Brandenburg sehr bedeutend, in einem großen Theile von Niederschlesien, dort freilich nicht nach sächsischem, sondern nach thüringischem Recht, in einem Theile Pommern's vorhanden sind — die zu erhalten, doppelt zu schützen in der viel größeren Gefahr der Nachbarschaft eines größeren Gutes, als in denjenigen Districten, wo ausschließlich bäuerlicher Besitz ist. Das große Gut für untheilbar erklären durch Fideikommisse, durch Lehnsrecht, durch Belastung mit Gesammthypothek und den kleinen Bauernhof neben dem großen Gut frei theilbar machen — dabei kann der kleine Bauer nicht bestehen bleiben, er muß dem großen Gutsinhaber weichen. Dort wäre also ein doppelter Schutz nöthig, welchen der preußische Staat in der individualistischen Agrargesetzgebung des Jahres 1850 versäumt hat. In dieser Beziehung ist die russische Agrarverfassung vorsichtiger gewesen selbst als die preußische.

Dann komme ich auf die dritte Gruppe in Deutschland, und ich rechne, wie ich beiläufig bemerke, zu der ersten Gruppe der Gesammthöfe, wenn ich den Ausdruck gebrauchen darf auch einen großen Theil von Süddeutschland, namentlich von Bayern, Schwäbischen und Allemannischen Districten, während der Kern der absoluten Theilbarkeit und der Sitte der vollen Naturaltheilung in den fränkischen und thüringischen Landestheilen steckt. Nach meiner Ueberzeugung ist das entstanden durch römische Einflüsse, nicht aus der Natur der Sache; denn wenn ich mich hier im Frankenlande mit den Grundbesitzern unterhalte und an sie gewisse Fragen stelle, die ich nur entnehme aus der mir genau bekannten rechtshistorischen Entwickelung der sächsischen Landestheile, dann verstehe ich mich mit den Bauern sehr gut, und es ist mir passirt, daß man mir gesagt hat: Sie kennen ja unsere Verhältnisse besser als wir. Hier haben wir dieselbe Entwickelung aus der gleichen Bodenauftheilung und der gleichen Quotenantheilsnutzung am Gesammteigenthum; aber unter dem Einfluß des römischen Rechts ist hier der Begriff der Familieneinheit und des Familienbesitzes durchbrochen, und wir sind hier zu einer absoluten Theilbarkeit gekommen. In einem solchen Landestheile künstlich und zwangsweise die aus ganz anderen Verhältnissen hervorgehenden neuen Höfegesetze anwenden zu wollen, halte ich für völlig illusorisch, und die Bevölkerung würde auch entschieden dagegen protestiren und das mit vollem Rechte, wenn man die jetzt entwickelten Verhältnisse sieht. Hier bleibt nach meiner Meinung nur das übrig, was der Herr Referent vorgeschlagen hat, nämlich die Möglichkeit der Eintragung in Höferollen, die Vererbung nach Anerbenrecht, unter der Voraussetzung des Vorhandenseins eines einheitlichen Besitzes bestimmter Größe, den einzelnen Grundeigenthümern zu gewähren. Wir würden hier nach meiner Meinung mit aller Kraft dahin arbeiten müssen für Nassau, für das Rheinland, für die nächste Umgebung von Frankfurt a./M., für den größten Theil von Darmstadt und Baden, daß die Separation erst einmal radical durchgeführt wird, daß das Durcheinanderliegen der Grundstücke, welches hier einen für die hochcultivirte Gegend oft traurigen Zustand unserer Landwirthschaft geschaffen hat — ich nehme die Gartenwirthschaft aus — gegenüber der Entwickelung in Norddeutschland endlich aufhört; man soll erst arrondirte Besitzthümer schaffen, dann wird man auch die Neigung erhöhen, dieselben zu erhalten, dann werden nach und nach Einzelne diejenigen Maßregeln treffen, die dazu erforderlich sind, und so werden wir vielleicht allmählich zu einer Besserung der Verhältnisse gelangen. Da wird man aber jedenfalls nicht viel zu hoffen haben und nur mit der größten Vorsicht verfahren müssen. Darüber kann jedenfalls kein Zweifel obwalten, daß die Regelung des Erbrechts das Fundament aller Maßnahmen ist zur Erhaltung des Mittelbesitzes. Darüber kann gar kein Zweifel obwalten, wenn wir das einfache römische Recht dauernd anwenden auf die Vererbung bäuerlicher Güter, so können nur zwei Dinge eintreten: in einzelnen Landestheilen kommen wir zu Latifundien und in anderen zu einer übermäßigen Pulverisirung und Zersplitterung des Besitzes. Ich theile die in der Schrift des Herrn Professor v. Miaskowski ausgesprochene Ansicht, daß die neuere Entwickelung schon eine Tendenz gegen den Mittelbesitz zeige. In manchen Landestheilen ist der *kleine* Besitz berechtigt; in der Nähe von Städten und in Gegenden mit sehr starker Bevölkerung: da ist der kleine Besitz, die Spatencultur culturgemäßer als der Mittelbesitz, der keinen großen Maschinenbetrieb in Anwendung bringen kann oder doch nicht diese intensive Cultur, wie der Spatenbetrieb ihn ermöglicht, zuläßt; aber in vielen Gegenden Deutschlands ist der Mittelbesitz doch immer noch der rentabelste. Das ist ein Satz, den ich heute nicht beweisen kann, den ich jedoch schon mit meinem Freunde und Lehrer, dem Herrn Geheimrath Hansen vor 30 Jahren erörtert habe, von dem ich mich noch heute fest überzeugt halte, und ich freue mich, auch der sachkundigen Autorität meines Freundes Sombart in dieser Beziehung folgen zu können. Der Mittelbesitz ist in einem Theile Deutschlands noch rentabler als der Großgrundbesitz, ja ich bin der Ansicht, daß der Mittelbesitz in die Gegenden mit vorherrschendem Großgrundbesitz hinein noch Propaganda machen kann, wenn staatliche Gesetzgebung und Verwaltung ihm dabei angemessen zu Hilfe kommen und wenn nicht umgekehrt durch Staatsgesetze und Staatseinrichtungen nur die Erhaltung des Großgrundbesitzes befördert oder durch das Hypothekenwesen erzwungen wird, der Mittelbesitz aber dem freien Spiel der Concurrenz und den Ankäufen der kapitalreichen Großgrundbesitzer preisgegeben wird. Das aber ist mir gewiß daß, wenn die Gesetzgebung sich des mittleren Besitzes annimmt, statt ihn künstlich zu zertrümmern, derselbe dauernd erhalten werden kann. Will der Staat ihn aber auch noch vermehren in die Gegenden hinein namentlich, wo der Großgrundbesitz übermäßig entwickelt ist, so muß er die Politik wieder aufnehmen, welche die preußischen Könige bis zum Jahre 1815 verfolgt haben, und es ist dann sogar nicht ganz hoffnungslos, Mittelbesitz entstehen und erhalten zu lassen, wenigstens bis zu einer gewissen Grenze, in denjenigen Landestheilen, in den thüringischen und fränkischen Districten, wo die freie Theilbarkeit und der kleine Besitz schon ganz überhand genommen haben. Jedenfalls ist dies eine hohe Aufgabe unserer ganzen Socialpolitik in der Zukunft, und daß wir außerordentliche Fortschritte gemacht haben in Bezug auf die Unbefangenheit der Auffassung dieser Dinge, daß eine Menge von hergebrachten Doctrinen, namentlich juristischen Vorurtheilen des römischen Rechts, abgestreift sind, das ist gewiß, und daß auch der heutige Vortrag unseres Herrn Referenten hierzu höchst nützlich beitragen wird, daran zweifle ich keinen Augenblick. (Lebhafter Beifall.)

Vorsitzender Professor Dr. Nasse: Der Ausschuß hat beschlossen, eine Umstellung in der Tagesordnung vorzunehmen, so, daß der dritte Gegenstand an die zweite Stelle rückt.

Ich ertheile nunmehr in der Discussion weiter das Wort Herrn Bueck.

Generalsecretär Bueck (Düsseldorf): Meine Herren! Ich habe nur für wenige Worte um Ihr Gehör zu bitten. Ich wollte doch nicht unerwähnt lassen, daß das Bild, welches ich mir in neuerer Zeit von den Zuständen in England bezüglich der Landwirthschaft gemacht habe, doch etwas abweicht von den Angaben des verehrten Herrn Prof. Geffcken. Ich habe die Zahlen leider augenblicklich nicht gegenwärtig, aber ich habe doch mit Zahlen belegte Mittheilungen gefunden, daß nicht nur nicht ein Andrang der Pächter zu den vorhandenen Pachtstellen stattfindet, sondern daß bei der landwirthschaftlichen Krisis, die ja auch in England herrscht, sie sehr geneigt sind, ihre Pachtungen aufzugeben, ja daß selbst ein nicht unerheblicher Procentsatz der Pachtungen, namentlich in denjenigen Gegenden, welche sehr schweren Boden haben, frei ist und keine Pächter mehr finden kann. Die Pächter sind also dort sehr geneigt, ihre Nahrungsstelle aufzugeben. Dieser Vorgang vollzieht sich aber, glaube ich, ganz anders wie in Deutschland. Auch hier sind unter den Einflüssen der landwirthschaftlichen Krisis Nahrungsstellen aufgegeben worden, aber nur nachdem der Inhaber derselben bis aufs Aeußerste mit der Noth der Zeit gerungen und gekämpft hatte, bis er endlich gezwungen war, es aufzugeben, weil er ruinirt war und nicht weiter konnte. In England dagegen zieht sich der Pächter, ohne dem Ruin entgegengegangen zu sein, zurück und möglicherweise — wie die Erfahrung in neuerer Zeit gelehrt hat — bleiben die Wirthschaften unbebaut und werden dann vielleicht, wie angeführt wurde, in größerem Umfange als Jagdgründe benutzt. Aber, meine Herren, volkswirthschaftlich, glaube ich, ist der Vorgang, wie er sich in Deutschland vollzieht, vorzuziehen, daß der Inhaber der Nahrungsstelle bis aufs Aeußerste kämpft; denn während der Zeit können auch günstigere Verhältnisse eintreten, und er wird sich wieder erholen und auf seiner Stelle bleiben, und dieses energische Kämpfen ist ja die Folge des Bewußtseins des Besitzes. Dieses Bewußtsein geht dem englischen Farmer ab, und ich erblicke gerade darin mit dem Herrn Referenten und auch mit Herrn Sombart den großen Nachtheil des Fehlens der kleineren Grundbesitzer in England.

Herr Prof. Geffcken hat erwähnt, daß die Landwirthschaft in keinem Lande der Welt sich zu solcher Höhe aufgeschwungen hat, wie in England. Ich sehe in diesem Aufschwunge nur eine Folge der ungeheueren Kapitalkräftigkeit im ganzen Lande, die sich dann natürlich auch in ihren Wirkungen auf den Grundbesitz und den Betrieb der Landwirthschaft äußern muß; keineswegs aber ist diese Intensität der Bewirthschaftung eine Folge der Vertheilung des Grundbesitzes. Daß im Kampfe mit der concurrirenden Industrie und bei den theueren Preisen, die für alle Betriebsmittel gezahlt werden müssen, in England die Viehzucht und Weidewirthschaft mehr und mehr zunimmt, daß der Körnerbau zurückgedrängt wird, ist eine ganz natürliche Folge der Entwickelung, die wir auch bei uns zu beobachten Gelegenheit haben. Aber wenn eine Nation darauf angewiesen ist, in so außerordentlichem Maße Nahrung von außen her zu beziehen, wie die englische, in einem solchen Grade, daß England im Jahre 1879 auf den Kopf seiner Bevölkerung für 60 Schilling hat Nahrungsmittel importiren müssen, so scheint mir das nicht blos gefährlich für den Fall, daß durch einen Krieg die Zufuhr abgeschnitten wird, sondern es erscheint mir das auch für die ganze wirthschaftliche Entwickelung bedenklich, denn diese ungeheueren Bezüge müssen ja auch bezahlt werden. England ist dazu in außerordentlichem Maße befähigt gewesen; ob diese Befähigung andauern wird, ist mir zweifelhaft, denn dieses Land wird durch die in immer höherem Maße auftretende Concurrenz der übrigen Cultur- und Industriestaaten ganz naturnothwendig in seinem Absatzgebiet beschränkt werden, und es wird vielleicht im Laufe einer längeren Entwickelung nicht mehr in demselben Grade befähigt sein, mit seinen Industrieerzeugnissen und mit den Producten seiner sonstigen wirthschaftlichen Thätigkeit diese ungeheueren Bezüge zu bezahlen. Ich halte es daher für gut, wenn auch entgegen einer intensiveren Wirthschaftsweise in einem Lande dem Körnerbau eine gewisse bedeutende Quote des Areals zugetheilt bleibt, und daß das bei uns bestehen bleibt, dafür wird auch wieder unser mittlerer Grundbesitz sorgen. Denn, meine Herren, — ich kehre auf meinen Eingang zurück — in dieser ungeheueren Zähigkeit und Widerstandskraft unseres Bauernstandes, die ja in dem Buche des Herrn Referenten so ausgezeichnet geschildert ist, liegt eben die Möglichkeit für den mittleren Grundbesitz, auf eine, ich möchte sagen, industrielle Bewirthschaftung des Grundbesitzes nach Maßgabe der wechselnden Conjunctur zu verzichten und einen gewissen Grad des Körnerbaues auch mit einer intensiveren Form der Landwirthschaft zu verbinden. Aus diesem Grunde muß ich mich daher auch allen Maßregeln zuneigen, die von dem Herrn Referenten und den folgenden Rednern vorgeschlagen worden sind, um in Deutschland den mittleren Grundbesitz zu erhalten als eine der hauptsächlichsten Stützen unserer socialen Verhältnisse. (Bravo!)

Professor Dr. Degenkolb (Tübingen): Meine Herren! Ich möchte zunächst eine technische Frage streifen, zu welcher der Umstand Veranlassung giebt, daß anscheinend als selbstverständlich vorausgesetzt wird, es haben solche materielle Fragen, wie sie uns heute beschäftigen, ihren Austrag zu finden durch eine Normirung von Seiten des bürgerlichen Gesetzbuchs für Deutschland. Ich habe über diesen Punkt großen Zweifel, gerade wenn ich mich den Conclusionen des Herrn Referenten anschließe; denn wenn ich sie richtig verstehe, so kommt ja der Herr Referent selbst zu solchen Individualisirungen je nach den einzelnen deutschen Landschaften, daß das eigentliche Schlußergebniß mehr oder weniger darauf hinauslaufen dürfte, die Gesetzbuchscommission habe sich zu bescheiden, eine einheitliche Regulirung dieser Frage sei nicht in unser deutsches Gesetzbuch aufzunehmen, und ich halte das auch keineswegs für ein Ergebniß, welches man von vornherein abzulehnen oder zu beklagen hätte. Jedenfalls wird man, was die Regulirung des Erbrechts betrifft, eines sich immer vor Augen halten müssen: nur dann wird das bürgerliche Gesetzbuch die ganze Erbrechtsfrage lösen können, wenn wir ein einheitliches eheliches Güterrecht bekommen. Man kann unmöglich ein einheitliches Erbrecht aufstellen und das eheliche Güterrecht dem Particularrecht überlassen. Gerade aber die Frage, inwieweit das eheliche Güterrecht codificirt werden soll, ist, soweit man hört, noch nicht sicher zu Gunsten einer einheitlichen Codification entschieden. Man mag es indessen damit halten, wie man will, man wird jedenfalls — das ist ein sehr werthvolles Ergebniß in den Conclusionen des Herrn Referenten — die Sache nicht ganz gleichmäßig für alle deutschen Territorien ordnen können. Auf alle Fälle jedoch wird die Gesetzgebung, wenn sie sich auch immer anzulehnen hat an bestehende Rechtsanschauungen, die Aufgabe haben, dem etwa mangelhaften Rechtsbewußtsein oder der mangelnden Einsicht der Bevölkerung nachzuhelfen, und das bezweckt ja auch der Herr Referent für solche Gegenden, wo der Sinn für die Zusammenhaltung des Grundbesitzes verloren gegangen ist. Hier will er so helfen, daß man zwar nicht das Intestaterbrecht im Sinne seiner Vorschläge gestaltet, wohl aber dem Einzelnen die Möglichkeit einer Eintragung offen läßt, also auf diesem Wege die Gelegenheit giebt, zu einem Höferecht zu gelangen. Ich möchte zweifeln, ob man auf diesem Wege gerade in den betreffenden Landschaften zum Ziele kommen wird? Denn es ist doch offenbar eine große Zumuthung an die Energie des Einzelnen, bei nicht verändertem Intestaterbrecht als Einzelner der bis dahin bestandenen Sitte durch seine individuelle Verfügung in den Weg zu treten. Aendern Sie das Intestaterbrecht, dann braucht der Einzelne, dem dieses Intestaterbrecht nach dem Sinn ist, nicht zu testiren, und es ist viel weniger verletzend für die Familie, wenn er es bei dem Intestaterbrecht läßt, als wenn er durch seine Bestimmung positiv in das bisherige Recht der Familie eingreift. Ich will mich damit nicht gegen die vorgeschlagene Methode erklären, sondern nur einen Punkt des Zweifels hervorgehoben haben.

In materieller Beziehung möchte ich gerade als romanistischer Jurist Werth auf die Erklärung legen, daß ich den Fehdehandschuh, den man dem römischen Recht hingeworfen hat, meinerseits nicht aufzuheben gedenke, vielmehr im wesentlichen mit allen Tendenzen übereinstimme, die der Herr Referent in seinem Vortrage entwickelt.

Was das römische Recht selbst anbetrifft, so widerstehe ich der Versuchung, eine Erklärung darüber zu geben, warum sich das römische Pflichttheilsrecht in der vorliegenden Weise gebildet hat. Nur einen einzigen Punkt lassen Sie mich kurz streifen. Herr Oberbürgermeister Miquel scheint die Entwickelung des römischen Rechts auf dessen Natur als Stadtrecht zurückzuführen. Daraus allein wird sich die römisch-rechtliche Entwickelung nicht erklären lassen; aus der Natur des Stadtrechts ließe es sich erklären, daß das römische Recht nicht zwischen

Mobiliar- und Immobiliarbesitz unterscheidet, vielmehr Beides im Wesentlichen nivellirend behandelt. Allein die Entwickelung des Pflichttheilsrechts bei den Römern wird sich dadurch nicht erklären lassen, und ich möchte in dieser Beziehung, auf die Chronologie der Entwickelung des Pflichttheilsrechts und damit auf einen Umstand hinweisen, der, wie ich sehe, noch nirgends beachtet ist. Das Pflichttheilsrecht ist ja nichts Ursprüngliches bei den Römern gewesen; fest gestaltet hat es sich in einer Zeit, wo die Bürgerkriege Italien entvölkert hatten, unter Verhältnissen also, welche die Neigung hervorrufen mußten, die Ehe, das Kinderhaben zu prämiiren; prämiirt man aber das Kinderbekommen, dann muß man auch für die Kinder sorgen, und es ist vielleicht ein historischer Zusammenhang zwischen den beiden Instituten, der Augustischen Ehegesetzgebung und der festen Ausgestaltung des Pflichttheilsrechts, zu statuiren.

Was das Maß der zu erstrebenden Abschaffung des Pflichttheilsrechts anlangt, so möchte ich zurückgreifen auf die beschränkenden Bemerkungen des Herrn Oberbürgermeisters Miquel, mit denen ich durchaus einverstanden bin. Man kann nicht, wenn man nur für den Grundbesitz etwas erreichen will, ohne Weiteres ganz unabhängig vom Grundbesitz tabula rasa machen; aber auch selbst innerhalb der Regulirung des Grundbesitzrechts kann man unmöglich den Pflichttheil abschaffen, ohne etwas Ergänzendes gleichzeitig einzuführen, nämlich ein Recht auf Ausstattung der hinterbliebenen Kinder. Denken Sie doch, wohin Sie kämen, wenn das Pflichttheilsrecht einfach abgeschafft würde: der Vater stirbt, er hat testirt, hat Alles einem einzigen Kinde hinterlassen und den anderen gar nichts; dabei kann es nicht bleiben. Aus dem Nachlaß ist den unausgestatteten Kindern Ausstattung zu gewähren. Sie können nicht die unversorgten Kinder einfach auf die Straße werfen und der öffentlichen Unterstützung anheimgeben. So zeigt es sich also, daß, wenn wir zur Regulirung der Angelegenheit kommen, auch unter Zugrundelegung der materiellen Gedanken des Herrn Referenten, die Sache im einzelnen noch mancherlei Schwierigkeiten darbieten dürfte.

Geh. Regierungsrath Dr. Thiel (Berlin): Meine Herren! gestatten Sie mir nur einige kurze Bemerkungen. Der Herr Referent hat es bedauert, daß über die Bewegung des Grundeigenthums in Deutschland nach den Seiten hin, ob es sich mehr zur Latifundienbildung hinneigt oder zur Pulverisirung, aus neuerer Zeit keine genaue Statistik existirt. Das ist richtig; aber es ist wenigstens in Preußen jetzt ein Anfang gemacht worden und es wird gelingen, eine sehr gründliche Statistik auf diesem Gebiete zu erlangen, nämlich durch eine Aufarbeitung der Resultate der Gebäudesteuerveranlagung. Bei derselben ist nämlich bei der Aufnahme für jedes Gebäude festgestellt worden, wieviel Land in einer geschlossenen Wirthschaft von dem betreffenden Gebäude aus bewirthschaftet wird, und diese Resultate sollen aufgearbeitet und danach Zusammenstellungen gemacht werden, wieviel Wirthschaften von bestimmten Größe-Kategorien existiren. Wenn diese Zusammenstellung aufgearbeitet ist, dann wird allerdings eine Vergleichung mit den früheren Aufnahmen nicht möglich sein, weil die ja auf einer ganz anderen Basis beruhen, nämlich auf dem Begriff der spannfähigen Nahrung, aber es wird für die Zukunft — da ja, wenn keine Aenderung in der Gesetzgebung eintritt, die Gebäudesteuer alle 15 Jahre revidirt wird — durch gleiche Aufarbeitung der künftigen Erhebungen ein Vergleichungsmaterial gewonnen werden, und man wird dann genau ersehen können, welchen Weg der ländliche Besitz einschlägt.

Dann möchte ich in Bezug auf die letzten Worte des Herrn Redners noch bemerken, daß, so viel mir bekannt geworden ist, die betreffende Redactionscommission, die mit der Ausarbeitung dieses Theils eines deutschen Civilgesetzbuches beschäftigt ist, zu der Entscheidung gekommen ist, das bäuerliche Anerbenrecht der Particulargesetzgebung noch wie vor zu überlassen.

Sodann möchte ich auf einige Bemerkungen des Herrn Oberbürgermeisters Miquel zurückkommen, welcher den mittleren Grundbesitz für den productivsten hält. Das ist ja eine Frage, über die in verschiedenen Gegenden auch sehr verschiedene Urtheile bestehen. Im Allgemeinen möchte ich meine Meinung dahin präcisiren vom technisch-landwirthschaftlichen Standpunkt aus, daß die früher gang und gäbe Ansicht, die wir in den Schriften vieler älterer englischer, französischer und deutscher National-Oeconomen und Landwirthe finden, daß der kleine Grundbesitz im Verhältniß productiver sei, als der große —, daß dies nur für gewisse Perioden und Betriebsverhältnisse richtig ist, wo auch der Großgrundbesitz nicht anders bewirthschaftet wird, als der bäuerliche Besitz und wo dann für den letzteren die Vortheile in die Wagschale fallen, welche aus der besseren Controle der kleineren Wirthschaft und der sorgsameren Arbeit durch den Wirthschaftsbesitzer und seine Familie hervorgehen. Von dem Moment aber, wo bei einer intensiveren Cultur der Großgrundbesitz, zumal in Verbindung mit dem Fabrikbetrieb landwirthschaftlicher Nebengewerbe sich alle Vortheile größerer Kapitalaufwendung und besserer Fachbildung unter Benutzung der Resultate der Wissenschaft und der Anwendung technisch gebildeter Hilfskräfte zu Nutze gemacht hat, von dem Moment an hat der Großbetrieb ein eminentes Uebergewicht über die Bauernwirthschaft gewonnen, gegen welche Vortheile die aus mangelndem Interesse der Arbeiter hervorgehenden Vergeudungen im Großbetrieb und die entgegengesetzten Ersparnisse im kleineren Betrieb nicht in Betracht kommen. Es würde ja hierin eine große Gefahr für den mittleren Besitz liegen, wenn wir nicht hoffen könnten, daß auch der Betrieb desselben vervollkommensfähig sei, und zum Glück hat in den Provinzen, wo wir in Deutschland unsere beste Landwirthschaft jetzt haben, z. B. in der Provinz Sachsen, der mittlere Besitz, der zuerst in Gefahr stand, einfach von dem Großbetrieb auf dem Wege des Auskaufes und des Auspachtens verschlungen zu werden, es verstanden, von dem Großbesitz zu lernen, und so werden Sie in den Beschreibungen, die der Verein herausgeben wird, über die Landwirthschaft einzelner deutscher Gegenden finden, daß jetzt grade in den bestcultivirten Gegenden der Provinz Sachsen nicht nur der mittlere Besitz, sondern sogar der kleinere Besitz, der Kuhbauer dem Rittergutsbesitzer eine ganz gefährliche Concurrenz zu machen anfängt auch in Bezug auf Gutspachtungen und Gutskäufe oder einzelne Grundstückskäufe und zwar zunächst deswegen, weil er von dem Rittergutsbesitzer und Domänenpächter gelernt hat. Er hat die besseren Cultur-Methoden, die stärkere Düngung u. s. w. von ihm adoptirt und er sucht durch Genossenschaftsbildung und gemeinschaftliche Benutzung das auch in Bezug auf die Beschaffung von Maschinen zu leisten, was der Großgrundbesitzer für sich allein leicht thun kann. Auf dieser wirthschaftlichen Stufe hat er aber dann den großen Vortheil der Concentration der Wirthschaft, des Interesses an der Wirthschaft in der Person des Besitzers und des Bewirthschafters selbst und die Abwesenheit von allen Ehrenausgaben und ehrenamtlichen Verpflichtungen, die in unserer Zeit der Selbstverwaltung ganz colossal auf dem Großgrundbesitz lasten und ihm nicht nur Geld, sondern vor Allem auch Zeit kosten und ihn der Wirthschaft entziehen, was auf das financielle Resultat der Wirthschaft manchmal von einem ganz bedenklichen Einfluß ist. (Sehr richtig!)

Ich möchte übrigens zu dieser Seite der Frage, die der Herr Oberbürgermeister Miquel berührt hat, noch bemerken, daß wir schließlich auch nicht die höchste Production als den allein entscheidenden Gesichtspunkt für unsere Bemühungen zur Gestaltung der landwirthschaftlichen Verhältnisse maßgebend sein lassen dürfen. Wenn wir finden, daß wir einen gesunden Bauernstand nur behalten können, wenn wir auf die höchstmögliche Production verzichten, so würde ich wegen der großen Bedeutung des Bauernstandes für unser ganzes Volksthum mehr Werth darauf legen, daß wir einen tüchtigen Bauernstand haben, als daß pro Morgen ein Scheffel mehr gewonnen wird. (Bravo!) Natürlich, wenn es uns gleichzeitig gelingt, die Bauernwirthschaft auch so productiv zu gestalten wie den Großbetrieb, so ist ja für die Sicherheit der Erhaltung des Bauernstandes dadurch ein ganz großes Moment gewonnen.

Sodann möchte ich noch ganz kurz auch vom landwirthschaftlich-technischen Standpunkt aus ein Wort darüber sagen — und der Punkt scheint mir in der Debatte und auch in dem Vortrage des Herrn Referenten noch nicht berührt worden zu sein —, warum denn eigentlich die Gesellschaft und die Staatsverwaltung ein Interesse daran haben müssen, auf die Erhaltung gesunder Besitzverhältnisse auch durch das Gesetz einzuwirken. Wir wissen ja alle, daß eine weit verbreitete Meinung dahin geht, daß gesunde Verhältnisse auch in Bezug auf den landwirthschaftlichen Betrieb und Besitz sich am zweckmäßigsten schon von selbst dadurch herausbilden würden, das der schlechtere Wirthschafter von dem besseren überflügelt und ausgekauft und der Verschuldete von dem Kapitalkräftigeren abgelöst werde u. s. w. Man kann über die Allgemeingiltigkeit dieses Grundsatzes schon für die industriellen Gewerbe zweifelhaft sein. In der Großindustrie freilich vollziehen sich solche Ausgleichungsvorgänge meist ziemlich rasch, das Stadium schlechten Betriebs in Folge Unfähigkeit und Kapitalmangels Seitens des Besitzers ist gewöhnlich ein kurzes, und manche bankerotte Fabrik kommt in der zweiten Hand schnell zu solcher Blüthe, daß die Schädigung der Production vor dem Bankerott und der mit dem Bankerott verbundene Kapitals- und Arbeitsverlust bald ersetzt ist; aber schon für unseren Handwerksbetrieb gilt das nicht mehr ganz. Wir haben ja in demselben eine Menge von krüppelhaften Existenzen, die nicht leben und nicht sterben können und natürlich auch nichts tüchtiges in ihrem Fach leisten und die doch nicht so schnell von besseren und thatkräftigeren Elementen verdrängt werden, daß der allgemeine gewerbliche Zustand hierunter nicht sehr stark litte. In der Landwirthschaft dauert aber ein solcher Auswechselungsproceß der wirthschaftlich schlechtern gegen bessere Elemente, wenn er überhaupt vor sich geht, ich will nicht sagen, Jahrhunderte, aber jedenfalls sehr lange Zeit, und ein solches Uebergangsstadinm ist dann regelmäßig verbunden mit einer solchen Verkümmerung der Productivität des Betriebes sowohl, wie aller wirthschaftlichen Verhältnisse in den betreffenden Gegenden, daß dies nur als die größte Calamität nicht nur für die einzelnen dem langsamen Untergange verfallenen Individuen, sondern für die ganze Volkswirthschaft bezeichnet werden kann. Man darf deshalb nicht auf solche natürlichen Heilprocesse warten, sondern es müssen kräftigere Maßregeln ergriffen werden, um im nationalen Interesse soviel der Staat dazu thun kann, einen prästationsfähigen Bauernstand zu erhalten, welcher noch Lebenskraft und materielle Mittel genug besitzt, um in seinem Betriebe mit der modernen Entwickelung der Technik fortzuschreiten und der nicht schon so weit verkümmert ist, daß er ohne jegliche Elasticität stumpfsinnig alles über sich ergehen läßt. Nichts führt aber zu dieser Verkümmerung schneller wie die unwirthschaftliche Zersplitterung und die übermäßige Verschuldung des Besitzes, welche beide ganz wesentlich von der herrschenden Erbordnung abhängen. Wenn wir daher nicht Nothstandsgegenden, wie wir sie jetzt nur vereinzelt haben, wo jede schlechte Ernte die Existenz der Mehrzahl der Bevölkerung bedroht, in den allerweitesten Kreisen sich heranbilden lassen wollen, indem wir mit den Händen im Schooß der Entwickelung unserer ländlichen Zustände ruhig zusehen, dann müssen wir gesetzgeberisch eingreifen; denn nichts kann in jetziger Zeit die land- und volkswirthschaftliche Entwickelung mehr schädigen, als wenn der landwirthschaftliche Betrieb in den Händen von Leuten ruht, die in ihrer wirthschaftlichen Nothlage verkümmert sind und die daher weder die Fähigkeit haben, eine bessere Wirthschaft mit Verwendung von reichlichem Capital und den modernen technischen Hülfsmitteln durchzuführen, noch genügende geistige Elasticität sich bewahren konnten, um zu anderen lohnenderen Beschäftigungen überzugehen. (Bravo!)

(Es folgt eine Pause von $^3/_4$ Stunden.)

Geheimrath Dr. H. Schulze (Heidelberg): Meine Herren! Ich habe selten den Bericht eines Referenten mit solchem Interesse gehört, wie den unseres heutigen Herrn Berichterstatters. Noch reichere Belehrung habe ich aus seinem gediegenen gedruckten Referat geschöpft; dasselbe ist in vieler Beziehung so erschöpfend, daß ich eigentlich nicht die Absicht hatte, das Wort zu ergreifen, obgleich ich mich mit diesem Gegenstande seit Jahren theoretisch und practisch beschäftigt habe. Es sind jedoch im Lauf der Debatte einige Bemerkungen gefallen, an die ich anknüpfen möchte, um durch einige Ergänzungen aus meiner eigenen Beobachtung etwas beizutragen zur Klarlegung eines Gegenstandes, der von so eminenter Wichtigkeit ist für die wirthschaftliche und sociale Gegenwart und Zukunft unseres deutschen Volkslebens. Besonders werthvoll sind die Gruppirungen, welche der Herr Referent in Bezug auf die Gütervertheilung in den verschiedenen Theilen Deutschlands gemacht hat. Ich möchte jedoch, nicht etwa zur Berichtigung, wohl aber zur Ergänzung des Bildes, welches er von der Provinz Schlesien gegeben hat, einiges näher ausführen. Dadurch daß er in seinem Berichte wesentlich nur auf Oberschlesien Rücksicht genommen hat, kommt gewissermaßen nur die Schattenseite des Bildes zur Geltung. Die von ihm dort gekennzeichneten Uebelstände, Latifundien uud daneben Bodenzersplitterung, slavischer Leichtsinn und orientalischer Wucher, Trunksucht und Indolenz sind dort in der That vorhanden; es ist dort vielleicht der dunkelste Punkt des ganzen preußischen Staatsgebiets; darüber ist aber das übrige Schlesien bei der Darstellung etwas schlecht weggekommen. Schlesien ist eine Provinz von der Größe des Königreichs Bayern mit mehr als vier Millionen

Einwohnern, wo die Grundbesitzverhältnisse himmelweit verschieden sind. In einzelnen Theilen Schlesiens giebt es einen rein deutschen Bauernstand, der sich messen kann mit dem sächsischen und selbst dem heute so hochgefeierten hannoverschen Bauernstande; er ist zu finden in der Grafschaft Glatz, den Kreisen Schweidnitz, Liegnitz, Jauer, Brieg u. s. w. Da sind Bauern mit fast rittergutsartigem Besitz, die ihre Güter seit Jahrhunderten in ihren Familien vererbt haben. Dieser Bauernstand ist nicht nur wohlhabend, sondern auch so strebsam und intelligent, daß die landwirthschaftlichen Mittelschulen und Winterackerbauschulen kaum irgendwo mehr floriren, als gerade dort. Freunde von mir sind Vorsteher solcher Schulen und haben mir gesagt, sie könnten kaum Platz schaffen für die Bauernsöhne, die von ihren Vätern in die Stadt geschickt werden, um sich weiter zu bilden. Dieser Bauernstand in Schlesien hat sich trotz der Gesetzgebung bis jetzt lediglich durch sein Familienbewußtsein erhalten; durch dieses hat sich die altväterliche Sitte gegen eine nivellirende Gesetzgebung, besonders gegen die romanistischen Principien des Pflichttheilsrechtes, wie sie ins Allgemeine Landrecht übergegangen sind, behauptet. Das Gut geht regelmäßig nur auf eines der Kinder über. Wenn die anderen Kinder einen Proceß anfangen wollten, so würden sie jedesmal ihren vollen Erbtheil zugesprochen erhalten, das Gut müßte getheilt oder verkauft werden; sie thun dies aber nicht, sondern lassen sich das ruhig gefallen, aus wenn auch nur instinctivem Familienbewußtsein. Wo sich diese Sitte erhalten hat, besteht in Schlesien überall ein wohlhabender, kräftiger Bauernstand; wo dies nicht der Fall ist, ein schwerverschuldetes ländliches Proletariat. Nahe zusammenliegende Dörfer bieten hier die stärksten Kontraste. Ich besitze ein kleines Rittergut, das einen selbstständigen Gutsbezirk in einem sehr bevölkerten Dorfe von etwa 1000 Einwohnern bildet. Hier ist etwa seit einem Menschenalter die alte Familiensitte vollständig aufgelöst, indem einige Güterschlächter zu dismembriren begonnen haben. Damit ist das System der alten bäuerlichen Güterordnung verloren gegangen. Es giebt dort noch Bauern, Halbbauern, Stellenbesitzer, Gärtner, aber das sind jetzt nur noch Namen ohne Realität; in der That giebt es nur noch Leute, die einige schwerverschuldete Morgen besitzen, ohne jeden wirthschaftlichen Zusammenhang, die man weiter theilt in infinitum, wenn der Gläubiger sie nicht lieber subhastiren läßt. Ich kannte einen alten Bauer, den letzten Veteranen aus den Freiheitskriegen; der besaß nach dortigen Verhältnissen ein schönes Bauerngut von 120 Morgen mit Wald, Wiese und Feld. Da unsere schlesischen Bauern, Gott sei Dank, das Zweikindersystem nicht kennen, so hatte der Mann 9 Söhne und mehrere Töchter. Bei dem im Orte erstorbenen alten bäuerlichen Familienbewußtsein konnte auch er dem Strome nicht widerstehen und theilte sein Gut bei Lebzeiten unter seine Kinder. Diese sind nun sämmtlich Tagelöhner mit einem Zwergbesitze von 10 Morgen und das letzte geschlossene Bauerngut ist verschwunden. Neben dem von mir so characterisirten schlesischen Gebirgsdorfe liegen andere Dörfer in der Entfernung weniger Meilen, sowohl im Preußischen, wie auch drüben in Oesterreich, wo es ganz anders aussieht. Da liegen Bauernhöfe mit steinernen Häusern und stattlichen Thoren im Schatten ihrer uralten Linden wie die Edelhöfe. Woher dieses andere Bild? Lediglich weil sich hier die alte Familiensitte der Untheilbarkeit und der Individualsuccession erhalten hat, weil hier das gute Herkommen mehr gegolten hat, als ein auf fremdartigen Anschauungen beruhender Gesetzes=

paragraph. Aber es läßt sich nicht verkennen, daß die alte Familiensitte mehr und mehr überall ins Schwanken geräth. Die nicht zur Succession gelangenden Söhne wollen nicht mehr, wie bisher oft geschah, bei dem Anerben dienen, sie wollen sich nicht mehr mit der billigen Bruder- und Schwestertaxe begnügen, sie fordern ihr ganzes volles Erbtheil nach den Grundsätzen des Allgemeinen Landrechts und der s. g. natürlichen Billigkeit. Da ist gewiß der Zeitpunkt gekommen, wo die Gesetzgebung das vorhandene, aber ins Wanken gerathene Familienbewußtsein stützen muß. Hier darf der preußische Staat seine große Aufgabe, die Erhaltung eines kräftigen, wohlhabenden Bauernstandes, nicht aus den Augen verlieren. Das Vorbild Hannovers und Westfalens leuchtet hier voran, aber ich glaube, man muß gerade den östlichen Provinzen so schnell wie möglich zu Hülfe kommen, wo die Lage des Bauernstandes, neben den großen Latifundien und unter ungünstigen klimatischen Verhältnissen eine noch gefährdetere ist. Es ist hier periculum in mora, wenn der feste Boden eines zeitgemäßen Gesetzes nicht der alten guten Familiensitte unseres Bauernstandes recht bald zur Hülfe kommt.

Wenn so vielleicht in dem trefflichen Bericht das Vorhandensein eines wohlhabenden und intelligenten Bauernstandes im Osten, besonders in Schlesien, nicht genug hervorgehoben ist, so ist vielleicht die Lichtseite der süddeutschen Agrarverhältnisse etwas zu sehr in den Vordergrund getreten. Das südliche Deutschland, besonders der schöne Südwesten, leidet jetzt unter den schlimmsten agrarischen Uebelständen, woran wesentlich ebenfalls die Bodenzersplitterung Schuld ist. Wenn man in Baden mit Grundbesitzern näher zusammen kommt, wenn man wie ich in der ersten Kammer die Klagen des Grundbesitzes vernimmt und statistisch belegen sieht, wenn man besonders die entsetzliche Verschuldung des Bauernstandes näher kennen lernt, so wird man im Ganzen diesen Zuständen vor denen des östlichen Deutschlands kaum noch den Vorzug geben können. Die Verschuldung des bäuerlichen Grundbesitzes ist zum Theil eine so große, daß der wucherische Gläubiger nur noch die Schlinge zuzuziehen braucht, um ganze Dörfer und deren Besitz in die Tasche zu stecken. Er thut es vielleicht deshalb nur nicht, weil er Furcht hat, todtgeschlagen zu werden, oder weil er es vortheilhafter findet, die Besitzer, als Schuldknechte, im Schweiße ihres Angesichtes für sich weiter arbeiten zu lassen. An diesen zum Theil entsetzlichen Zuständen sind viele Ursachen schuld, die nur zum Theil staatlicher und rechtlicher Natur sind. Ein Blick in die Verhandlungen der süddeutschen Kammern zeigt uns den drohenden Abgrund. Einer unter vielen andern Gründen ist aber gewiß der, daß es unter der Herrschaft des französischen Rechtes, also auch in Baden, seit Menschenaltern an einem gesunden bäuerlichen Erbrechte fehlt. Die französische Gesetzgebung ist gerade diejenige, die dem Bauernstand, ja dem Stand der Gutsbesitzer am meisten erschwert, den Grundbesitz in der Familie zu erhalten; sie hat nicht nur wie das römische Recht den Pflichttheil auch auf das Immobiliarerbrecht angewandt, sie gestattet den Eltern überhaupt, über einen verhältnißmäßig kleinen Theil ihres Vermögens, portion disponible, frei zu verfügen; alles übrige muß unter die Kinder gleich getheilt werden. Diese auf den Ideen der französischen Revolution beruhende Gesetzgebung hat die ausgesprochene Tendenz, jedes conservative Element, wie es im Grundbesitz liegt, zu vernichten, jede Continuität der Familie, jedes aristokratische Element — und ein solches ist auch ein kräftiger Bauernstand — von Grund aus zu zerstören. Unter diesen Paragraphen des code civil hatten auch die Grundbesitzer der preußischen Rheinprovinz so gelitten, daß der dortige Adel in den dreißiger Jahren dringend um Abhilfe auf gesetzlichem Wege bat. König Friedrich Wilhelm III. erließ darauf im Jahre 1837 eine Verordnung, wodurch er einer Anzahl von Familien, den sog. ritterbürtigen Autonomen des Rheins, das Recht gab, über ihre Grundbesitzungen frei zu testiren ohne Rücksicht auf den Pflichttheil mit besonderen Bestimmungen über die Versorgung der von der Succession ausgeschlossenen Geschwister. Diese Verordnung wurde damals in liberalen Kreisen sehr hart beurtheilt, die sog. ritterbürtigen Autonomen galten als ein Gegenstand des Hasses und des Spottes. Es geschah dies deshalb, weil man es als ein der Gleichheitsidee widersprechendes Standesprivilegium ansah; aber es war doch ein richtiger Grundgedanke, der dieser Verordnung zu Grunde lag. Nur durch das Recht einer freien testamentarischen Verfügung und durch eine vernünftige Beschränkung des Pflichttheilsrechtes kann der Grundbesitz der Familie erhalten werden. Was damals nur gewissen adlichen Familien als Privilegium verwilligt wurde, muß immer mehr zum Princip des allgemeinen Immobiliarerbrechtes werden.

Noch ein Wort in Bezug auf das in Vorbereitung begriffene deutsche Civilgesetzbuch. Es ist ausgesprochen worden, dieses müsse hier Abhilfe schaffen. Es ist das bäuerliche Erbrecht aber meiner Ansicht nach kein Thema, das in das allgemeine Civilgesetzbuch gehört. Dasselbe wird zwar das Erbrecht überhaupt behandeln, ebenso wie das eheliche Güterrecht, aber es wird sich nicht auf das bäuerliche Anerbenrecht erstrecken dürfen. Ich halte dies für einen Punkt, wo trotz alles Einheitsdranges auf dem Gebiete des Rechtes der Particularismus vollständig berechtigt ist. Diesem hat hier das Civilgesetzbuch nur Raum zu gewähren, indem es nicht nur die bestehenden bäuerlichen Erbrechte sowie das Stammgutssystem anerkennt, sondern auch jedem Staate überläßt, das bäuerliche Erbrecht seinen speciellen Verhältnissen gemäß gesetzgeberisch fortzubilden. Größere Staaten werden dasselbe nicht einmal für ihr ganzes Gebiet reguliren dürfen, sondern die Gesetzgebung wird auch hier oft in noch kleinere Kreise hinabsteigen müssen, um sich den so unendlich verschiedenen Lebensverhältnissen anzuschmiegen. Vor allem gilt es hier nicht etwas Neues zu improvisiren, sondern „das alte gute Recht“ auch für die Zukunft rechtschaffen zu erhalten! (Bravo!)

Landrath Freiherr v. Broich (Hersfeld): Meine Herren! Ich glaube es als den rothen Faden in dem Gedankengange sämmtlicher Herren Vorredner bezeichnen zu dürfen, daß die Erhaltung eines kräftigen Mittelstandes nicht blos in den Städten, sondern auch auf dem Lande als eine Säule des Staates, als eine Grundlage der gesunden staatlichen, socialen und volkswirthschaftlichen Entwickelung zu betrachten ist. Der Herr Referent hat das Hauptmittel dafür in der Regelung der Erbfolge erblickt, der Herr Vorredner hat das ebenfalls und zwar speciell dahin gethan, daß er glaubt, die Erbfolge müsse particularistisch, wie sie sich gewissermaßen landestheilweise entwickelt habe, geregelt werden. Daß die Frage, die Erbfolge zu regeln, eine sehr schwierige ist, davon werden wir uns namentlich durch das Referat alle überzeugt haben. Ich spreche z. B. nur von den Verhältnissen des Regierungsbezirks Kassel. Ich bin Landrath des Kreises Hersfeld. Die Frage, das westfälische Höferecht im Regierungsbezirk Kassel einzuführen, habe ich auf einer Bürgermeisterversammlung — ich habe 84 Bürgermeister im Kreise Hersfeld — auch ventiliren lassen, und man sprach sich ganz entschieden dagegen aus, resp. unbedingt dafür, daß das bisherige Rechtsverhältniß erhalten bleiben soll.

Meine Herren! Je schwieriger aber diese Frage ist, desto weniger dürfen wir damit warten, die Calamitäten, die auch von sämmtlichen Herren Rednern in Bezug auf die bäuerlichen Verhältnisse constatirt worden sind, zu bekämpfen. Der Herr Referent hat besonders hervorgehoben, daß die Hauptursache jener Calamitäten in dem Kampfe des mobilen mit dem immobilen Kapital zu finden ist. Meine Herren! Es entsteht also für uns die Frage, wie kann dieser Grundursache entgegengewirkt werden, bevor die so äußerst schwierige Erbfolge allgemein geregelt ist, und da sehe ich einzig und allein das Mittel in der Vereinigung der zu schwachen Kräfte zu einer genügend starken Gesammtkraft im Wege der Selbsthilfe durch die Bildung von Genossenschaften. (Sehr richtig!)

Meine Herren! Ich bin 11 Jahre lang Landrath des Kreises Malmedy im Regierungsbezirk Aachen gewesen. Ich bin Rheinländer und habe es mir angelegen sein lassen, in diesem Eifelkreise die Raiffeisen'schen Darlehnskassen-Vereine ins Leben zu rufen, weil ich es nicht blos als ein Bedürfniß für die dortigen Verhältnisse erachtete, die Creditverhältnisse, die sehr untergraben waren, auf diese Weise besser zu regeln, sondern weil ich von der Ansicht ausgehe, daß es die Pflicht eines Verwaltungsbeamten und speciell eines Staatsverwaltungsbeamten, ganz besonders eines Landrathes, ist, das materielle und geistige Wohl der ihm anvertrauten Verwalteten möglichst zu fördern. Warum? Weil auf dieser Förderung hauptsächlich die Leistungsfähigkeit der einzelnen Corporationen beruht, aus denen der Staat besteht, und es beruht das Staatswohl insofern darauf, als diese Leistungsfähigkeit eine absolute Vorbedingung für jede wirklich fortschreitende staatliche Entwickelung ist. Demgemäß habe ich es mir auch angelegen sein lassen, in dem mir 1876 anvertrauten Kreise Hersfeld der Untergrabung der Creditverhältnisse entgegenzuwirken. Die Güterschlächterei war bis dahin im Regierungsbezirke Kassel, wie aus den veröffentlichten Berichten der betreffenden Landräthe hervorgeht, in einer Weise ausgebildet, von der man anderwärts kaum einen Begriff hat. Nun habe ich die große Genugthuung, daß im Kreise Hersfeld, wo ich bereits fast sämmtliche Kirchspiele mit diesen Vereinen versehen habe, die Verhältnisse anfangen sich zu bessern, daß nicht blos der Güterschlächterei thunlichst Einhalt gethan wird, sondern daß auch gesunde wirthschaftliche Verhältnisse sich zu entwickeln anfangen. Der Güterschlächterei wird direct Einhalt gethan dadurch, daß z. B. diese Genossenschaften sagen: Da soll der Grundbesitz eines unverschuldet ins Unglück gerathenen und noch zu rettenden Bauern subhastirt werden; gut, wir kaufen ihn, um den Betreffenden zu erhalten. Die creditwürdigen Männer einer solchen Genossenschaft — und nur creditwürdige müssen eine solche bilden, — erachten es ja auch in ihrem eigenen Interesse, einen solchen Mann zu erhalten, der ihnen sonst als Armer zur Last fallen würde. Sehen Sie, meine Herren, das ist ein sehr wichtiger Hebel zur Sicherung eines kräftigen Bauernstandes. Es hat nun einer der Herren Redner darauf hingewiesen, man müsse auch den Staat für diesen Eingangs hervorgehobenen Hauptzweck in Anspruch nehmen. Ich wüßte nun nicht, warum man den Staat nicht in so fern dafür in Anspruch nehmen könnte, als, wenn z. B. derartige Vereine nicht ins Leben treten könnten oder sich nicht als genügend wirksam erwiesen, weil es ihnen an Betriebskapital fehlte, aus Staatsmitteln solches Kapital gewährt würde. Im Kreise Hersfeld hat es erstaunlicher Weise nicht nur nicht an Betriebskapital gefehlt, sondern die betreffenden Vorsitzenden der Vereine haben mir erklärt, wir haben gar nicht geglaubt, daß in unserm Kirchspiel so viel Kapital sei — es kriecht eben das Kapital hervor und es liegt darin ein schönes Zeugniß für das Vertrauen, welches diese Vereine sich erwarben. Also ich sage, die Mitglieder dieser Vereine helfen sich auf diese Weise selbst, und das ist auch, meine Herren, die Hauptsache, daß man die Leute lehrt, sich selbst zu helfen, und daß dann eventuell der Staat eintritt, wo die Selbsthilfe nicht genügt. Dann werden wir nicht blos durch die Regelung der Erbfolge im Wege der Gesetzgebung einen gesunden mittleren Bauernstand ins Leben rufen, sondern wir sichern auch, daß er fortkommt. Man kann ja sagen, wir wollen das allein im Wege der Erbrechtsregelung erreichen, der Grundbesitz soll bei der Erbfolge in der und der Weise vertheilt werden. Aber, meine Herren, wer sichert denn den Einzelnen dagegen, daß er durch Unglück in eine Lage kommt, daß er seinen Grundbesitz doch verkaufen muß und dadurch vollständig verarmt und verkommt? Das von mir hervorgehobene Hauptmittel gegen derartige Calamitäten wollte ich Ihnen nun heute ganz besonders ans Herz legen, weil ich insofern, wie angeführt, aus eigener Erfahrung sprechen kann, und ich glaube, mit großer Genugthung davon sprechen zu dürfen. Ich will nun zum Schluß zwar nicht Seine Majestät in die Discussion ziehen, aber Allerhöchsterseits ist kürzlich die Thätigkeit des Herrn Raiffeisen, welcher der Vater dieser Vereine ist, auf Grund der Berichte des Herrn Finanzministers und des Herrn Ministers für die Landwirthschaft in einer Weise anerkannt worden, aus der sich ergiebt, daß der Werth und die Bedeutung jener Vereine über allen Zweifel erhaben sind.

Professor Dr. v. Miaskowski. Meine Herren! Herr Geheimrath Schulze hat mir vorgeworfen, daß ich die Provinz Schlesien hinsichtlich der Vertheilung ihres Grundbesitzes in etwas zu ungünstigem Lichte habe erscheinen lassen. Ich glaube, das beruht auf einem Mißverständniß; denn ich habe nur von Oberschlesien gesprochen und Oberschlesien angeführt als ein Beispiel dafür, daß in einzelnen Theilen des Deutschen Reiches die Grundbesitzvertheilung auszuarten droht. Ich habe dann im Uebrigen von den östlichen Provinzen gesagt, daß in denselben sich zum großen Theil ein guter gesunder Bauernstand erhalten findet. Unter dieser Regel habe ich denn auch die übrigen Theile der Provinz Schlesien zusammengefaßt.

Sodann möchte ich noch ein Wort zu dem sagen, was Herr Professor Degenkolb angeführt hat. Er hat gewiß mit Recht geltend gemacht, daß man die gesetzliche Regelung des Erbrechts nicht trennen dürfe von der gesetzlichen Regelung des ehelichen Güterrechts. Aber gerade weil auch ich das im Auge hatte, bin ich zu meinem Vorschlage gelangt.

Ich erlaube mir, hier kurz folgendes mitzutheilen. Es ist mir zufällig Kenntniß darüber geworden, daß die Commission für die Ausarbeitung des deutschen Civilgesetzbuches folgendes in Aussicht genommen hat. Sie will das eheliche Güterrecht regeln, aber nicht einheitlich für das ganze Reich, sondern sie will die vorhandenen ehelichen Güterrechtssysteme codificiren, damit gleichsam verschiedene Typen aufstellen und es dann den einzelnen Personen überlassen, den einen oder andern Typus für sich in Anwendung zu bringen. Mein Vorschlag schließt sich nun ziemlich eng an diesen Vorschlag an. Ich wünsche nämlich, daß das Reich in dieser wichtigen Frage der Erbrechtsgesetzgebung die Zügel nicht aus der Hand fallen lasse, daß es die Leitung dieser Angelegenheit in der Hand behalte, und ich wünsche damit die Rücksichtnahme auf die große Mannigfaltigkeit der bestehenden Verhältnisse zu verbinden. Mir scheint, daß diese beiden Gesichtspunkte am besten zum Ausdruck gelangen, wenn das Civilgesetzbuch auf dem Gebiete des Erbrechts ähnlich verfahren würde, wie auf dem des ehelichen Güterrechts, indem es verschiedene Typen des Erbrechts aufstellt und es dann der Landesgesetzgebung überläßt, sich für diesen oder jenen Typus zu entscheiden.

Endlich möchte ich meine ganz besondere Genugthuung darüber aussprechen, daß ich im Großen und Ganzen die Zustimmung eines so bewährten Kenners der Agrarverhältnisse, wie des Herrn Oberbürgermeisters Miquel gefunden habe und ich möchte hier ausdrücklich auch meinerseits betonen, daß in Bezug auf die Stellung zum Pflichttheilsrecht keine wesentliche Differenz zwischen uns besteht. Ich bin in meinem ganzen Gutachten einigermaßen einseitig verfahren, ich habe die ganze Frage auf diesen einen Punkt hin untersucht: wie weit schadet und nützt das Ebrecht der Grundeigenthumsvertheilung und was muß geschehen, um eine gesunde Vertheilung zu erhalten. Ich glaube aber, daß eine solche Einseitigkeit auch ihre Berechtigung hat. Ich habe also, soweit ich von der Beseitigung des Pflichttheilsrechts und von einer Einengung desselben gesprochen habe, nur im Auge gehabt, daß sie geboten sein könne durch die Rücksicht auf die Erhaltung des Grundbesitzes in der Familie. Nun will ich aber zugeben, daß eine absolute Beseitigung zu diesem Zweck nicht nothwendig ist, sondern daß bereits eine Einengung genügt. Auch habe ich diese Beseitigung niemals in dem Sinne gemeint, wie Herr Professor Degenkolb es hier hervorgehoben hat, als ob tabula rasa gemacht werden sollte. Schaffen wir das Pflichttheilsrecht ab, so müssen wir — das ist meine feste Ueberzeugung und ich habe sie in einem Capitel meines Gutachtens dargelegt — einen Anspruch der hilfsbedürftigen Eltern, Kinder, Frauen u. s. w. anerkennen, was auch John Stuart Mill vorgeschlagen hat und Andere nach ihm.

Ich schließe, indem ich meine ganz besondere Freude darüber ausspreche, daß es heute möglich gewesen ist, eine Frage von so weittragender Bedeutung, wie die der Grundbesitzvertheilung und der Erbrechtsreform, so sachlich zu discutiren, wie es bisher geschehen ist, ohne daß man sich hinüber und herüber Vorwürfe über Rückschritt und Fortschritt gemacht hat. Vor 10 Jahren, glaube ich, wäre eine solche Discussion nicht möglich gewesen. (Bravo!)

Oberbürgermeister Dr. Miquel (Frankfurt a/M.): Ich wollte mir nur noch gewissermaßen eine persönliche Bemerkung gestatten zur Berichtigung einiger

Auslassungen des Herrn Vorredners. Ich habe, indem ich das Römische Recht als ein mehr städtisches Recht bezeichnete, welches für unsere deutschen landwirthschaftlichen Verhältnisse nicht berechnet sei und nicht passe, die Frage des Pflichttheils nicht im Auge gehabt, sondern ich habe das in unmittelbaren Zusammenhang gebracht mit der Frage der Erbtaxe, d. h. der Schätzung des Objects, welches zur Theilung kommt. In dieser Beziehung kennen die Römer nur einen Kapitalwerth, in Geld ausgedrückt, während unsere gesammten ländlichen Verhältnisse auf den dauernden Ertragswerth hinzielen und das Erzwingen einer Berechnung nach Kapitalswerth gleichbedeutend ist mit der Erzwingung eines fictiven Verkaufs, den man gerade vermeiden will. Das ist ein Beispiel, wie das römische Recht nach der Richtung der sog. Freiheit in Wahrheit unsere Verhältnisse vergewaltigt hat, und ein Beleg dafür, wie begründet der Kampf in vieler Beziehung war, den zuerst die Städte, aber seit 300 Jahren und bis auf den heutigen Tag unsere ländlichen Verhältnisse gegen das octroyirte römische Recht geführt haben.

Dann wollte ich mir eine Bemerkung gegen Herrn Thiel erlauben, daß es mir durchaus nicht eingefallen ist zu behaupten, daß überall der Mittelbesitz der ertragreichste sei. Ich habe nur gesagt, daß der Mittelbesitz in vielen Landestheilen rentabel und so rentabel ist, daß er in der Concurrenz gegen den Großgrundbesitz bestehen kann, indem ich damit einen Einwand, den ich oft gehört habe gegen alle unsere legislatorischen Versuche, hier widerlegen wollte, indem man sagt, daß es doch alles nichts nützen könne; wie der kleine Handwerker zu Grunde gehen müsse gegenüber der Großindustrie, so sei auch der Mittelbesitz zum Tode verurtheilt gegenüber dem Großgrundbesitz, der mit Maschinenkraft und mit Anwendung aller wissenschaftlichen Hilfsmittel ihn zu Tode concurriren werde. Diesem Gedanken habe ich nur entgegentreten wollen. Man kann ja bei dem ungeheueren Umfang dieser Frage nur ganz andeutungsweise hiervon sprechen.

Wenn ich mir nun gestatte, diesen Punkt mit zwei Worten noch weiter zu berühren, denn er ist ja schließlich der entscheidende für das, was wir überhaupt wollen, so können Sie das Concurrenzverhältniß eines Schuhmachers, der mit der Hand arbeitet, im Gegensatz zur Schuhfabrik, die mit Maschinen arbeitet, in gar keine Beziehung bringen zu dem Verhältniß des Großgrundbesitzes zu dem Mittelgrundbesitz. (Sehr richtig!) Eine derartige Concentration, eine derartige Durchführung der Arbeitstheilung und alle die daraus resultirenden Vorzüge in Bezug auf die Ersparung von Productionskosten, wie in der Industrie, ist in der Landwirthschaft überhaupt nicht möglich. Zunächst ist örtliche Concentration nicht möglich, aber auch nicht die zeitige, denn die Arbeiten folgen aufeinander und können nicht gleichzeitig gemacht werden und die örtliche Concentration ist ja bei der Natur des landwirthschaftlichen Betriebes oft ganz unausführbar. Andererseits, meine Herren, wenn der Großgrundbesitz allerdings die Anwendung der Maschinen in viel größerem Maße und vortheilhafter vornehmen kann, so vermag der Mittelbesitz — und dazu ist er stark und intelligent genug — durch Association genau dieselben Vortheile zu erreichen, und das ist nicht Theorie, sondern lebendige Praxis. Wir kommen, Gott sei Dank, nachdem durch die Theilung der Gemeinheiten, durch die Auflösung der Gebundenheit der Gemarkung alle Gemeinschaft der ländlichen Gemarkungsgenossen verschwunden ist, durch eine natürliche Entwicklung wieder darauf zurück, daß da, wo Gemeinden entwickelt bestehen aus Mittelbesitz, sie sich als Gemeinden diese Maschinen anschaffen, Dreschmaschinen, Mähmaschinen u. s. w. Wir haben in Westfalen schon die interessante Entwickelung, daß beispielsweise Mähmaschinen angeschafft werden von einer Gesammtheit oder einer Gemeinde; die Maschine fängt zu mähen an bei A. nach dem Loos, bei B., C., D. u. s. w., die Bauern leihen sich gegenseitig die Arbeiter für die Mähmaschine, weil sie mehr mähen kann, als die Personen auf den einzelnen Höfen zu binden vermögen, und so kommen wir wieder zu einem genossenschaftlichen Betriebe, dessen Zukunft man noch nicht absehen kann. Ebenso ist es auch mit der Verwerthung der Producte. Ich gebe allerdings zu, daß ein Großgrundbesitzer aus seiner Milch etwas ganz anderes machen kann als der kleine Bauer. Wenn aber ein großer Unternehmer kommt und sagt den Bauern, ich kaufe Euch die Milch ab und mache die Butter für Euch — Ihr producirt die Milch und ich verwerthe sie —, so ist die Lage des Mittelbesitzes in dieser Beziehung der des Großgrundbesitzes im Wesentlichen gleichgestellt. Ich war vor einiger Zeit im Vogelsberg und habe bei dem Fürsten Isenburg-Birstein diese Einrichtung zu meiner Freude gesehen. Die kleinen Bauern in Vogelsberg haben bis dahin aus ihrer Milch wenig machen können, sie waren nicht im Stande, reinliche, gute Butter zu erzielen, noch weniger, solche Butter in die Stadt zu bringen. Jetzt bringen sie ihre Milch dem Fürsten von Isenburg-Birstein, er kauft sie ihnen baar ab, und sie verwerthen ihre Milch nun gerade so, wie der Fürst die seinige, indem er sie in Butter verwandelt. Ich sage also, eine Reihe von Vortheilen des Großgrundbesitzes kann der Mittelbesitz sich auch aneignen und er thut es bereits, und Diejenigen, die es gut mit ihm meinen, die Männer, die sich um die Zukunft des bäuerlichen Besitzes kümmern, müssen den Bauer dahin drängen. Er muß die Intelligenz und die Initiative gewinnen, sich in dieser großen Krisis selbst zu helfen.

Auf der anderen Seite aber hat der Mittelbesitz große Vorzüge vor dem Großgrundbesitz. Ich glaube, man wird sagen können, da, wo die unmittelbare Mitarbeit des interessirten Chefs und Eigenthümers möglich ist, ist sie auch am vortheilhaftesten. Das ist jedenfalls beim Mittelbesitz in ganz anderer Weise möglich als bei großen Gütern, wo der Eigenthümer durch bezahlte Beamten und weniger interessirte Personen die Arbeiten verrichten lassen muß.

Aber, meine Herren, der Mittelbesitz kann allerdings nur dann bestehen, wenn er nicht zugleich Gutsbesitz sein will. Der Bauer muß selber mitarbeiten. Er verdient sich seinen Lohn selber und, sobald er aufhört, das zu thun und auf die Jagd zu gehen anfängt und vornehm zu werden, ist er allerdings verloren. Endlich erspart der Bauer auch sonst noch bedeutend an Auslagen gegen den Großgrundbesitz, und da will ich einen Satz aufstellen, der vielleicht augenblicklich keine Zustimmung finden wird.

Was belastet unsere Landwirthschaft am meisten? Die Gebäudelasten! (Sehr richtig!)

Meine Herren, ich habe einmal bei Gelegenheit der politischen Kämpfe in Hannover, bei der Ausscheidung des fürstlichen Domänenbesitzes genau Rechnung aufgestellt über die Frage von dem Reinertrage der Domänen, wobei sich herausstellte, daß bei richtiger Rechnung Domänen, welche zwischen 3—4000 Thaler Pacht eintrugen, bei Berechnung des Gebäudekapitals, der Unterhaltung, der Neubauten u. s. w. einen Minusertrag hatten. Sie sehen daraus, welche colossale Frage die Gebäudefrage für die Landwirthschaft ist. Vor einiger Zeit sind wir hier genöthigt gewesen, einer Stiftung zu gestatten, einen kleinen Hof, den sie verpachtet, der ihr 5000 Mark einbringt, mit einer neuen Gebäudeverwendung von 80 000 Mark zu belasten. Also wir verwenden mehr Gebäudekapital darauf, als vielleicht jemals das betreffende Gut wieder einbringen kann. Es war aber kein anderer Weg möglich. Jetzt sage ich, da, wo der Mittelbesitz seine wirthschaftlichen Gebäude selbst bewohnt und benutzt, ist die Gebäudelast am geringsten. Gehen Sie einmal in ein solches westfälisches Bauernhaus, wie sie Tacitus beschreibt, fast genau so sind sie noch heute, so werden sie finden, daß die Familie allerdings, obwohl sie wohlhabend genug ist, sehr bescheiden wohnt in demselben Hause, wo die Pferde, die Kühe stehen, wo oben die Fourage liegt, Heu, Stroh u. s. w. Wenn Sie das Gebäudekapital — ich habe die Rechnung angestellt — auf den Morgen reduciren, so kommen sie auf ein Minimum gegenüber unseren großen Gütern. Darin liegt ein eminenter Vorzug. In den rein bäuerlichen Districten herrscht die Noth des Grundbesitzers nicht entfernt in dem Maße, wie in den Districten des Großgrundbesitzes. Man hört auch wohl klagen über die Concurrenz von Amerika, über die hohen Tagelöhne, aber besieht man einmal die Sache bei Licht und vergleicht man den Zustand unserer Bauern von vor 30 Jahren mit dem heutigen, so findet man, daß die Leute eminente Fortschritte gemacht haben, und Diejenigen, die ganz aufrichtig sind und Buch geführt haben, gestehen einem auch schließlich zu, daß sie noch immer schöne Renten machen. Ich kenne wenigstens eine Reihe von intelligenten Mittelbesitzern, Bauern, die eine doppelte Buchführung haben, und die mir versichern, so lange sie leben, hätte jede Melioration ihnen noch 5% gebracht. Nun, meine Herren, so lange unsere Landwirthschaft noch in der Lage ist, durch Aufwendung von Kapital eine 5%ige Verzinsung zu erreichen bei Bodenmeliorationen, so lange ist die Lage unserer Landwirthschaft noch keineswegs eine verzweifelte, und ich behaupte, zu allen Zeiten von Krisen und Nothständen hat der Mittelstand sich besser erhalten als der Großgrundbesitz.

Professor Dr. Neumann (Tübingen): Meine Herren! Wenn auch etwas gewagt, ist es doch vielleicht nicht ganz unangebracht, den letzten, in vielen Beziehungen überaus treffenden und in hohem Maße belehrenden, aber wohl zu sehr von optimistischen Vorstellungen getragenen Ausführungen gegenüber zweierlei hervorzuheben, erstens nämlich, daß thatsächlich in Deutschland im Allgemeinen der Mittelbesitz im Rückgange begriffen ist, worüber die Statistik uns fast zweifellose Belege bietet — und zweitens, daß das Anerbenrecht durchaus nicht geeignet ist, in dieser Beziehung da nachhaltige Hilfe zu gewähren, wo solche am dringendsten zu wünschen ist. Was Ersteres betrifft, so möchte ich noch einmal darauf aufmerksam machen, daß die eingehendste und beste Statistik, die wir in dieser Beziehung haben, diejenige ist, welche im Jahre 1859 in Preußen eingeleitet wurde, ursprünglich zu dem Zweck festzustellen, ob Gefahr sei, daß der Grundbesitz in Preußen einer übermäßigen Zersplitterung entgegenginge. Diese Gefahr erwies sich nach dem Ergebnisse jener Feststellungen nicht als sehr erheblich. Wer aber die damals gewonnenen Zahlen zu lesen versteht und sich nicht damit begnügt, nur die Gesammtsummen ins Auge zu fassen, sondern nach Provinzen und innerhalb dieser nicht nur nach Regierungsbezirken, sondern namentlich auch nach Landschaften mit mehr oder weniger überwiegendem Großbesitz scheidet, der vermag schon aus diesen Zahlen sehr deutlich herauszulesen, daß in denjenigen Gegenden, in denen — wie namentlich in vielen Pommerschen, Posenschen und Ostpreußischen Districten — der Großgrundbesitz seine Vertretung hat, der diesem benachbarte Mittelbesitz mehr und mehr an Fläche verliert. Diese Erfahrung wird bestätigt nicht durch ähnliche allgemeine statistische Feststellungen späterer Zeit. Denn solche haben wir leider nicht. Und es ist in hohem Maße zu beklagen, daß seit den 60er Jahren jene 1859 eingeleiteten allgemeinen Feststellungen nicht wieder aufgenommen sind. Wohl aber wird man den eben berührten Gang der Entwickelung bestätigt finden, wenn man sich die Mühe giebt, die einzelnen Kreisstatistiken des Ostens zu durchforschen, in denen ja manches Schlechte und Unzureichende ist, die aber vielfach von sehr tüchtigen Landräthen bearbeitet uns auch sehr werthvolle Quellen der Erkenntniß sein können. In diesen Kreisstatistiken nun können Sie bestätigt finden, daß in jenen Gebieten, in denen große Güter in beträchtlichem Umfange vorhanden sind, der Mittelbesitz fast ausnahmslos im Rückgange begriffen ist, und zwar weniger in Folge von Zersplitterung, als eben deshalb, weil er aufgesogen wird vom benachbarten Großbesitz. Daneben haben wir endlich auch auf diesen Gegenstand bezügliche statistische Erhebungen neuerer Zeit, die wenn auch nicht den ganzen preußischen Staat, so doch das Gesammtgebiet einzelner Provinzen betreffen. Und unter diesen noch überzeugenderen Nachrichten erscheint mir eine von hervorragender Bedeutung, deren der geehrte Herr Referent in Vortrag und Gutachten (wenn ich nicht irre) nicht gedacht hat — jene nämlich, welche sich auf die Provinz Posen beziehen. Leider sind die Resultate der bezüglichen Erhebungen, welche anscheinend seitens des dortigen Oberpräsidiums ausschließlich für Posen eingeleitet worden sind, bisher nicht in umfassender Weise zur Veröffentlichung gelangt. Nur in gewissen Bruchstücken durch Publication einzelner Ergebnisse in den öffentlichen Blättern, im „Neuen Reich“ u. s. w. sind sie uns zugänglich geworden. Aber auch aus diesen Bruchstücken, die mir hier leider nicht zur Hand sind, ergiebt sich ein nicht unerhebliches Zurückgehen des Mittelbesitzes für Posen unzweifelhaft. Und es wäre sehr zu wünschen, daß jene Erhebungen, nachdem sie einmal stattgefunden haben, der Wissenschaft und der allgemeinen Kenntniß in umfassenderer Weise zugänglich gemacht würden, als dies bisher geschehen ist.

Bezieht sich alles Das nun auf jenen zuerst berührten Umstand, daß thatsächlich der Mittelbesitz im Rückgange begriffen ist, so möchte ich an die Hervorhebung dieser Thatsache noch die eine Bemerkung knüpfen, daß nämlich, wenn hier darauf verwiesen ist, daß sich der Mittelbesitz durch genossenschaftliche Hilfe zu erhalten und befestigen vermöchte — diese Hilfe, die ich an sich sehr hoch halte, keineswegs in allen Theilen Deutschlands möglich ist. Gerade sie setzt ja eine Intelligenz, Umsicht und Initiative voraus, die nicht überall und namentlich da nicht in dem erforderlichen Maße vorhanden ist, wo sie nach dem Gesagten zur Erhaltung des Mittelbesitzes dem diesen bedrängenden Großbesitz gegenüber am nöthigsten wäre. Dafür liefern auch jene Thatsachen den Beweis. Einstweilen haben die Genossenschaften dort nicht geholfen, und sie können auch für die Folge nur wenig hieran ändern.

Daß aber — um nun zum zweiten überzugehen — auch das Anerbenrecht dort nicht viel helfen kann, darüber bedarf es nur kurzer Ausführung.

Bei der Befürwortung des Anerbenrechtes an diesem Orte ist dasselbe in zweierlei Gestalt erörtert, resp. empfohlen worden. Entweder es soll unmittelbar gelten oder so wie z. B. in Hannoverschen und Oldenburgischen —, nur subsidiär, d. h. auf Grund stattgehabter Willenserklärung, nach Eintragung in sog. Höferollen u. s. w. Daß man nun an das Erstere in jenen östlichen Provinzen nicht denken kann, ist wohl klar. Es würde eine solche Einrichtung dem gegenwärtigen Rechtsbewußtsein durchaus widersprechen. Wenn jene Provinzen: Pommern, Posen, Westpreußen und Ostpreußen, es durch die Bank überhaupt abgelehnt haben, auf das Anerbenrecht bezügliche Einrichtungen bei sich zu schaffen, so ist das sicher nicht aus Willkür oder Laune geschehen, sondern deshalb, weil solche Einrichtungen eben mit den jetzt dort herrschenden Rechtsanschauungen ganz unverträglich sind. Jene dem Anerbenrecht zu Grunde liegende Anschauung, die sich im nordwestlichen Deutschland noch erhalten hat, daß der Hof als Hof etwas Besonderes sei, daß für den Bauer ein anderes Recht angezeigt sei, als für den Käthner oder Bürger u. s. w. — sie führen wir im 19. Jahrhundert nicht mehr ein. Wo sie sich erhalten hat — da kann man an sie anknüpfen und auf sie bauen. Wo sie aber fehlt — da schaffen wir sie nimmermehr. Jenes Recht als ein unmittelbar geltendes einzuführen, davon kann also gerade in jenen östlichen Provinzen, wo der Mittelbesitz durch den Großbesitz vorzugsweise bedroht ist, keine Rede sein. Als subsidiär geltend, d. h. abhängig von bezüglichen Willenserklärungen, kann man es natürlich schaffen. Aber ob Bestimmungen dieser Art, welche die freie Verfügung unter Lebenden ja überhaupt nicht ausschließen, jener Gefahr der Verminderung des Mittelbesitzes durch Einverleibung in den Großbesitz wehren könnten und ob sie überhaupt practisch von Bedeutung sein würden, ist eine andere Frage. Wie schon von anderer Seite hier angedeutet wurde, sprechen alle Anzeichen dafür, daß diese Bestimmungen in jenen östlichen Provinzen, eben weil sie den überkommenen Rechtsvorstellungen widersprechen, nichts anderes sein würden als ein todter Buchstaben!

(Die Discussion wird geschlossen.)

Vorsitzender Professor Dr. Nasse: Ich kann nicht umhin, die Thatsache hervorzuheben, daß von sämmtlichen Herren Vorrednern einmal die enorme Bedeutung des mittleren Grundbesitzes für unsere socialen Zustände anerkannt ist, dann aber auch zugegeben ist, daß diesem mittleren Grundbesitz zur Zeit besondere Gefahren drohen und daß vor Allem die Anwendung des gemeinen Erbrechtes in der Weise, wie sie bisher stattgefunden hat, dieselben verstärkt.

Ueber die Mittel und Wege zur Abhilfe, insbesondere über etwaige Aenderungen dieses Erbrechtes, haben die Herren Redner verschiedene Ansichten entwickelt. Ich glaube, es werden uns diese Fragen, die sobald von der Tagesordnung nicht verschwinden werden, noch häufiger beschäftigen, und wir werden auf die agrarischen Verhältnisse, speciell mit Rücksicht auf den Bauernstand, noch Gelegenheit haben zurückzukommen. Ich bedauere deshalb nicht so sehr, daß heute unsere Zeit es nicht gestattet, alle die vielen und anregenden Gedanken, die uns vorgetragen sind, weiter zu verfolgen.

Wir gehen nun über zu dem auf der Tagesordnung als dritter, jetzt als zweiter Gegenstand geltenden Punkt, und ich gebe das Wort dem Referenten Herrn Prof. G. Cohn.

Referat

von Professor Dr. G. Cohn (Zürich)

über

Internationale Fabrikgesetzgebung.

Der Ausschuß dieses Vereins hat mich beauftragt, Ihre Verhandlungen über internationale Fabrikgesetzgebung durch einige Worte einzuleiten. Bekanntlich hat im vorigen Jahre die Schweiz dem Gegenstande zum ersten Male officielle Gestalt gegeben, indem sie aus Anlaß einer Motion des Nationalraths durch Rundschreiben eine Reihe von fremden Regierungen zu Verhandlungen über eine internationale Fabrikgesetzgebung einlud. Keine einzige Regierung hat zustimmend geantwortet. . . . Damit ist nun freilich die Sache nicht abgethan. Es wäre sehr wohl möglich, daß dieser Gedanke gleich manchem anderen noch einer fortgesetzten Erörterung und Klärung bedürfte, um dann durch die bindende Kraft staatlicher Ordnungen sanctionirt zu werden. Auch kann man nicht leugnen, daß derselbe von vornherein für sich einzunehmen geeignet ist. Man erwäge: die ohnehin mit mancherlei Mühsalen kämpfende Fabrik-Industrie eines kleinen tapferen Landes wird — aus Gründen, die vor allen anderen diesem Lande zur höchsten Ehre gereichen — durch die Gesetzgebung unter vorzugsweise strenge Schranken in der Ausnutzung der Arbeitskräfte gestellt. Die Consequenz, welche es soeben innerhalb seiner eigenen Grenzen durch Bundesgesetz gezogen, daß nicht bloß der einzelne Industrielle mit dem anderen Industriellen gleichgestellt werden muß, sondern daß auch die verschiedenen Landestheile gleichen Schranken unterworfen werden müssen, diese Consequenz wünscht es über die Grenzen des eigenen Bundesstaates hinaus zu ziehen. Es waltet dabei ein Gefühl ob, wie wenn die gesetzlich erzwungene strenge Moral des Geschäftslebens gegen die Concurrenz der laxen Moral sich wehrt, weil sie dagegen nicht bestehen kann, und sie verlangt, daß der ihr selber auferlegte Zwang auch die Concurrenten treffe. Obenein ist dies ein Punkt, in welchem bis zu einem gewissen Grade das Interesse der Unternehmer und das Interesse der Arbeiter sich begegnen: denn die letzteren empfinden, daß die rücksichtslose Ausnutzung der Arbeitskräfte im concurrirenden Auslande indirect auch ihnen schadet, ganz abgesehen von dem weiter ausgreifenden Standpunkte internationaler Agitation.

Wenn nun aber dieser Verein das Thema auf seine Tagesordnung gesetzt hat, so beweist er damit, daß nicht bloß die Schweiz, sondern auch das Deutsche Reich ähnliche Bestrebungen zu Tage gefördert oder zum mindesten Anlaß dazu hat.

Ich hätte wohl gewünscht, es wäre diese sympathische Seite der Sache zuerst einmal von einem anderen Manne dargelegt worden, welcher weniger als ich von den Schwierigkeiten der Durchführung erfüllt ist, damit die schöne Idee nicht zu kurz komme. Ich für mein Theil habe zu viele Jahre mitangesehen, wie so viele Ideale der Politik an dem harten Widerstande der Wirklichkeit sich brechen, um das nöthige Maß von Begeisterung zu besitzen; ja, in dieser Frage speciell hat meine Ueberzeugung gegen die Idee öffentlich Partei ergriffen, noch ehe die Motion durch die Bundesversammlung gegangen war. Ich bin also ein schlechter Anwalt.

Meine Herren! Was ist eine internationale Gesetzgebung? Es pflegt im politischen Sprachgebrauch mit großen Worten, die, strict verstanden, etwas Unmögliches bedeuten, so zu gehen, daß man stillschweigend sich mit einer milden Interpretation begnügt. Das große Wort der „directen Gesetzgebung“ wird selbst von den vorgeschrittensten Democraten nur so verstanden, daß einige Male im Jahre, womöglich nur einmal und an einem Sonntage, das souveräne Volk einen anonymen Zettel in die Urne wirft, worauf Ja oder Nein steht. Das große Wort der „Selbstverwaltung eines Volkes“ wird so verstanden, daß einzelne Auserwählte die wirkliche Verwaltung in Gemeinde und Staat besorgen, während die große Mehrzahl auch des freiesten Volkes nichts anderes verwaltet als ihr eigen Haus und Hof. Es ist ähnlich mit einer „internationalen Gesetzgebung“. Im strengen Sinne ist eine solche erst denkbar, wenn nach der Analogie der bundesstaatlichen Einigung es einen Völkerstaat giebt[1]), welcher gemeinsame Gesetze erläßt mit bindender Kraft für die einzelnen dazu gehörigen Staaten, gleichwie heute der deutsche, schweizerische, nordamerikanische Bundesstaat gemeinsame Gesetze macht für seine Einzelstaaten. Wir wissen, daß wir davon weit entfernt sind. Daher begnügt man sich, mit jenem Worte[2]) die spontane internationale Gemeinschaft der Gesetzgebung zu bezeichnen, welche die Folge gemeinsamer Grundlagen, Erfahrungen, Mißstände, Einsichten der verschiedenen Völker ist. Das Gemeinsame liegt in der Sache und in ihrem Verständniß, eine bindende Form dafür fehlt regelmäßig. In diesem Sinne giebt es längst eine Fabrikgesetzgebung mit internationalem Character.

Ausnahmsweise wird für diese Gemeinschaft eine bindende Form gesucht und kann dann natürlich nur in demjenigen Mittel gefunden werden, welches für die Beziehungen souveräner Staaten zu einander verfügbar ist — in dem

---

[1]) Vgl. das interessante Schema für die Entwickelung des internationalen Rechts bei Lorenz v. Stein in Schmollers Jahrb. N. F. VI. 442.

[2]) Bekanntlich verbindet man, wenn man von „internationalem Privatrecht“ redet, vollends einen anderen Sinn damit, der gerade an die Verschiedenheit des Privatrechts anknüpft.

kündbaren Vertrag. Nachdem in den einzelnen Staaten zu Gunsten des metrischen Maßsystems Wissenschaft, Erfahrung, Gesetzgebung vorgearbeitet haben, krönt man diesen internationalen Vorgang durch einen Vertrag. Aehnlich bei der Post mit der Pennyportoreform. Dabei läßt der Vertrag alles draußen, was in die nationalen Besonderheiten gehört, ja der Metervertrag erlangt nicht einmal den Beitritt des am internationalen Verkehr am meisten betheiligten Staates — Englands. Und doch, um was handelt es sich dabei? Lediglich um die Eingewöhnung in die neuen Maße und Gewichte an Stelle der alten.

Es wäre aber ein Leichtes um gesetzliche Reformen, wenn es sich immer bloß darum und um nichts weiteres handelte. Erst wenn wir die mannichfaltigen Schwierigkeiten neuer Gesetze in den Schranken des einzelnen Staates kennen, gewinnen wir den Maßstab für die Durchführung einer Gemeinschaft auf internationalem Boden. Jedes neue Gesetz, auch das beste, zweckmäßigste, dringendste, volksfreundlichste, schließt die Vermuthung entgegenstehender Schwierigkeiten in sich; denn wären diese nicht vorhanden, so bedürfte es des gesetzlichen Zwanges nicht. Der Zwang aber richtet sich gegen mangelndes Verständniß eines neuen Bedürfnisses, gegen das Haften am Alten, gegen den mehr oder weniger beschränkten, mehr oder weniger aufgeklärten Eigennutz, gegen eine Minderzahl oder eine Mehrzahl, gegen die eine oder andere Klasse der Staatsgesellschaft. Selbst in dem freiesten Gemeinwesen muß zuletzt die Minderheit durch die Mehrheit sich zwingen lassen. Und kein Gemeinwesen ist davor sicher, daß der im Gesetze ausgedrückte Entschluß und Befehl, der in einer guten Stunde zu Stande gekommen, zurücksinke in die Ohnmacht eines bloßen guten Vorsatzes. Aus zahlreichen Erfahrungen wissen wir daher, daß ein Gesetz erst lebendig wird nach dem Maße seiner Durchführung. Je größer die entgegenstehenden Schwierigkeiten, desto unentbehrlicher ist die Probe der Durchführung, um zu wissen, ob ein Gesetz nicht todter Buchstabe geblieben ist. Mitunter liegen die Schwierigkeiten schon in der Gemeinschaft selber, in deren Namen das Gesetz erlassen wird: z. B. die Bundesgemeinschaft der Schweiz hat einen so harten Kampf mit dem historisch ehrwürdigen Particularismus der Kantone zu kämpfen, daß ihre neuen Anforderungen gleichsam von Schanze zu Schanze die alten Traditionen überwinden müssen; erst ist die erweiterte Competenz in der Bundesverfassung zu erlangen; ist sie errungen, dann tritt wieder den Erlaß des Gesetzes der alte Gegner auf; und ist wirklich das Gesetz durchgedrungen, dann wird es gelähmt durch die Trägheit oder das Widerstreben der kantonalen Organe bei der Ausführung; der Kampf beginnt dann von Neuem oder es bleibt trotz Verfassung und Gesetz beim Alten. Nun aber gar gesetzgeberische Materien, die in sich selber und in allen Staaten eminente Schwierigkeiten bergen! Die Fabrikgesetzgebung scheint mir durchaus zu diesen zu gehören.

Lägen die Schwierigkeiten derselben blos auf derjenigen Seite, auf welcher man sie gewöhnlich gesucht hat, nämlich auf Seiten des Eigennutzes, der Engherzigkeit, vielleicht der Kurzsichtigkeit der Fabrikunternehmer, so wären dieselben nicht besonders groß. Wie man die besitzenden Klassen sonst durch Staatsgesetze zwingt, jenes Stück vom Eigennutze abzubrechen, welches sich nicht freiwillig den öffentlichen Anforderungen beugen will, so hätte man auch hier den Zwang nur zu richten gegen jenen gemeinschädlichen Eigennutz, welcher die Productionskosten vermindert nicht durch technische Verbesserungen allein, wie es aus dem Standpunkte des Ganzen wünschenswerth ist, sondern auch durch einen destructiven Verbrauch von menschlichen Wesen. Daß diese Schwierigkeiten, für sich allein schon, keineswegs geringe sind, das weiß man leider sattsam aus den Erfahrungen aller Länder. Je nachdem dieser Eigennutz nämlich gegen Gesetz oder Durchführung des Gesetzes sich zu behaupten vermag, je nachdem die Concurrenzfähigkeit der betreffenden Unternehmer durch die wohlfeileren Productionskosten fremder Unternehmer bedroht ist, hat man hier mit einem zähen Widerstande, theils der Menschen, theils der Dinge zu kämpfen.

Indessen die Geschichte beweist, daß auf dieser Seite nicht die größten Schwierigkeiten liegen. Denn es ist in dem Wesen jener technischen Umwälzungen begründet, welche vorzugsweise die moderne Kinder- und Frauenarbeit veranlaßt haben, daß die weitere Entwickelung derselben diese gleichsam wieder selbst aufhebt, indem ja die Herabdrückung der Arbeit bei der Maschine aus der Hand des Mannes in die zarte Hand der Schwachen im Grunde nur ein Uebergangsstadium bedeutet, während dessen der Fortschritt der Technik auch diese Handarbeiten in den Mechanismus verlegt. Der Zwang der Fabrikgesetze hat nach den englischen und sonstigen Erfahrungen die Bedeutung gehabt, diesen Proceß zu beschleunigen, indem theils zu neuen technischen Erfindungen, theils zur Anwendung der schon erfundenen verbesserten Maschinerie ein Sporn damit gegeben wurde. Natürlich schließt dies nicht aus, daß im Einzelnen Härten entstehen, sei es, weil die gesetzliche Einschränkung der gewohnten Benutzung von Arbeitskräften nicht immer durch vortheilhafte mechanische Fortschritte sich ersetzen läßt, sei es, weil nicht alle Industriellen sich in der normalen öconomischen Kraft befinden, welche im Stande ist, den höchsten Grad der vorhandenen Technik in die Praxis zu übertragen.

Doch wie dem auch sei, die Industrie ganzer Länder, verglichen mit der Industrie anderer Länder, zeigt uns die lehrreiche Thatsache, daß trotz unzweifelhaft gleicher Höhe der technischen und öconomischen Entwickelung in dem einen Lande die Kinderarbeit eine große Rolle spielt, in dem anderen Lande durchaus zurücktritt. Ich deute hier auf die Textilindustrie Englands und Deutschlands. Warum, frage ich, ist England, dessen moderne Gewebeindustrie der ganzen Welt vorangegangen ist, ja, welches seit dem Anfange des Jahrhunderts eine Fabrikgesetzgebung, seit einem halben Jahrhundert eine musterhafte Handhabung derselben hat, warum ist England bis zu dieser Stunde weit hinter Deutschland und vollends der Schweiz zurückgeblieben in der Beschränkung jener Mißbräuche, welche man heute immer allgemeiner in der Ausnutzung unreifer Arbeitskräfte sieht? Was hat dieses England bei so hoher technischer Entwickelung und so ernstem Willen zur Fabrikgesetzreform gehindert, in der Erfüllung eines unzweifelhaften Culturanspruches Schritt zu halten mit den anderen Ländern?

Hier treffen wir auf die eigenthümliche, auf die große Schwierigkeit dieser Angelegenheit.

Der gesetzliche Zwang wendet sich nicht blos gegen die Fabrikanten, er wendet sich namentlich gegen die Arbeiterfamilien, welche sich nach dem großen Naturgesetz, daß die Menschen lieber schlecht als gar nicht leben, auf das Elend eingerichtet haben. In dem riesigen Wachsthum der Bevölkerung seit dem vorigen Jahrhundert stecken Millionen von solchen Wesen, welchen die Maschine Unterhalt verspricht, indem sie die verlockende Aussicht eröffnet, daß schon das kleine Kind Brot durch sie findet. Je rücksichtsloser der Maschine dieser Einfluß gestattet wird, um so tiefer und breiter nistet sich der Mißbrauch ein, welcher bedeutet den Sieg der Naturgewalten über die Culturansprüche einer gesitteten Lebenshaltung, die nicht denkbar ist ohne Familie und Erziehung. Da wo man für dieses edle und unverlierbare Culturinteresse zu rechter Zeit auf der Wacht gestanden hat, wo es eine traditionelle Sorge des Gemeinwesens gewesen, wo vollends die moderne Industrie verhältnißmäßig spät Platz gegriffen hat: da sind diese Mißbräuche am wenigsten eingerissen. Typisch dafür sind Deutschland und die Schweiz. Da, wo man diese Sorge lange vernachlässigt hat, während unglücklicherweise gerade hier die Industrie am ersten sich entwickelt, da sitzen auch die Mißbräuche am tiefsten. Ich erinnere an England. Wo man vollends noch heute nicht die Pflicht der Cultur begriffen, da ist es natürlich am allerschlimmsten. Es gehört nicht hieher, nachzuweisen, daß die bezeichnete proletarische Entartung nicht erst der Maschine bedurfte, daß sie aus analogen Gründen immer da war. Das Entscheidende für uns ist, daß die Maschine hier mit eigenthümlicher Gewalt eingegriffen und daß unser Zeitalter ein lebhaftes Gewissen für solche Entartung hat.

Wenn sich aber der Gesetzgeber gegen dieses Elend wendet, was kann er thun?

Wie groß die Widerstände sind, kann man z. B. aus der Thatsache entnehmen, daß der mit Recht oft gerühmte preußische Schulzwang, eine der Fabrikgesetzgebung principiell gleichartige Maßregel, nach einem vollen Jahrhundert seines gesetzlichen Bestandes bis zur Stunde noch nicht dazu gelangt ist, allenthalben durchgeführt zu sein. Was verlangt ein Fabrikgesetz? Es will die Lebenshaltung der Arbeiterfamilien auf die normale Höhe heben, indem es jene Quellen des Unterhaltes verstopft, die im Widerspruche stehen zu der physischen und moralischen Entwickelung der Kinder, der Frauen, der Männer. Es will nicht dulden, daß der Natur zuwider der Baum Früchte bringt, ehe er geblüht hat, es will nicht dulden, daß die erwerbende Arbeit die zarte Kraft des Kindes aussaugt, die geistige Kraft erstickt, die sittlichen Keime vergiftet; es will die Frau, es will den Mann je nach ihren Bedürfnissen vor ähnlichen Gefahren behüten.

Warum bedarf es hier des gesetzlichen Zwanges und sind diese Familien blos so verblendet, daß sie ihr eigenes wahres Interesse nicht erkennen? Hie und da mag dies der Fall sein. Aber im großen Ganzen ist es anders. Im großen Ganzen bedeutet das gesetzliche Verbot für sie etwas ähnliches, wie wenn ihnen das Gesetz verbieten wollte, sich von Kartoffeln zu ernähren, weil die Fleischnahrung vorzuziehen ist, ohne ihnen die erforderlichen größeren Einkünfte für die Fleischnahrung zu geben. Der Gesetzgeber übt einen Druck aus in der Richtung erhöhter Lebenshaltung, aber was er gewährt, ist zunächst nichts Positives, um diese erhöhte Lebenshaltung zu erringen, sondern allein das negative Verbot gegen die bisherige Lebenshaltung.

Und damit ist der springende Punkt genannt.

Ich darf zum Belege wohl auf die Materialien verweisen, welche ich in einer kleinen Arbeit über unser Thema kürzlich zur Beleuchtung dieses Problems angeführt habe. In England namentlich bedeutet das ganze halbe Jahrhundert der wirksamen Fabrikgesetzgebung ein ewiges ängstliches Ringen mit der Noth der wirklichen Lebenshaltung, derart, daß erstens die Gesetzgebung außerordentlich behutsam Schritt für Schritt vorwärts thut, daß zweitens die Durchführung der Gesetze abermals schonend der Noth sich beugt, wenn wieder und wieder die Eltern den Fabrikinspector fragen: „wer soll die Kinder ernähren"?

Große Worte, stolze Programme sind sehr leicht, welche verlangen: „die Kinder- und Frauenarbeit ist abgeschafft", die practische Politik, und gerade die arbeiterfreundliche, geht mühsam in den kleinsten Schritten vorwärts. Die Einfachheit der radicalen Ideen sieht nur eine leichte ebene Straße: in der That ist es ein steiler gefährlicher Berg. Nur die weite Entfernung oder die Blindheit kann darüber täuschen.

Meine Herren! Es ist dieselbe Wahrheit, welcher neulich unser großer Realist im deutschen Reichstage Ausdruck verliehen hat mit den Worten: Schlimmer als Sonntagsarbeit ist gar keine Arbeit.

Damit habe ich auch den entscheidenden Grund genannt, aus welchem meine Bedenken gegen die Möglichkeit einer internationalen Fabrikgesetzgebung fließen. Will man durch dieses Mittel die sehr verschiedenen gesetzlichen Schranken der einzelnen Staaten gleich machen, so frage ich zweifelnd: wird dies angesichts der sehr verschiedenen wirklichen Zustände durchführbar sein? Ist es ein bloßer Zufall, daß nach langer halbhundertjähriger Mühsal in Gesetz und Verwaltung in England endlich die Acte von 1878 blos die Kinder unter zehn Jahren aus Fabriken ausschließt, in der Schweiz das Bundesgesetz (1877) Kinder unter vierzehn Jahren? Bildet man sich ein, daß diese vier Jahre, in denen eine ganze erhebende Geschichte zur Ehre des Schweizervolkes liegt, im Nu zu überspringen sind, wenn man in England nur das nöthige Maß fortschrittlicher Gesinnung hat?

Und wenn angesichts dieser Schwierigkeiten es wirklich zu einem gleichlautenden Gesetze für die verschiedenen Industrieländer käme — so frage ich: darf man nach den Erfahrungen der einzelnen Staaten mit der Durchführung der Fabrikgesetze im Ernste glauben, dieses Gesetz werde allenthalben gleich ausgeführt werden? Ich kenne keine Kategorie der Gesetzgebung, wo so sehr, wie hiebei, der Abstand groß gewesen ist (und noch ist) zwischen Gesetz und gesetzlicher Praxis, in allen Ländern. Morsches Selfgovernment, nachbarliche Connivenz, unzureichender Ernst, übertriebene Nachsicht, mangelhafte Inspection — öfters wohl gar so, daß man das Gesetz überhaupt nicht ernst gemeint hat und die Mangelhaftigkeit der Ausführung im Sinne des Gesetzgebers lag — bewirken bedeutende Unterschiede.

Eine Baseler Zeitung, welche der erwähnten schweizerischen Anregung besonders nahe stand, hat eingewendet (und ähnlich andere Blätter): die Verschiedenheit der Arbeitszustände in den einzelnen Ländern sei kein Hinderniß, weil ja auch innerhalb desselben Landes die Zustände verschieden seien je in den einzelnen Landestheilen, und dennoch ein gleiches Gesetz bestehe. Dieses Argument wendet sich gegen die Meinung, welche sich seiner bedient. Denn wenn es richtig ist, daß innerhalb desselben preußischen Staats das gleiche Gesetz über den Schulzwang in den östlichen Provinzen noch heute anders gehandhabt wird als in den westlichen Provinzen, so führt das zu Gemüthe, wie der Zwang der Umstände selbst innerhalb der Grenzen eines einzigen Machtgebietes den Willen des Gesetzes beugt; es läßt erwarten, daß bei der Verschiedenheit souveräner Staaten und ihrer Verwaltung, bei der offenbar noch größeren Verschiedenheit der Arbeitszustände in verschiedenen Staaten, als es bei blos verschiedenen Landestheilen desselben Staates der Fall ist, die Schwierigkeiten sich steigern und namentlich jede Garantie dafür fehlt, daß der Verwaltungsapparat einheitlich und gleichmäßig in den verschiedenen Staaten das gleiche Gesetz handhabt. Ja, was besonders lehrreich sein sollte, gerade die Erfahrungen der Eidgenossenschaft mit ihrem Bundesgesetze vom Jahre 1877 über die Arbeit in den Fabriken zeigen selbst auf diesem kleinen Staatsgebiete die großen Hindernisse einheitlicher Durchführung des Gesetzes gegenüber den einzelnen Kantonen. Auf diesem kleinen Versuchsfelde, wo die dereinstigen „Vereinigten Staaten von Europa" ihr Vorspiel erleben, ist es erst noch der Zukunft vorbehalten, die einheitliche Durchführung des gleichen Gesetzes gegenüber dem Particularismus der Kantone und der Verschiedenheit der Arbeitszustände zur That zu machen! Und dennoch muthet man uns zu, uns für eine internationale Gesetzgebung zu begeistern! Wir antworten: erst zeigt uns auf dem kleinen Felde, auf das ihr zunächst gewiesen seid, daß das Kleinere möglich ist.

Dabei sind die Verschiedenheiten, um die es sich in der Schweiz handelt, keineswegs große; aber die kleinen Verschiedenheiten genügen, eine ganz verschiedene Durchführung zu erzeugen, blos deßhalb, weil es an einer einheitlichen Verwaltung für das einheitliche Gesetz fehlt, weil drei eidgenössische Inspectoren dazu natürlich nicht genügen, weil die in erster Reihe herangezogene locale und kantonale Verwaltung nach ihren Traditionen verfährt. Ich berufe mich auf die sämmtlichen Berichte der eidgenössischen Fabrikinspectoren, ich berufe mich auf eine Verhandlung des Züricher Kantonsraths aus den letzten Wochen, in welcher ein Mitglied des Regierungsraths (dessen persönliche socialpolitische Neigungen weit über die Anforderungen des Fabrikgesetzes hinausgehen) erklärte — fünf Jahre nach Erlaß des Gesetzes —: die durch den Regierungsrath fortwährend eingeräumte Erlaubniß zur Ueberschreitung des elfstündigen Normalarbeitstages „entspreche den Bedürfnissen der Industrie" und in anderen Kantonen verletze man das Gesetz, „ohne die Regierung überhaupt zu fragen" [1]). „Es ist allbekannt", sagt der eidgenössische Fabrikinspector Dr. Schuler in seinem diesjährigen Referat für die schweizerische gemeinnützige Gesellschaft, „daß in Stickfabriken, Uhrenfabriken &c. noch zahllose Uebertretungen der gesetzlichen Arbeitszeit vorkommen; es ist nicht selten, daß 13, 14 Stunden im Tag, halbe und ganze Nächte hindurch gearbeitet wird." (S. 49.) Also erst das Kleinere und dann das Größere. Erst muß ein kleiner Bundesstaat beweisen, daß er

[1]) Neuerdings Rundschreiben des Bundesraths an sämmtliche eidgenössische Stände (vom 19. September 1882), welches daran erinnert, daß die Vorschrift in Art. 17 des eidgenössischen Fabrikgesetzes: die Kantonsregierungen haben jährlich Bericht zu erstatten über ihre Thätigkeit behufs Vollziehung des Gesetzes, bis jetzt nicht zur Ausführung gelangt ist!

ein einheitliches Gesetz lebendig machen kann, und erst dann, oder vielleicht dann noch lange nicht, kann eine Gruppe von vollständig souveränen Staaten, die durch nichts gebunden ist, als durch einen kündbaren Vertrag, die kein nationales, kein historisches Band kennt, die keine gemeinsamen Beamten hat oder geneigt ist, solche zu schaffen, sich an den gleichen Versuch in unendlich größeren Dimensionen heranwagen.

Bei dieser Ansicht scheint es mir überflüssig, heute im Einzelnen zu überlegen, wie man auf diplomatischem Wege souveräne Staaten dazu bringen will, erstens den erforderlichen guten Willen zu dem fraglichen Vertrage, dann die Energie für die Durchführung zu haben; wie man die Controlle üben will über die Durchführung im fremden Staate u. dgl. m.

Ich habe mich auch des Eingehens auf das Einzelne der Fabrikgesetzgebung zu enthalten, theils im Interesse der gebotenen Kürze, theils und namentlich, weil dieser Verein in seinen beiden ersten Jahresversammlungen (1872 und 1873) den Gegenstand erörtert hat.

Was mir indessen am Herzen liegt, ist: nicht ganz mit leeren Händen hier zu erscheinen. Zumal dieser Verein hat seit seinem zehnjährigen Bestande für eine positive Socialpolitik gewirkt und vielleicht läßt sich auch in der Richtung unseres Themas etwas Positives schaffen.

Hobbes sagt: homo homini deus — homo homini lupus; beides sei wahr, das Erste für die Bürger desselben Staatswesens, das Andere für die Staaten unter einander. Schon für seine Zeit, gewiß aber für unsere Zeit ist dieser Gegensatz übertrieben. Auch die Bürger verschiedener Staaten sind sich, wenn schon keine Engel, doch mehr als reißende Wölfe. Alle Socialpolitik aber, auch die auf ein einzelnes Land beschränkte, bedarf der Vorbereitung, der Erörterung, des gemeinnützigen Zuspruchs, der Agitation. Es ist denkbar, daß — wie wir heute nationale Vereine für Socialreform haben — so auch internationale Vereine sich bilden, welche mit ihren Mitteln für solche Ziele arbeiten, an welche man bei einer internationalen Fabrikgesetzgebung etwa denkt. Wir wissen, es giebt einzelne Länder, welche in beklagenswerther Weise zurückgeblieben sind in der Fabrikgesetzgebung, wir wissen, daß darüber seit vielen Jahren die betheiligten Interessen und die Freunde der Socialreform Klage führen. Wir wissen daneben, daß in keinem einzigen Lande der Gegenwart auf diesem Gebiete alles Erforderliche schon geleistet wird: theils sind die Gesetze, theils ist die Verwaltung der Gesetze zu verbessern, und so oft das englische Muster angerufen worden ist, es ist keineswegs in dem Sinne musterhaft, daß hier nicht noch, sei es für die Energie der Handhabung, sei es für die Fortbildung der Gesetzgebung vieles zu thun wäre. Selbst die Industriestaaten der großen Union von Amerika zeigen tiefe Schäden und das dringende Bedürfniß nach Reform.

Unter diesen Umständen wäre es möglich, daß internationale Congresse und Vereine ein wirksames Mittel würden, das Tempo der Reform zu beschleunigen, ob es nun blos darauf ankommt, die Erkenntniß von der Zweckmäßigkeit der einzelnen erforderlichen Maßregeln zu befördern, oder aber, ob die größere Aufgabe zu erfüllen ist, über die Grenzen des einzelnen Landes hinaus, eine öffentliche Meinung, ein öffentliches Schamgefühl zu verbreiten. „Wenn bei den bekannten Gebrechen internationaler Gemeinnützigkeit es doppelt erwünscht wäre, daß sich solch ein Verein auf bestimmte begrenzte Zwecke richtete, so wäre doch nicht ausgeschlossen, daß er je nach dem Grade des auf dem einen Gebiete Erreichten sein Feld erweiterte.

Würde dieser Gedanke sich verwirklichen lassen, so wäre er dazu geeignet, in den weitesten Kreisen jene Ueberzeugung zu verbreiten, welche von jeher den Grundton dieses unseres Vereines gebildet hat, daß die Voraussetzung, von welcher die internationale Interessenvertretung der Arbeiter ausgegangen, irrig ist, daß es nicht die Klasseninteressen allein sind, welche das sociale und politische Leben bewegen, sondern daß es ein höheres Interesse giebt: den Dienst der bevorzugten Klassen für die Gesammtheit, die uneigennützige Arbeit an der sittlichen Idee in der Gesellschaft.

Correferat

von Fabrikbesitzer Dr. Franck (Charlottenburg)

über

Internationale Fabrikgesetzgebung.

Meine Herren! Der Herr Vorredner hat Ihnen in allgemeinen Zügen die Gesichtspunkte klar gelegt, welche der Durchführung der angestrebten internationalen Fabrikgesetzgebung entgegenstehen. Ich stehe nicht, wie er, auf der Warte der Wissenschaft, von der ich das Ganze übersehen könnte; ich kann Ihnen nur von meinem beschränkteren Standpunkte als Practiker meine Ansichten klarlegen, schicke aber gleich voraus, daß ich auch von diesem practischen Gesichtspunkte aus zu genau denselben Resultaten komme, wie der Herr Vorredner. Ich möchte Sie aber doch bitten, mir mit einigen Schritten in die Details zu folgen, wenn ich auch glaube, daß die Ausführungen des Herrn Vorredners die Frage für die nächste Zeit entschieden haben und unwiderleglich sind.

In einem Punkte möchte ich indes noch weiter greifen, wie es der Herr Vorredner gethan, und diesen zunächst erörtern. Man hat immer von einer internationalen Fabrikarbeitergesetzgebung gesprochen! Ja, meine Herren, das ist aber auch ein Wort, welches erst noch der Aufklärung und internationalen Feststellung bedarf. Was ist denn eine Fabrik und wer ist denn Fabrikarbeiter? ferner, wo hört das Recht für den Schutz der Arbeit und des Arbeiters auf und wo fängt es an? Hat nicht das Kindermädchen, welches von früh bis spät und manchmal die Nächte hindurch ein Kind warten und schleppen muß und vielleicht in einem ungleich zarteren Alter ist, als die Fabrikarbeiterin, genau dasselbe Recht auf Schutz wie diese, welche nur ihre bestimmte Zeit inne zu halten hat und im übrigen sich frei bewegen darf? Ganz genau so sind die Verhältnisse auf dem Lande. Wo ist denn der Unterschied zwischen verhältnißmäßig freien und ungebundenen Fabrikarbeitern und den verhältnißmäßig gebundeneren und in geringerer Lebenshaltung stehenden landwirthschaftlichen Arbeitern? Sie sehen, daß schon bei diesen ersten Punkten sich Schwierigkeiten ergeben, die allein im Stande sind, die ganze Sache in Frage zu stellen. Es ist ja sehr bequem, alle diese Fragen an die Großindustrie zu knüpfen, da sind — wenn ich mich so ausdrücken soll — die Arbeiter gewissermaßen regimentirt, in Bataillone gebracht, und jede Partei, welche den Arbeitern etwas bietet, thut es immer aus dem doppelten Gesichtspunkte: zunächst, ein sehr gutes Werk zu thun und dann auch, ein wenig politisches Kapital für sich daraus zu schlagen.

Es kommt aber noch ein anderer Gesichtspunkt hinzu, der dieser internationalen Gesetzgebung unüberwindliche Schwierigkeiten bereiten dürfte, und das ist ein Bedenken, das auch speciell den Techniker angeht bei der Entwickelung, welche die wichtigsten Theile der Technik z. B. in der Textilbranche heute bereits zu nehmen scheinen, der Gesichtspunkt nämlich, daß, während bisher internationale Verträge doch nur gewissermaßen innerhalb der Culturnationen abgeschlossen wurden, wir in einer derartigen Gesetzgebung, wenn sie nicht unsere vitalsten Interessen auf das schwerste treffen soll, weit über die Grenzen der als Culturstaaten geltenden Länder hinausgreifen, daß wir z. B. China und Japan jedenfalls mit in diese Verträge hineinziehen müssen. Es sind den Herren die Verhältnisse bekannt, wie sie heute schon in einer sehr scharfen und prägnanten Weise sich an der Küste des stillen Oceans in Californien abspielen. Der Kampf, den man dort gegen die Chinesen führt, wird vielleicht in 50 oder 100 Jahren hier auch einmal drohen, in ungleich kürzerer Zeit wird er sich aber schon auf unseren Arbeitsmärkten bemerkbar machen. Es ist heute schon eine bekannte Thatsache, daß indische und chinesische Gespinnste, mit europäischen Maschinen hergestellt, auf überseeischen Märkten der englischen Industrie und Spinnerei ganz wesentliche Concurrenz machen; wenn sich das schon jetzt, in den ersten Anfängen, fühlbar macht, so werden sich die Verhältnisse in der Zukunft noch ungleich weiter entwickeln. Wie soll da eingegriffen werden? wie kann man bei Völkern von so verschiedener Lebenshaltung einen Maßstab für das finden, was geleistet und gefordert werden soll? Bei den verschieden gearteten Arbeitern ist das Entscheidende nicht, die Stunden, Minuten und Secunden für ihre Thätigkeit festzustellen, das Entscheidende ist nicht der Normalarbeitstag, sondern es kann nur sein die Normalarbeitsleistung! Man kann diese Leistung nicht unter ein gewisses Maß herunterbringen, weil sich in ihr der Gegenwerth, der für die Unterhaltung erforderlich ist, ausdrückt. Das ist eine Sache, die nicht zu ändern ist und die wirklich ein ehernes Gesetz darstellt. Es wird nicht möglich sein, die verhältnißmäßig geringen Ansprüche, welche der südländische Arbeiter macht, auf den nordischen Arbeiter zu übertragen, ganz einfach deshalb nicht, weil der Arbeiter im Süden nicht soviel Nahrungsmittel zu sich zu nehmen braucht zur Erhaltung der Körperwärme wie der nordische Arbeiter, also schon im Klima einen gewissen Lohnüberschuß oder Vorsprung hat, den uns die Sonne nicht zuführt. Wenn Sie aber die Baumwolle, welche die südländischen Arbeiter gesponnen haben, mit der des nordischen Arbeiters vergleichen, können Sie diesen Unterschied nicht sehen, und so wird die durch die Natur günstiger situirte Arbeitskraft die weniger günstig situirte zurückdrängen und gleich in den Anfängen jeden Gedanken an eine internationale Regelung zurückschieben. The rice-eater will eat the beef-eater, sagt Hepworth Dixon!

Es hat nun, um auf Näherliegendes zu kommen, für die Techniker nichts Ueberraschendes gehabt, daß gerade von der Schweiz ein solcher Antrag jetzt ausgeht; im Gegentheil, die Industriellen haben das bei Einführung des neuen Gesetzes vorhergesagt. Ich kann auch — und das ist vielleicht der einzige Punkt, in welchem ich mit dem Herrn Vorredner nicht überstimme — kein ideales Bestreben darin erblicken, sondern ich sehe darin nur das Bemühen, sich aus einer Enge, in welche man gerathen ist, herauszuwinden, ohne dem eigenen Princip ein Opfer zu bringen. Die Herren haben viel zu viel koncedirt und möchten das nun gern auch Anderen aufnöthigen und sich auf diese Weise die Möglichkeit schaffen, durch Herabdrückung der allgemeinen Leistung, mit ihrer reducirten Leistung wieder in Parität zu kommen den Andern gegenüber. Nun ist aber die Schweiz vielleicht noch das einzige Land, welches sich den Luxus einer derartigen Gesetzgebung gönnen kann; denn wenn auch die Schweiz eine Industrie hat, so ist sie doch nicht in dem Maße wie andere Länder ein Industriestaat. Die Schweiz ist zunächst ein großes Hôtel; sie zieht aus ihren Bergen und Gletschern mehr heraus, als wir aus unsern ganzen Bergwerksbetriebe, sie hat im Fremdenverkehr einen enormen Kapitalzufluß, wie andere Länder sich ihn auf keine Weise schaffen können, und, soweit bei der Schweiz die Industrie mitspricht, ist diese doch immer nur etwas Accessorisches. Im Gegensatz dazu steht, wie auch der Herr Vorredner hervorgehoben hat, England. Es ist auf die colossale Differenz hingewiesen worden zwischen der Arbeit der 10 jährigen und derjenigen der 14 jährigen Kinder in den beiden Ländern. Es ist das aber nicht das Einzige, was hier in Berücksichtigung gezogen werden muß. Es wäre, wenn selbst England den guten Willen hätte, solchen Anschauungen, wie sie in der Schweiz zum Gesetz geworden sind, Rechnung zu tragen, selbst wenn Fabrikant und Arbeiter dazu geneigt wären, dennoch die englische Baumwollenindustrie in ihrer Allgemeinheit nicht im Stande, ein derartiges Gesetz durchzuführen. Sehen Sie sich die Verhältnisse der englischen Baumwollenindustrie an, so finden Sie, daß ca. 70 bis 80 % der englischen Baumwollenindustriearbeiter zu den gewissermaßen durch das ideale Arbeitergesetz erwerbslos zu machenden Klassen gehören; — es sind Kinder, junge Mädchen und Frauen, alles Individuen, die von Rechtswegen oder von Idealeswegen eigentlich nicht arbeiten sollten und dürften. Es ist dieses Zahlenverhältniß aber nicht etwa ein zufälliges, denn bei einer ganzen Reihe anderer Industrieen haben die Engländer mit Vorliebe zur Männerarbeit gegriffen. Es ist eben die schwierige Aufgabe gerade bei der englischen Baumwollenindustrie gewesen, bei einer Industrie von mehr als vierzig Millionen Spindeln, die, außer für den inländischen Consum, auch noch für die halbe Welt produciren, eine Arbeiterschaft zu organisiren, welche nicht durch jede Schwankung völlig deroutirt wird. Denken Sie sich den Fall, daß der ideale Zustand erreicht würde und an die Stelle der Kinder und Frauen, die in englischen Spinnerei-Industrie arbeiten, lauter ausgewachsene kräftige Männer rücken; denken Sie sich dazu einen Fall von augenblicklicher Geschäftsstockung oder gar Zustände, wie sie während des Krieges in den Vereinigten Staaten, während der Baumwollenkrisis, eintraten — was würde in einer solchen Krisis in England geschehen? Die Verhältnisse liegen heute, wenn auch schlimm genug, doch noch derart, daß wenigstens die erwachsenen Männer, die Familienväter — wenn ich sie so bezeichnen soll, denn ungefähr rangirt es sich ja so, daß nicht viel mehr erwachsene Männer in der Baumwollenindustrie sind, als sie, den Hausstand zu 5 Personen gerechnet, Familienväter repräsentiren würden — daß diese Familienväter auch in Zeiten der schlimmsten Krisis noch Beschäftigung haben, daß es bei halber und viertel Arbeitszeit, wenn Millionen von Spindeln ruhten, noch möglich war, diese Leute zu beschäftigen, und daß die Industrie nur diejenigen Kräfte gewissermaßen zu entlassen braucht, die nicht so absolut auf die Arbeit angewiesen sind und welche den Mangel an Verdienst etwas besser vertragen können, also Frauen und Kinder, die ja zur Noth, wenn nur das Familienoberhaupt selbst noch die Möglichkeit zur Subsistenz hat, mitbestehen können. Es ist das eine Theorie, die vielleicht etwas hart erscheinen mag; ihre practische Durchführung hat aber doch zur Entwickelung und namentlich zur Dauerhaftigkeit der englischen Baumwollenindustrie — und das ist ja mit die Hauptindustrie Englands — wesentlich beigetragen und weit mehr Noth und Elend gemildert als verursacht.

Der Herr Vorredner hat aber auch hingewiesen auf die Schwierigkeiten, welche schon einer nationalen Fabrikgesetzgebung, selbst innerhalb der kleinen Schweiz, sich entgegenthürmten. Ich kann ihm zu seinem Troste sagen, daß dieselben Schwierigkeiten auch bei uns in Deutschland bestehen. Es sind durch das Gewerbegesetz von 1869 eine Menge von Postulaten geschaffen worden, aber man hat schließlich dazu übergehen müssen, eine Forderung nach der anderen zurückzustellen, und wir sind heute nicht nur auf dem Punkt angelangt, daß die Gewerbeordnungsnovelle von 1879 die Dinge wesentlich reducirt hat, sondern in einer großen Anzahl von Fällen ist dem Bundesrath, also einer durch die gesetzgebende Gewalt nicht zu controllirenden höchsten Verwaltungsbehörde, die Befugniß zugestanden, Ausnahmen von den bestehenden Gesetzen zu gestatten, und es hat sich dabei der ganz eigenthümliche Fall ereignet, daß gerade der Arbeitgeber, welcher am allermeisten nicht blos im Stande, sondern auch verpflichtet sein sollte, dem Gesetz zur Durchführung zu verhelfen, daß gerade der Staat von diesen Ausnahmebestimmungen sehr häufig Gebrauch gemacht hat. Es ist auf den Staatswerkstätten der Eisenbahnen nicht ein Mal, sondern, nach dem Bericht der Fabrikinspectoren, wiederholt erklärt worden: wir können uns mit der Ausbildung von Lehrlingen nicht befassen, wenn von uns verlangt wird, daß wir die Stunden, die für die Arbeitszeit vorgeschrieben sind, streng einhalten, und man hat dann einfacher und verständiger Weise gesagt: dann sehen wir von letzterem ab. Der Bundesrath ist eben in der Lage, dies zu gestatten, und er hat es auch gethan. In ganz ähnlicher Weise ist es bei Bergwerksbetrieben gegangen, und zwar, weil es dort factisch nicht gelingen wollte, die Ausbildung der Bergleute unter dem Regime des Gesetzes durchzuführen; man hat auch da wieder Ausnahmemaßregeln nach allen Seiten gestatten müssen, durchaus nicht zum Schaden der Intelligenz der jungen Leute, aber auch nicht zum Schaden ihrer Gesundheit. Das ist ja überhaupt noch die große Frage, die in Deutschland von Jahr zu Jahr wieder auftaucht: ob eine größere Menge des Wissens oder des Könnens das Entscheidende ist für den Wohlstand und die Bildung der ganzen Nation. Es ist ja gerade Aufgabe und Ziel dieser Versammlung, in der Beziehung die richtige Mitte zu suchen. Ich habe mir nur erlauben wollen, auf manche Schwierigkeiten aufmerksam zu machen, die sich in der Hinsicht noch bieten. Daß es der Industrie nicht an gutem Willen fehlt, den Arbeitern ihr Recht zukommen zu lassen, die Versicherung glaube ich abgeben zu können, denn schließlich ist ja jeder Industrielle selbst Arbeiter und fühlt und weiß, daß der Arbeiter seines Lohnes werth ist. (Bravo!)

(Die Discussion wird eröffnet.)

Professor Dr. Neumann (Tübingen): Meine Herren! Mit sehr Vielem, was die beiden Herren Referenten hier ausgeführt haben, kann ich mich durchaus einverstanden erklären, insbesondere auch damit, daß man sich bezüglich der Wirkung guter fabrikgesetzlicher Bestimmungen früher mehrfach etwas zu optimistischen Anschauungen hingegeben hat. Desgleichen räume ich gern ein, daß die Durchführung internationaler Verträge über Fabrikgesetzgebung auf große Schwierigkeiten stoßen könnte. Indessen sind das Schwierigkeiten, denen man (wenn auch in wechselndem Maße) bei allen internationalen Verträgen begegnet, und die meines Dafürhaltens uns nicht abhalten dürfen, den Gedanken internationaler Einigung an sich auch auf diesem Gebiete hoch zu halten.

Im Einzelnen möchte ich zunächst der Behauptung des ersten Herrn Referenten entgegentreten, daß die Schweiz zur Anregung internationaler Verträge über Fabrikgesetzgebung nur durch den Umstand bestimmt sei, daß sie mit ihrem eigenen in mancher Beziehung zu weit gehenden Fabrikgesetze in die Enge gekommen sei und sich deshalb auswärts nach Hilfe umsehen müsse. Es mag ein Gedanke dieser Art hie und da mit untergelaufen sein. Indessen glaube ich, man geht zu weit, wenn man annimmt, daß derselbe der leitende gewesen. An sich ist ja das Streben nach internationalen Verträgen auf diesem Gebiete etwas sehr naheliegendes und berechtigtes. Ist es doch kaum zu denken, wie eine die Industrie wesentlich beschränkende Fabrikgesetzgebung auf die Dauer ohne solche internationale Abrede erfolgreich durchgeführt werden kann. Man kann ja ein Feind aller Fabrikgesetzgebung sein und sagen: „Sie hilft uns nichts. Hinter ihr stehen die Gesetze der Bevölkerungsbewegung. Diese drängen zu proletarischer Volksvermehrung. Die vorhandenen Mäuler wollen Brot und die vorhandenen Familien Beschäftigung, auch unter ungünstigen Bedingungen. Dagegen kommen wir mit aller Fabrikgesetzgebung nicht auf!" Wenn man so von vornherein gegen jede Fabrikgesetzgebung ist, so — das gebe ich zu — muß es auch ganz und gar entbehrlich erscheinen, bezüglich derselben internationale Verträge zu schließen. Steht man aber nicht auf diesem Standpunkt, sondern auf dem, der hier immer festgehalten ist und den ich zu vertheidigen gedenke, daß man nämlich von der großen Bedeutung der Fabrikgesetzgebung an sich überzeugt ist — dann kommt man zu anderem Resultat. Ich hebe nur Eines heraus. Sicherlich ist es von hoher Wichtigkeit, dafür zu sorgen, daß in einer Zeit des sich steigernden Gegensatzes und Kampfes von Kapital und Arbeit den Arbeiterkindern wenigstens ein guter Stand derjenigen Kräfte gesichert wird, die so zu sagen die einzigen sind, über die sie in jenem Kampfe einst zu verfügen haben werden. Wenn man es nun aber danach für geboten hält, zur Erzielung guter Schulbildung die Kinder bis zum 14. Jahre von der Beschäftigung in Fabriken auszuschließen, so ist das natürlich sehr schwer durchzuführen ohne internationale Verträge, welche die gleiche Vorschrift auch in concurrirenden Staaten sichern. Der Canton Basel-Stadt z. B. hat üble Erfahrungen in dieser Beziehung gemacht. Es gab Zeiten, wo es in Basel Gesetz war, daß Kinder unter 14 Jahren nicht in Fabriken arbeiten durften, während unmittelbar vor allen Thoren der Stadt, in Basel-Land und Baden Kinder schon im Alter von 10 resp. 12 Jahren, in Frankreich und im Elsaß sogar schon von 8 Jahren in concurrirenden Betrieben beschäftigt werden durften. Natürlich war das kein geringes Opfer für die Baseler Industrie. Und ähnlich steht es mit manchen anderen fabrikgesetzlichen Bestimmungen. Wie kann man Gesetzgebungen dieser Art ohne empfindliche Schädigung der eigenen Industrie durchführen, wenn in Nachbarstaaten bezüglich wichtiger Bestimmungen derselben viel weiter gehende Berechtigungen bestehen, diese der concurrirenden Industrie einen erheblichen Vorsprung geben u. s. w. Steht man also auf dem Standpunkt, daß man sagt, eine Fabrikgesetzgebung der und der Art ist nothwendig oder doch in hohem Maße wünschenswerth, dann kann man zwar einwenden, daß sich der Ausführung internationaler Vereinbarungen hierüber Schwierigkeiten entgegenstellen würden. Aber der Gedanke solcher Vereinbarungen an sich ist ein gesunder! (Sehr richtig!)

Ich komme zum anderen Gegenstande. Irre ich nicht, so liefen die Ausführungen des Referenten darauf hinaus, daß Fabrikgesetzgebungen von geringem Werthe seien, weil hinter ihnen das Gesetz der Bevölkerung stände. Ich gebe zu, daß etwas wahres hieran ist. Der Wortlaut des Fabrikgesetzes ist wenig werth, wenn dieses nicht durch die Lage der thatsächlichen Verhältnisse unterstützt wird. Und innerhalb letzterer sind die auf die Volksvermehrung bezüglichen Vorgänge von hervorragender Bedeutung. Aber vermag denn die Fabrikgesetzgebung nicht ihrerseits die Bevölkerungsbewegung zu beeinflussen, sie in die richtigen Bahnen zu lenken?! Was ist denn das einzige Mittel, um den Gefahren übermäßiger, proletarischer Volksvermehrung mit allen ihren Schrecken, allen ihren Gefahren und Härten entgegenzutreten? Sicherlich wird mir der Herr Referent darin beistimmen, daß dieses einzige Mittel darin besteht, auch den unteren Klassen gewisse Gewohnheiten, so zu sagen einen gewissen höheren Culturbedarf anzuerziehen, der sie treibt, ähnlich den höheren Klassen nicht früher zur Heirath zu schreiten, ehe sie geprüft, ob sie auch haben werden, wovon sie und die Ihrigen später zu leben vermöchten!

Nun giebt es verschiedene Wege, dieses Ziel zu erreichen, die Leute zu hindern, wie die Thiere zu leben, wie die Thiere sich abzuarbeiten und wie die Thiere sich zu vermehren, ohne Rücksicht darauf, was aus den Ihrigen werden wird. Es bietet sich die Hilfe von Gewerkvereinen und die Hilfe der Fabrikgesetzgebung. Andere gleich diesen zum Ziele führende Wege sind mir nicht bekannt. Die Förderung der allgemeinen Bildung vermag hier wenig zu helfen. Gerade in dieser Beziehung voranstehende Gebiete sind von jenen Gefahren nicht wenig bedroht. Auch vermag der Einzelne nichts. Seine Vorsicht in jener Hinsicht führt nicht zu besserem Lohn und nicht zu besserer Lebenshaltung.

Zu helfen vermag hier nur der Verein oder das Gesetz. Und was nun jene betrifft, so haben sie sicherlich viel Gutes gewirkt. Aber ihre Hilfe allein reicht nicht aus. An vielen Orten sind die Arbeiter noch nicht in der Lage, sich so zu einigen. Auch sollen wir, was wir an sich als das Richtige erkennen, um die Arbeiter zu schützen, ihnen ein menschliches Dasein, eine gewisse Muße zur Befriedigung von Culturbedürfnissen u. s. w. zu wahren — das sollen wir die Arbeiter nicht erst in Kämpfen erringen lassen, deren Ausgang zweifelhaft ist und bei denen dieselben ihr mühsam Erspartes oft hingeben, ohne das erstrebte Ziel zu erreichen. Bezüglich solcher Dinge muß vielmehr das Gesetz helfen. Und es fragt sich nur, wie weit der Staat hierin gehen solle? Daß hie und da das richtige Maß überschritten ist, will ich zugeben. Aber daß der Staat an sich gerade auch jenen Gefahren der Volksvermehrung gegenüber im Wege der Fabrikgesetzgebung helfen kann, z. B. durch Bestimmung eines Normalarbeitstages (wenn hierin nur nicht zu generell verfahren wird) — das unterliegt für mich keinem Zweifel.

Ich recapitulire: Es mag hie und da zu weit gegangen sein, aber die Fabrikgesetzgebung an sich, die wir hier von jeher hoch gehalten haben, wollen wir festhalten, und stehen wir auf diesem Boden, dann müssen wir auch, wenngleich manche Schwierigkeiten der Ausführung anzuerkennen sind, den Abschluß internationaler Verträge hierüber an sich als etwas Wünschenswerthes, als etwas hoch zu Haltendes begrüßen. (Lebhaftes Bravo!)

Reichstagsabgeordneter Sonnemann (Frankfurt): Meine Herren! Mir bleibt nach den Worten des letzten Herrn Redners, mit dem ich vollständig einverstanden bin, wenig zu sagen. Auch ich habe keinen Augenblick daran gezweifelt, daß die Frage einer internationalen Regelung der Fabrikgesetzgebung zu den allerschwierigsten gehört und daß ihre Lösung schwieriger ist als zehn politische Umwälzungen; dennoch wäre es bedauerlich, wenn der Verein für Socialpolitik es nur als seine Aufgabe betrachten sollte, zu erklären, eine internationale Fabrikgesetzgebung sei nicht möglich; das scheint mir weit über das Ziel hinaus zu schießen; eine solche Erklärung scheint mir den Aufgaben des Vereins für Socialpolitik nicht zu entsprechen. Die Schwierigkeiten, die der erste Herr Referent dargestellt hat, könnte ebenso gut ein Fabrikbesitzer in derselben Weise vorführen, indem er die Schwierigkeiten jeder Fabrikgesetzgebung überhaupt darthut. Daß das Fabrikgesetz in der Schweiz noch nicht vollständig durchgeführt ist, ist auch mir wohl bekannt; solche Dinge entwickeln sich langsam, aber die Schweiz ist mit einem guten Beispiel vorangegangen; sie hat eine weitergehende Fabrikgesetzgebung eingeführt, als alle übrigen europäischen Länder, und das sollte man dankbar anerkennen. Die Schweiz hat aber noch ein weiteres Verdienst sich erworben. Sie ist nicht über das Maß hinausgegangen, welches man billigerweise heute beanspruchen kann. Ich zweifle auch nicht daran, daß sie ihre Fabrikgesetzgebung durchführen wird. Der beste Beweis dafür, daß die Sache in der Schweiz nicht so schlimm liegt, ist, daß, obwohl in den wichtigsten Industrie-Kantonen der Schweiz die Fabrikgesetzgebung, wie aus den Berichten der Fabrikinspectoren hervorgeht, ziemlich scharf gehandhabt wird, trotzdem die Ausfuhr von Industrieproducten seitdem nicht zurückgegangen, sondern noch gestiegen ist. Das ist ein Beweis, daß die Schweiz keinen so schlechten Griff gethan hat.

Nun komme ich auf Deutschland und muß ich doch sagen, daß mir der gegenwärtige Augenblick sehr schlecht angethan zu sein scheint, um in dieser Weise gegen die Fabrikgesetzgebung überhaupt sich zu äußern, wie es von den Herren Referenten geschehen ist. Wie stehen die Dinge bei uns? Wir haben durch die Gewerbegesetzgebung von 1869 einige wesentliche Fortschritte in der Fabrikgesetzgebung gemacht, aber wir sind noch weit entfernt von dem, was man von einer nur einigermaßen guten Fabrikgesetzgebung erwarten kann. Lesen Sie nur die Schriften des Herrn Professor Thun über die Zustände, die in vielen unserer Industriebezirke noch bestehen, und Sie werden dann nicht sagen, daß unsere Zustände befriedigend sind; im Gegentheil, dieselben sind recht unbefriedigend. Ist aber eine Aussicht auf Reformen in der Gesetzgebung vorhanden? Es ist in diesem Jahre im Reichstag aus der Mitte des Hauses heraus ein Anlauf genommen worden, weitere Fortschritte in der Fabrikgesetzgebung zu machen. Diesen Ansprüchen gegenüber hat sich die Reichsregierung in einer so schroffen Weise ablehnend verhalten, wie man es nach ihren sonstigen Aeußerungen über die Arbeiterfrage nicht hätte erwarten sollen. So liegen die Dinge in Deutschland. Mir scheint es daher geboten, daß der Verein für Socialpolitik, wenn er die Frage der Fabrikgesetzgebung wieder in die Hand nehmen will, in ganz anderer Weise vorgehen muß, als es von den Herren Referenten geschehen ist; es müssen bestimmte Forderungen aufgestellt werden, deren Erfüllung wir erstreben. Wenn wir erst auf dem nationalen Boden etwas mehr erreicht haben, so wird auch der Moment kommen, wo man zu internationalen Verträgen übergehen kann, die man inzwischen nicht principiell von der Hand weisen darf. (Bravo!)

Louis Simons (Elberfeld): Gestatten Sie mir noch einige Worte und zwar den Wunsch eines Großindustriellen auszusprechen, daß es eine internationale Fabrikgesetzgebung geben möge. Inwiefern aber da das Reale und das Ideale sich decken können, ist der Zukunft vorbehalten. Ich möchte nur unter den Schwierigkeiten, welche Ihnen vorgeführt sind, besonders diejenige nennen, welche nicht von Seiten der Industriellen kommt, sondern von den Arbeitern. Ich meinestheils bin überzeugt, daß es sowohl die Humanität als auch die Annehmlichkeit des Lebens für die Fabrikanten wünschenswerth macht, wenn ein Normalarbeitstag möglich wäre. Von meinem Standpunkte aus thue ich immer das Mögliche, um den Normalarbeitstag, wie er in der Theorie festgestellt ist, durchzuführen. Ich finde aber immer die größten Schwierigkeiten zunächst bei den Arbeitern selbst, welche durch Ueberstunden einen größeren Verdienst glauben erreichen zu können, und auch bei denjenigen, welche mit mir die Fabrik leiten und welchen es unbequem ist, die Störungen im Fabrikbetriebe zu haben, welche ein Fabrikgesetz mit sich bringt. Ich glaube aber, daß es in der ersten Zeit nicht möglich ist, die Schwierigkeiten zu besiegen. Es muß den Industriellen, welche nur mit ihren Arbeitern Ausbeutung treiben, immer wieder gesagt werden, daß es nicht allein in ihrem realen Interesse liegt, sondern auch in dem, was über das menschliche, gemeine Dasein hinausgeht, daß man auch den Arbeitern entgegenkommt, sofern sie innerhalb des Normalarbeitstages das leisten, was sie leisten müssen und mit dem Unternehmer Hand in Hand gehen, denn die Industrie kann nur gedeihen, wenn Arbeiter und Arbeitgeber innerhalb eines gewissen Zeitraums das leisten, was sie leisten können.

Professor Dr. Cohn (Zürich): Meine Herren! Ich muß sehr bedauern, daß Herr Professor Neumann gegen mich Dinge geltend gemacht hat, von denen er als Fachgenosse, wenn nicht als Hörer meines Vortrages, sehr wohl hätte wissen können, daß auch nicht der Schein eines Unterschiedes in unseren Meinungen vorhanden ist. Ich habe auch ausdrücklich in meinem Vortrage gesagt, daß ich voll und ganz auf dem Boden der Verhandlungen von 1872 und 1873 stehe. Von einer nationalen Fabrikgesetzgebung sei nicht mehr zu sprechen, namentlich im Interesse der Kürze, deren ich mich befleißigen wollte. Ich habe dann allerdings dasjenige gethan, was ein alter, englischer Nationalöconom von sich sagte: um den Stab gerade zu machen, habe er ihn nach der anderen Seite um so viel krumm gebogen. Ich habe gemeint, daß alle diese Dinge nicht mehr streitig sind; man weiß, daß heute sogar sehr conservative Volkswirthe die Fabrikgesetzgebung in Deutschland, incl. die Fabrikinspection, für sich in Beschlag nehmen, nachdem sie noch vor einigen Jahren bei der Gewerbegesetzgebung sich lebhaft gegen die Polizeiwillkür verwahrt haben. Es ist das u. a. von Seiten eines hervorragenden Mitgliedes der Freihandelspartei geschehen. Um so mehr ist es irrig, mich verantwortlich zu machen für Ansichten, die ich nie in meinem Leben gehabt habe. Die ersten Zeilen, die ich vor 16 Jahren habe drucken lassen, beweisen das.

Im Uebrigen aber muß ich Herrn Professor Neumann einen Satz aus seinem vortrefflichen Referat vom Jahre 1873 vorlesen. Da erklärte er Seite 11:

> „Wenn so kleine Kantone, wie Glarus, Basel, Aargau u. s. w. derartiges durchzuführen vermochten, ohne ihre relativ sehr umfangreiche Textilindustrie der Concurrenz des Auslandes gegenüber zu schädigen, so wird bei vorsichtigem Vorgehen das Gleiche sicherlich auch für die Industrie des ganzen deutschen Reiches durchführbar sein, der daraus natürlich weniger Gefahren erwachsen können, als z. B. die Baseler Industrie zu fürchten hatte, da sie im eignen kleinen Gebiet die Arbeit von Kindern unter 14 Jahren ausschloß, während vor allen Thoren der Stadt, auf badischer Seite im Wiesenthal, wie vor den südlichen Thoren im Basel-Land, und ebenso im Westen im Elsaß und in Frankreich Kinder noch bis zum 12., 10., ja in Elsaß und Frankreich bis zum vollendeten 8. Jahre herab beschäftigt werden durften."

Hiermit hat er anerkannt, daß man unter einer solchen Concurrenz der Kinderarbeit ein strenges Fabrikgesetz durchführen kann, daß also die internationale Fabrikgesetzgebung keine Nothwendigkeit ist vom Standpunkt der also beschränkten Industrie.

Wie dem aber auch sein mag, eine nationale Fabrikgesetzgebung ist für mich etwas ganz außer Zweifel stehendes und die Schwierigkeiten der Ausführung des schweizerischen Gesetzes sind für mich kein Grund für die Meinung, daß das schweizerische Gesetz geändert werden sollte, sondern ich will vielmehr den Schweizern nur sagen: strengt euch an und zeigt der Welt, daß euer Gesetz eine volle Wahrheit ist, und dann fangt an, es zu übertragen auf die übrige Welt.

Wenn dann der Herr Correferent mich damit hat trösten wollen, daß die Dinge, die in der Schweiz vorkommen, auch in Deutschland vorkommen, so möchte ich noch hinzufügen, daß ich nicht nur davon leider durchdrungen bin, sondern es ist bekannt, daß der deutsche Schulzwang, der preußische Schulzwang, der seit anderthalb Jahrhunderten Gesetz ist, noch bis zur Stunde ungeheuer verschieden gehandhabt wird. In den östlichen Provinzen ist es ganz anders damit als in den westlichen. Das sind Thatsachen, die allgemein bekannt sind.

Ich schließe damit, daß ich bitte, mich nicht angeblich Dinge in Frage stellen zu lassen, die ich niemals in Frage gestellt habe. Mein Standpunkt bezog sich lediglich auf die Scheidung des Durchführbaren von dem Undurchführbaren und wenn Herr Professor Neumann, der doch ein sehr besonnener Mann ist, gemeint hat, die internationale Fabrikgesetzgebung sei ein schöner Gedanke, so kann ich hinzufügen: gewiß, sie ist ein schöner Gedanke, — es giebt noch viele andere schöne Gedanken, ich glaube aber, daß wir in diesem Jahrhundert keine internationale Fabrikgesetzgebung haben werden.

Dr. Friedberg (Leipzig): Auch ich gehöre zu denjenigen, die lebhaft durch die Conclusionen, zu denen der Herr Referent gekommen ist, überrascht worden sind und die ich bei dem regen Interesse, welches er immer der Fabrikgesetzgebung entgegengebracht hat, am wenigsten von ihm erwartet hätte. Ich muß aber sagen, daß ich für meine Person für den schönen Gedanken, der hier ventilirt worden ist, trotz der vielen Bedenken und trotz der vielen unleugbar schweren Gründe, die gegen ihn ins Feld geführt worden sind, mich nur um so mehr erwärmen kann. Die etwas negative Haltung des Herrn Referenten entspricht nicht blos seinen Anschauungen über die internationale Fabrikgesetzgebung, sondern auch gewissen Anschauungen über das Verhältniß von Recht und Wirthschaft, die er uns vorgetragen hat und die in ihrer geistreichen, picanten Form ja oft die Zustimmung der Versammlung gefunden haben. Eine dieser Anschauungen war mir besonders bemerkenswerth, und sie scheint mir mit eine der Quellen der Ansichten zu sein, die uns der Herr Referent vorgeführt hat. Er meinte, ein jedes Gesetz böte gewisse Schwierigkeiten, denn es sei eine Zwangsnorm, die uns den Weg zeigt, den wir gehen müssen; wir müssen von dem gegenwärtigen Zustande gewissermaßen zu dem Punkt herüber, den das Gesetz uns vorschreibt; das Gesetz enthalte also immer eine ideale Forderung, die wir erfüllen sollen. Ja, ich glaube, so steht es in der Wirklichkeit nicht; in vielen Fällen mag es so sein, aber häufig ist auch das Gesetz der hinkende Bote, der erst das sanctionirt, was die realen Bedürfnisse des Lebens schon lange erheischt haben, und gerade dieser Fall scheint mit bei der internationalen Fabrikgesetzgebung vorzuliegen. Nicht weil sie ein schöner Gedanke ist, sondern gerade weil die realen Bedürfnisse der nationalen Fabrikgesetzgebung sie erfordern, ist sie zu erstreben. Diesem Ziele müssen wir uns wenigstens nähern, und ich glaube nicht, daß der Verein für Socialpolitik seinen Traditionen gemäß handelt, wenn er sich mit dem negativen Verhalten des Herrn Referenten vollständig identificirt.

Der Herr Referent hat noch in seinem Schlußwort entwickelt, wir sollten erst einmal auf dem nationalen Boden das zu thun versuchen, was gethan werden kann, und dann sollten wir die Forderung erheben, internationale Verträge abzuschließen. Ja, diese Forderung des Herrn Referenten scheint mir ein circulus vitiosus zu sein. Wir wollen die internationale Fabrikgesetzgebung, weil wir sehen, daß es auf dem nationalen Boden allein nicht vorwärts geht. Wenn wir mit der nationalen Fabrikgesetzgebung alles erreichen könnten, was wir erreichen wollen, dann würden wir uns wahrscheinlich um die internationale Gesetzgebung sehr wenig bekümmern. Nicht also eine ideale Forderung, nicht ein frommer Wunsch, ein „schöner" Gedanke scheint mir die internationale Fabrikgesetzgebung zu sein, sondern ein Postulat ganz positiver realer Verhältnisse. Sie sehen ja auch, daß thatsächlich aus der behaupteten Unmöglichkeit der internationalen Fabrikgesetzgebung von den verschiedensten Parteien gewisse Forderungen gezogen werden, die sehr realer Natur sind. Die einen sagen, weil die internationale Fabrikgesetzgebung nicht möglich ist und wir doch den Forderungen der Sittlichkeit gemäß in der Fabrikgesetzgebung weiter vorgehen müssen, deshalb müssen wir Schutzzölle haben; die anderen sagen: ja, die realen Verhältnisse mögen allerdings darauf hindrängen, daß wir eine internationale Fabrikgesetzgebung brauchen, allein das Bedürfniß dazu ist ein sehr verschiedenartiges; manche Länder, wie z. B. die Schweiz, empfinden dieses Bedürfniß dringend, andere weniger dringend. Andere verweisen wieder in handelspolitischer Tendenz auf England, indem sie sagen, England kann in seiner Fabrikgesetzgebung vorgehen ohne Rücksicht auf andere Staaten, weil seine Industrie eine so gesicherte Position einnimmt, daß es auf die internationalen Verträge verzichten kann. Für Deutschland aber, glaube ich, liegt die Frage so, daß wir das wünschenswerthe Maß in der Fabrikgesetzgebung noch nicht erreicht haben und auch wahrscheinlich nur dann erreichen werden, wenn wir uns der Bewegung anschließen, welche auf eine internationale Regelung dieser Verhältnisse hindrängt. Das ist kein frommer Wunsch, das ist kein „schöner" Gedanke, sondern eine reale Forderung, die sich aus ganz realen Verhältnissen ergiebt. (Bravo!)

Professor Dr. Neumann (Tübingen): Vor allem möchte ich Thatsächliches anführen, sodann zugeben, daß ich in einigen Beziehungen vielleicht zu weit gegangen bin, und endlich hervorheben, worin ich glaube nicht zu weit gegangen zu sein.

Was das Thatsächliche betrifft, so muß ich bemerken, daß ich jenen Aufsatz, auf den vom Herrn Referenten jetzt Bezug genommen worden ist, entweder nicht gelesen habe oder daß mir der Inhalt desselben zur Zeit doch nicht gegenwärtig ist, weshalb ich mich lediglich an das Gehörte gehalten habe. Was dann weiter die Citate aus meinem eigenen früheren Referate betrifft, so glaube ich nicht, daß diese gegen mich sprechen. Ich habe ja dort nur gesagt, daß man in der Schweiz mit der Fabrikgesetzgebung wacker vorgegangen ist trotz großer Schwierigkeiten, die die ganz anders lautenden Bestimmungen der Nachbarstaaten bereitet hätten, und habe namentlich des Vorgehens von Basel in dieser Beziehung rühmend gedacht. Ich meine nun, daß solche Anführungen keineswegs gegen internationale Verträge über Fabrikgesetzgebung sprechen, sondern eher dafür, da ja implicite gesagt ist, daß die Schweiz es sehr viel leichter gehabt hätte, wenn eine international gleiche Fabrikgesetzgebung existirt hätte.

Was ich sodann concediren will, ist das, daß ich in der Auffassung des Herrn Referenten, als eines Gegners der Fabrikgesetzgebung, zu weit gegangen sein kann. Wenn das der Fall gewesen, so findet das übrigens vielleicht darin seine Erklärung, daß der Herr Referent seinerseits — um das von ihm gebrauchte Bild wieder zu verwenden — den Stab ein wenig zu weit gebogen hatte. (Heiterkeit.)

Nicht concediren kann ich endlich', daß ich die Ausführungen des Herrn Referenten so zu sagen vollständig auf den Kopf gestellt hätte, ihm Dinge imputirt hätte, die er nicht gesagt hat. Dagegen möchte ich mich entschieden verwahren und möchte in dieser Beziehung noch einiges zu meiner Rechtfertigung anführen. Allerdings hat der Herr Referent nicht direct gesagt, die Fabrikgesetzgebung habe keinen Werth. Ich glaube aber, daß er sich durch seine Neigung zur Einfügung geistreicher Bemerkungen verleiten ließ, die Fabrikgesetzgebung ein wenig zu höhnen: Es käme bei ihr nicht so viel heraus, wie man erwartet hätte, denn hinter ihr stehe das Bevölkerungsgesetz, gegen welches jene nicht aufkomme; das zeigten die Vorgänge in England, in der Schweiz u. s. w. Dem gegenüber hatte ich mich bemüht, auszuführen, daß gerade die in Bezug genommenen Erscheinungen der Bevölkerungsbewegung uns nicht abhalten, sondern umgekehrt bestimmen sollen, an der Fabrikgesetzgebung festzuhalten und sie weiter auszubauen. Jene Gesetze der Bevölkerungsbewegung beherrschen m. D. nicht die Fabrikgesetzgebung, sodaß man sagen darf: Wir können bestimmen was wir wollen, jene Bevölkerungsbewegung durchkreuzt uns alles. Sondern umgekehrt: Durch die Fabrikgesetzgebung müssen wir auf die Bevölkerungsbewegung Einfluß zu gewinnen suchen! Gerade aus diesem Grunde haben wir jene auszubauen.

Endlich möchte ich noch eines bemerken. Es wurde von dem Herrn Referenten gesagt, die Schweiz wäre mit ihrem Fabrikgesetze jetzt in der Enge und nur deshalb ginge sie darauf aus, sich in andern Ländern Beistand zu verschaffen, ihre Bestimmungen den anderen Staaten zu empfehlen u. s. w. Dem wollte ich entgegentreten. Denn ich bin der Ansicht, daß wir der Schweiz gerade in der hier in Rede stehenden Beziehung sehr dankbar sein müssen: Sie ist in den socialen Bestrebungen unserer Zeit vielfach der wackere Pionier gewesen, der zuerst erprobt hat, was wir später bei uns heimisch gemacht haben und was uns gute Früchte getragen hat. Es hängt das vielleicht mit der republicanischen Verfassung jenes Landes zusammen, welche schon früh dazu geführt hat, dem Wohl der unteren Klassen ein größeres Interesse zuzuwenden, als es an anderen Orten geschah. In der Schweiz sind manche Bestimmungen zuerst durchgeführt, die sonst nur in der Theorie Vertretung gefunden haben. Und wenn man hierbei nur zum Theil zum Ziele gelangt ist und in der hier in Rede stehenden Beziehung auf Schwierigkeiten gestoßen ist, die noch dadurch verstärkt werden, daß man in anderen Ländern sich nicht zu gleichen Schritten entschließt, so verdient das mehr unsere Theilnahme und Sympathie, als das herbe Urtheil, das in den Worten lag, daß die Schweiz internationale Vereinbarungen nur deshalb angeregt habe, weil sie ihr eigenes Fabrikgesetz nicht durchzuführen vermöge.

Oberbürgermeister Dr. Miquel (Frankfurt a. M.): Meine Herren! Ich wollte nur meine Meinung dahin aussprechen in Bezug auf die internationale Fabrikgesetzgebung, daß die nationale Fabrikgesetzgebung in gar keine Abhängigkeit von der internationalen Fabrikgesetzgebung gesetzt werden darf, und wenn gerade die Freunde einer Fabrikgesetzgebung das thun, so laufen sie Gefahr, jeden Fortschritt innerhalb der einzelnen Nationen zu verhindern, und jagen einem Phantom nach, dessen Verwirklichung wir wahrscheinlich niemals erleben werden. Ich behaupte, daß die Anschauung, als wenn die nationale Fabrikgesetzgebung abhängig wäre von einer gleichmäßigen Regelung derselben Frage bei allen concurrirenden und producirenden Nationen, unrichtig ist. Es bestehen bereits nicht blos in Bezug auf die übrigen Productionsbedingungen, nicht blos in Bezug auf den Zinsfuß z. B., den wir doch auch nicht egalisiren können, sondern auch in Bezug auf die Verwendung der Arbeitskräfte, die Höhe der Löhne, die Leistungsfähigkeit der Arbeiter und das staatliche Eingreifen viel größere Verschiedenheiten, als sie durch alle Fabrikgesetzgebungen herbeigeführt werden können. Wenn wir beispielsweise in Deutschland die obligatorische Verpflichtung haben, die Schulen bis zum vollendeten 14. Jahre zu besuchen, und andere Völker diese Verpflichtung noch nicht kennen, so ist das eine so große Verschiedenheit in Beziehung auf die Verwerthung der Kinderarbeit, wie sie kaum durch irgend eine Fabrikgesetzgebung herbeigeführt wird. Aber die allgemeine Wehrpflicht macht ja noch viel größere Verschiedenheiten. Ich könnte diese Exempel noch viel weiter fortführen, will aber nur dagegen protestiren, daß wir dadurch, daß wir die internationale Fabrikgesetzgebung, die wir zwar als einen „schönen gesunden Gedanken" proclamiren können, aber wahrscheinlich nicht erleben, allzu sehr in den Vordergrund schieben, nicht die Geschäfte derjenigen machen, die sie als Vorwand benutzen, um überhaupt keine internationale Fabrikgesetzgebung zu bekommen. Ich höre auch in den industriellen Kreisen den Einwand gar zu oft: wie könnt ihr durch euer Eingreifen in unsere Arbeitsbewegung einseitig für Deutschland uns außer Möglichkeit bringen, die Concurrenz gegen England zu erhalten? Wir müssen erst eine internationale Fabrikgesetzgebung haben, dann können wir auch eine nationale bekommen. Wie die Schweiz, müssen auch wir entschlossen auf diesem Gebiete vorgehen, und wenn dann auch die anderen Nationen bei sich im Wesentlichen dieselben Fortschritte gemacht haben, könnte man dazu übergehen, eine gleiche Gesetzgebung auf diesem Gebiete anzustreben. (Bravo!)

Generalsecretär Bueck (Düsseldorf): Meine Herren! Es ist Ihnen im Allgemeinen bekannt, daß ich recht viel mit industriellen Verhältnissen zu thun habe, und daher werden Sie vielleicht meine Berechtigung anerkennen, einige Bemerkungen in dieser Beziehung zu machen. Es hat ja ein kleiner Anklang in den letzten Worten des Herrn Oberbürgermeisters Miquel gelegen, dahin, daß die Industriellen die Fabrikgesetzgebung abweisen, und es ist, wenn auch weiter zu meiner großen Freude hier nicht darauf angespielt worden ist, doch im Allgemeinen die Meinung verbreitet, als ob die größten Feinde der Fabrikgesetzgebung in den Reihen der Industriellen zu suchen sind. Nun mag es vielleicht möglich sein, daß diese Feinde innerhalb derjenigen Kreise zu finden wären, denen ich nicht näher stehe; aber speciell in der Großindustrie bin ich wenigstens zu der Ueberzeugung geleitet, daß da ein Widerstand gegen die Fabrikgesetzgebung im Allgemeinen nicht vorhanden ist. Es hat sich da sogar ein Rechtsgefühl schon herausgebildet, welches sich sehr lebhaft gegen diejenigen Fabrikanten richtet, die — um es mit kurzen Worten zu sagen — ihre Arbeiter schinden. Es giebt ja leider derartige Fälle; solche Fabrikanten werden nicht gern gesehen und nicht als ebenbürtig erachtet. Aber, meine Herren, wenn eine gewisse Antipathie gegen die Fabrikgesetzgebung vorhanden ist, so wird die wahrscheinlich darauf zurückzuführen sein, daß zuviel generalisirt und zu wenig Rücksicht auf die thatsächlichen Verhältnisse genommen worden ist. Wenn allgemein bestimmt wurde, die jugendlichen Arbeiter müssen eine gewisse Zeit an der frischen Luft zur Erholung haben, und das Gesetz forderte, daß die in Bergwerken beschäftigten jugendlichen Arbeiter aus den Gruben ausfahren müssen, um am Tageslicht ihr Frühstücks-Butterbrot zu verzehren, so ist das unausführbar. Es müssen dann die jugendlichen Arbeiter von dieser Beschäftigung ausgeschlossen werden, und daraus resultirt das Fehlen eines großen Theils des Zuwachses für die Grubenarbeiter. Es ist in dieser Beziehung Remedur geschaffen; es war dies aber eine Bestimmung, die sich nicht mit den thatsächlichen Verhältnissen verbinden ließ und geeignet war, die Fabrikgesetzgebung in Mißcredit zu bringen. Streben Sie, meine Herren, darnach, die Fabrikgesetzgebung zu entwickeln in dem von Herrn Sonnemann ausgeführten Sinne, aber nehmen Sie dabei immer Rücksicht auf die thatsächlichen Verhältnisse und suchen Sie mit den Practikern gemeinsam zu arbeiten; wollen Sie blos vorwärts streben, ohne darauf Rücksicht zu nehmen, was zu erreichen möglich ist, so werden Sie vereinsamt arbeiten und einer großen Unterstützung entbehren müssen, die Ihnen gegeben werden wird, wenn Sie die tüchtigen Elemente unter den Fabrikanten durch Rücksichtnahme auf die thatsächlichen Verhältnisse für sich zu gewinnen wissen, und ich bin überzeugt, wenn ein gemeinschaftliches Arbeiten nach der Richtung hin eintritt, eine Vereinigung von Theoretikern und Practikern, so ist das ein Ziel, bei welchem wir auf einem gemeinschaftlichen Boden Ersprießliches erreichen können. (Bravo!)

Professor Dr. Cohn (Zürich): Meine Herren! Ich hatte eine Bemerkung, die Herr Professor Neumann in seiner zweiten Rede wiederholt hat, nach seiner ersten Rede hingehen lassen, weil er auf mein Conto etwas gesetzt hat, was der Herr Correferent sagte. Da er das nun nochmals urgirt, so erkläre ich: es ist mir nicht eingefallen zu sagen, die Schweiz sei in die Enge gerathen, sondern ich habe ausdrücklich gesagt: die mangelhafte Durchführung des schweizerischen Bundesgesetzes beruht auf der Realität der thatsächlichen historischen und staatsrechtlichen Verhältnisse, auf der Jugend des schweizerischen Bundesstaates, im Gegensatz zur Kantonal- und Localautonomie, und zwar in der Weise, daß sich gelegentlich herausgestellt hat, daß die Localautonomie stärker ist, als die kantonale Gewalt.

Daß ich auf das Lebhafteste die Bestrebungen für die Durchführung des Fabrikgesetzes unterstütze, das habe ich hier kurz und in meiner Schrift ausführlich gesagt. Herrn Professor Neumann möchte ich bemerken, daß ich seine Schriften aufmerksamer lese, als er die meinigen.

Es ist mir nicht im mindesten zweifelhaft, daß im Sinne der Gesittung Fabrikgesetzgebung und Schulzwang auf die Bevölkerungsbewegung einwirken. Ich habe nur die realistischen Seiten dem gegenüber betont und gesagt: da und da liegen die Schwierigkeiten bei der Ausführung. Ich habe mich dabei freilich des Vortheils bedient, der namentlich unter wissenschaftlichen Leuten sehr alt ist, daß man dasjenige nicht sagt, was sich von selbst versteht.

Dr. Franck (Charlottenburg): Ich möchte den Streitfall, der eben angeregt worden ist, dahin aufklären, daß ich mich zu den Anschauungen, die von dem Herrn Referenten ausgeführt worden sind, auch bekenne, es aber noch speciell als meine Ansicht ausgesprochen habe, daß der Schweiz auf ihrer idealen Höhe selbst bange geworden ist und sie deshalb für diese Gesetzgebung weitere Genossen zu werben sucht. Ich möchte Ihnen dann aber noch einige weitere Thatsachen beibringen. Es hat einer der Herren Vorredner mit großer Genugthuung von dem wesentlichen Fortschritte gesprochen, den die deutsche Gesetzgebung im Jahre 1869 gemacht hat. Der Herr hat aber ganz vergessen, daß im Jahre 1879 dieser wesentliche Fortschritt um ein gutes Theil nicht blos zurückgethan ist, sondern zurückgethan werden mußte, und zwar nicht etwa den Industriellen zu Gefallen, sondern um den Anforderungen, die an eine bessere Vorbildung der Arbeiter gestellt wurden, von Staatswegen und von Volkswirthschaftswegen zu genügen. Ich kann weiter hinzufügen, daß die im Jahre 1874 publicirte französische Gesetzgebung in Bezug auf jugendliche Arbeiter und Frauen noch nicht einmal, wie die unsrige, 10 Jahre gebraucht hat, um geändert zu werden, sondern daß schon 1875 das französische Gesetz gründlich zurückreformirt und wieder auf den Standpunkt des Möglichen gebracht worden ist. Es ist ja groß und schön, mit dem Scheitel die Sterne zu berühren, aber man muß mit den Füßen immer auf der Erde bleiben, wenigstens müssen wir das, die wir mit den realen Dingen rechnen.

(Die Discussion wird geschlossen).

Vorsitzender Professor Dr. Nasse: Meine Herren! Die Discussion der Frage hat vorübergehend einen verhältnißmäßig hohen Grad von Lebendigkeit angenommen, und darum freut es mich, hier doch bei sämmtlichen Rednern das Gemeinsame constatiren zu können, daß Niemand an der Berechtigung der nationalen Fabrikgesetzgebung, wie sie bei den Hauptculturvölkern Europa's sich ausbildet, zweifelt, daß die weitere Entwickelung der Fabrikgesetzgebung auch in Deutschland als das allgemeine Ziel sämmtlicher Redner bezeichnet worden ist. Die Redner, die anders verstanden worden sind, haben sich später verwahrt gegen solche Mißverständnisse. Dagegen ist hervorgehoben worden, daß die Fabrikgesetzgebung bedingt ist durch den Culturzustand eines Volkes. Es ist zwar keineswegs geleugnet worden, daß das Gesetz den Arbeiter und die Bevölkerung überhaupt zu erziehen hat zu besseren Lebensgewohnheiten, aber es ist darauf hingewiesen worden, daß diese Erziehung wie jede Erziehung eine allmäliche sein muß, daß sie mit enormen Schwierigkeiten zu kämpfen hat, und daß sie in dem Lande, welches in dieser Beziehung am meisten geleistet hat, in neuerer Zeit successive erfolgt ist unter großem Bedenken und mit allmählicher Ueberwindung der Hindernisse. Je höher die Culturstufe eines Volkes ist, desto eher wird dasselbe die Beschränkungen einer strengen Fabrikgesetzgebung ertragen können. Weil seine Leistungsfähigkeit eine größere ist, werden ihm die Beschränkungen in der internationalen Concurrenz weniger schaden. Nur so erklärt es sich, daß bei den Völkern, welche die strengste Fabrikgesetzgebung haben, doch gerade die meisten Zweige der Fabrikthätigkeit die höchste Blüthe erlangt haben. Es ist die große Verschiedenheit der Culturstufen, welche einer internationalen Gesetzgebung noch unüberwindliche Hindernisse gegenüberstellt. Andererseits ist aber doch der Gedanke geäußert worden, ob nicht gewisse Minimalforderungen, die gewiß unter denjenigen Forderungen bleiben müssen, welche in England, Deutschland und Frankreich verwirklicht werden können, sich in ganz Europa durchsetzen lassen, ob nicht eine öffentliche Meinung geschaffen werden kann, die solche Zustände, wie wir sie z. B. in unserem Nachbarlande Belgien sehen, brandmarkt, und die die Durchsetzung eines gewissen Minimums von Forderungen auch zuletzt erzwingt. Ich glaube, soweit besteht im Großen und Ganzen eine Uebereinstimmung zwischen den verschiedenen Rednern, die unter der Lebendigkeit der Debatte vielleicht etwas hat verwischt werden können.

Professor Dr. Neumann (Tübingen) (zu einer persönlichen Bemerkung): Wie mir von verschiedenen Seiten mitgetheilt ist, habe ich mich bezüglich der Persönlichkeit, welche jene Aeußerung über die für die Schweiz maßgebend gewesenen Motive gemacht hat, geirrt. Nicht Herr Professor Cohn, sondern der zweite Herr Referent hat danach jene Aeußerung gethan. Ich constatire dies und spreche mein lebhaftes Bedauern darüber aus, daß ich hiernach einem Irrthum verfallen bin. Hinzufügen möchte ich noch, daß es bis vor Kurzem nicht meine Absicht war, hier zu erscheinen. Hätte ich diese Absicht gehabt, so hätte ich mich mit dem Standpunkte des Herrn Professor Cohn aus seinen Schriften mehr vertraut gemacht.

(Die Sitzung wird hierauf um 4 Uhr geschlossen.)

Zweite Sitzung.

Dienstag, den 10. October 1882.

(Die Sitzung wird um 9½ Uhr eröffnet.)

Referat

vom Bezirkspräsidenten z. D. Freiherrn von **Reitzenstein** (Freiburg i./B.)

über

Versicherungszwang und Armenverbände.

Meine Herren! Ich habe es übernommen, über Versicherungszwang und Armenverbände zu sprechen; für die Auffassung des Themas sind für mich die Erläuterungen leitend gewesen, mit denen Ihr Ausschuß den ehrenvollen Auftrag, über jene Gegenstände zu referiren, begleitet hat; nach diesen Erläuterungen sollte die Frage der Armenverbände vorzugsweise mit Bezug auf das Verhältniß ihrer Betheiligung an der Last der Armenpflege behandelt, die des Versicherungszwanges dagegen im Anschluß an den ebenbezeichneten Gegenstand erörtert werden. Die Fragen gehören an sich einer verschiedenen Gedankenreihe an: die des Versicherungszwanges hat ihre wesentlichste Bedeutung keineswegs in der Beziehung zur Armenlast. Es handelt sich darum, die Zukunft des Arbeiters in wirksamerer und würdigerer Weise sicher zu stellen; diese Sicherstellung soll ihm als ein Recht, als ein Ergebniß seiner Thätigkeit und seiner Mühen zu Theil werden; der beschämenden Empfindung, seine Existenz, wenn er dieselbe durch eigene Arbeit nicht mehr finden kann, der öffentlichen oder privaten Wohlthätigkeit zu verdanken, soll er überhoben werden; dem Arbeiter in Bezug auf seine und der Seinigen Zukunft beruhigende Sicherheit zu gewähren, damit seine physische Existenz zu verbessern und ihn sittlich zu heben, ist das Ziel, das sich die Organisation der Versicherung zu stellen hat. Aber wenn die Verminderung der Armenlast nicht in erster Linie Zweck ist, so muß es doch die Wirkung jener Versicherung sein, daß soweit sie reicht, die Leistungen der Armenpflege entbehrlich werden; insofern führt sie zu einer Ersetzung der Armenpflege und mittelbar zu einer Verminderung der Armenlast. Eine Untersuchung darüber, welcher Reformen es in Bezug auf das Verhältniß der Betheiligung der Armenverbände an der Armenlast bedarf, wird daher in heutiger Zeit, in der die Probleme der Organisation jenes Versicherungszwanges mehr als je in den Vordergrund getreten sind, immer ihren Ausgangspunkt von der Frage nehmen müssen, in welchem Maße von der Ausbildung der Arbeiterversicherung eine Ersetzung der Armenpflege und damit eine Modification des für die Organisation der letztern etwa bestehenden Reformbedürfnisses zu erwarten ist; für die Prüfung dieses Reformbedürfnisses gestaltet sich die Frage der Rückwirkung der Versicherung auf die Armenlast zu einer Vorfrage. Damit sind die Grenzen gegeben, innerhalb deren der Versicherungszwang hier zu behandeln ist. Selbstverständlicherweise können mit einer solchen Behandlung nicht alle Seiten des Gegenstandes erschöpft werden; die nachstehende Erörterung desselben wird daher keineswegs den Anforderungen völlig genügen können, die an eine Untersuchung über den Versicherungszwang an sich würden gestellt werden müssen. Als Ziel meiner Untersuchung betrachte ich wesentlich die Ergebnisse, zu denen ich für die Prüfung der Hauptfrage, der Reform des Verhältnisses der Armenverbände, durch dieselbe gelange.

Hiernach beabsichtige ich, meinen Vortrag in zwei Abschnitte zu theilen; im ersten werde ich die von der Organisation der Versicherung für die Gestaltung der Armenlast zu erwartende Rückwirkung, im zweiten die Frage einer Reform des Verhältnisses, in welchem zur Zeit die Armenverbände sich an den Aufgaben und der Last der Armenpflege betheiligen, behandeln. Nach der mit dem Ausschuß und den Herrn Correferenten getroffenen Vereinbarung werden diese nach dem ersten Theile meines Referats ihre auf den Gegenstand desselben bezüglichen Vorträge einschalten; demnächst werde ich den zweiten Theil meines Vortrags folgen lassen [1]).

I.

Dies vorausgeschickt wende ich mich zum ersten Abschnitte. Die in demselben zu behandelnde Frage ist hiernach folgende:

Inwieweit ist von der in Aussicht genommenen Organisation der Arbeiterversicherung eine Verminderung der Armenlast zu erwarten?

Ihre Beantwortung läßt sich nicht ganz von der Erörterung der Frage trennen:

In welchem Maße ist die Organisation der Arbeiterversicherung nach den Intentionen der Reichsregierung überhaupt für ausführbar zu erachten?

Nach der Abgrenzung, die Brentano in seiner bahnbrechenden Schrift der Arbeiterversicherung gegeben, umfaßt dieselbe die Aufgaben der Kranken-, Sterbegeld-, Invaliditäts- bezw. Altersversicherung, Versicherung der Angehörigen für den Todesfall sowie der Versicherung gegen Erwerblosigkeit; die letztere scheidet hier aus, da die Ueberzeugung eine allgemeine ist, daß die Initiative zur Organisation

[1]) Der zweite Theil des Vortrags, welcher der vorgeschrittenen Zeit wegen mündlich nicht mehr erstattet werden konnte, folgt nunmehr unmittelbar nach dem ersten Theile.

dieser Versicherung, wenigstens was ihre umfangreichsten Aufgaben anlangt, auf absehbare Zeit von der Gesetzgebung oder überhaupt vom Staate nicht werde ausgehen können. Die Sterbegeldversicherung, ihrem financiellen Object nach von geringerer Bedeutung, ist mit Recht von der Reichsregierung als ein Annexum der Krankenversicherung behandelt worden; auf beide bezieht sich der im letzten Frühjahr dem deutschen Reichstage zugegangene Gesetzentwurf. Ueber die in Betreff der Invaliden- bezw. Altersversicherung bestehenden Absichten liegen nur Andeutungen unbestimmterer Art vor; nicht zu trennen ist von dieser Versicherung die Versorgung der Wittwen und Waisen. Diesen Gebieten, um deren successive Regelung durch die Reichsgesetzgebung es sich handelt, tritt das der Unfallversicherung hinzu, auf deren Regelung die im vorigen und in diesem Jahre dem Reichstage vorgelegten Gesetzentwürfe sich beziehen; diese Vermehrung ist indessen nur eine scheinbare, da die Unfallversicherung wohl eine Sicherstellung, nicht aber im eigentlichen Sinne eine Versicherung des Arbeiters bezweckt; eine Versicherung ist sie für den Arbeitgeber, dem für die durch den Betrieb verursachten Unfallschäden aufzukommen obliegt; auch in der Gestalt, welche der Unfallversicherung durch die neueste Gesetzesvorlage der Reichsregierung gegeben wird, enthält sie nicht sowohl eine Ersetzung als vielmehr eine Verallgemeinerung und vollständigere Durchführung der Haftpflicht, nur daß an die Stelle der individuellen Haftung der einzelnen Unternehmer die gemeinsame der durch die Versicherung zu einer Gesammtheit verbundenen Unternehmer gesetzt worden ist. So sehr auch diese Vorlage das Princip des Gesetzentwurfs demjenigen der bisherigen Gesetzgebung gegenüber als ein anderes und neues darzustellen sich bemüht, so bedarf es doch der Heranziehung der Continuität mit dem Haftpflichtgesetz vom 7. Juni 1871, um den Gedanken des neuen Gesetzentwurfes überhaupt zu construiren.

Die Bedeutung des Haftpflichtgesetzes bestand darin, daß mit ihm die frühere Rechtsauffassung, welche die Entschädigungspflicht des Arbeitgebers von dessen persönlichem Verschulden abhängig machte, verlassen und wenn auch zunächst in beschränkter Anwendung lediglich für den Eisenbahnbetrieb — die Haftbarkeit des Unternehmers für alle durch den Betrieb verursachten, nicht nachweislich auf höhere Gewalt oder Versehen der Beschädigten zurückzuführenden Unfallsschäden als Grundsatz ausgesprochen wurde. Nachdem dieser Grundsatz einmal, obschon in einer weitgreifenden, durch die besonderen Verhältnisse des Eisenbahnbetriebs bedingten Fassung formulirt worden war, konnte ein anderer Zielpunkt, als die Verallgemeinerung desselben von der Gesetzgebung kaum ins Auge gefaßt werden. Denn es giebt für die Regelung der Haftpflicht nur zwei in sich consequente Auffassungen: entweder steht der Unternehmer für die Unfallschäden lediglich nach Maßgabe seines persönlichen Verschuldens ein oder er trägt, ganz abgesehen von diesem Verschulden, die objectiv durch seinen Betrieb veranlaßten Schäden; jenes entspricht der im römischen Recht ausgeprägten individualistischen Auffassung des Arbeitsverhältnisses, dieses der modernen Auffassung, welche die durch den Betrieb bedingten Arbeitsverhältnisse als eine Einheit, als ein organisches Ganze betrachtet, dessen Gefahren wie Erwerbsergebnisse dem Arbeitgeber als dem Urheber des gesammten Betriebsunternehmens zufallen. Wenn der Code civil bezw. die durch die Praxis der französischen Gerichte den Bestimmungen desselben über Schadenvertretung gegebene Auslegung, wenn die neueste Gesetzgebung Englands bestimmte Kategorieen von Unfällen aussondert, bezüglich deren eine Haftbarkeit des Unternehmers auch ohne persönliches Verschulden anerkannt, wenn ihm namentlich die Haftbarkeit auferlegt wird für die durch seine Vertreter, sein Aufsichtspersonal verschuldeten Unfälle, so stellt diese Behandlung eine Zwischenstufe in der Entwickelung dar, welche eine innere Consequenz nicht für sich hat und die sich, was das englische Gesetz anlangt, allein aus dem Rechnen mit den Interessen der Industriellen und der Industrie erklärt; auf dies Rechnen ist ebenso die in gleicher Weise inconsequente Einschränkung der Entschädigungspflicht auf das Maximum eines dreijährigen Arbeitsverdienstes, wie sie das englische Gesetz feststellt, zurückzuführen. Dieselbe Inconsequenz haftet den Bestimmungen des deutschen Gesetzes von 1871 an, durch welches — abweichend von dem vorgedachten, für den Eisenbahnbetrieb festgestellten Princip — bei Fabriken, Bergwerken und Steinbrüchen der Unternehmer für diejenigen Unfallschäden haftbar gemacht wird, die durch ein Verschulden seiner Bevollmächtigten, Repräsentanten oder Aufseher in Ausführung ihrer Dienstverrichtungen veranlaßt sind. Wird indessen berücksichtigt, daß das Haftpflichtgesetz ein erster Versuch auf bisher nicht betretenem Terrain war und daß man bei für jene Bedürfnisse noch nicht entwickeltem Versicherungswesen wohl Bedenken tragen durfte, die industriellen Unternehmer den unberechenbaren Chancen des individuellen Zufalls auszusetzen, so wird die Zurückhaltung, die sich das Gesetz in der Durchführung des Princips auferlegte, nicht getadelt werden können. Bei solchen Zwischenstufen kann jedoch die Entwickelung nicht stehen bleiben. Den Uebergang zur grundsätzlichen Haftbarkeit des Unternehmers für die durch Betriebsunfälle herbeigeführten Schäden hat — wiewohl zunächst nur für das beschränktere Gebiet des Fabrikbetriebes — inzwischen die Schweizer Gesetzgebung bereits vollzogen; im Anschluß an das Fabrikgesetz von 1877 stellt das Haftpflichtgesetz vom 21. September 1881 die Haftung des Unternehmers als die — wenn auch immerhin durch Normirung vom Maximalbetrage gemilderte — Regel auf, zu der die Fälle der Befreiung sich als Ausnahme verhalten. Einem Schritt nach dieser Richtung wird auch die deutsche Gesetzgebung sich nicht zu entziehen vermögen. Was im Interesse der Arbeitgeber hierbei verlangt werden kann, ist, daß der einzelne Unternehmer gegen die unberechenbaren Combinationen des individuellen Zufalls geschützt werde. Einen Schutz hiergegen gewährt ihm die mit dem Versicherungszwange gegebene Ausgleichung der Gefahr; diese Ausgleichung ist sonach die Voraussetzung und das Correlat der verallgemeinerten Haftpflicht. Indem der deutsche Gesetzentwurf die Entschädigungspflicht vom Einzelnen auf die Gemeinschaft der durch den Versicherungszwang verbundenen Unternehmer überträgt, vollzieht er in der gesetzgeberischen Behandlung des Gegenstandes einen wichtigen Fortschritt. Durch die Verallgemeinerung der Versicherung erfährt zugleich der Anspruch des Arbeiters eine Sicherstellung, da die Realisirung des Anspruchs von dem Wechsel in den Verhältnissen der Verpflichteten nicht mehr abhängig ist. Ausdehnung der Haftpflicht auf die durch den Betrieb verursachten Schäden, Ausgleichung der Entschädigung durch den Versicherungszwang und Sicherstellung der Ansprüche der Arbeiter: diese drei Elemente sind es also, deren Combination sich als der charakteristische Inhalt der Vorlage der Reichsregierung bezeichnen läßt. Daß in der Formulirung die ersten beiden Elemente geschieden worden wären, würde ich für wünschenswerth gehalten haben und zwar schon aus dem

Grunde, damit die im öffentlichen Interesse nicht entbehrliche besondere Behandlung der Fälle, in denen der Schaden durch Verschulden des Arbeitgebers veranlaßt ist, möglich bleibe; wie denn auch andererseits bei Beurtheilung der Ansprüche der Arbeiter dem Antheile, den das Verschulden des Arbeiters an dem eingetretenen Unfall hat, Rechnung getragen werden muß; damit ist nicht gesagt, daß die Hervorkehrung des Causalitätspunktes eine rigoristische zu sein brauche; das Schweizer Gesetz überläßt die Ermäßigung der Entschädigung in den Fällen, in denen ein Verschulden des Arbeiters lediglich mitgewirkt hat, billigem Ermessen des Richters. Wird nun aber davon ausgegangen, daß die Herstellung einer erweiterten, jedoch durch den Versicherungszwang ausgeglichenen Haftpflicht den wesentlichen Inhalt der durch den Gesetzentwurf der Reichsregierung angestrebten Reform bilde, so folgt hieraus, daß nur der Arbeitgeber, nicht aber auch die Arbeiter an der Beitragslast Theil nehmen; von dieser Auffassung aus erscheint es daher gerechtfertigt, wenn die Vorlage der Reichsregierung, obschon sie den im Text des Gesetzentwurfs selbst nicht näher fixirten Begriff der Unfallschäden viel weiter als selbst das Schweizer Gesetz abgrenzt, von der Heranziehung der Arbeiter absieht.

Ist aber nach dem soeben Ausgeführten die dem Gesetzentwurf zu Grunde liegende Idee die einer durch Verallgemeinerung der Versicherung möglich gemachten und in ihren Wirkungen sicher gestellten Erweiterung der Haftpflicht, so erscheint die Frage, in welcher Weise jene Verallgemeinerung der Versicherung herbeizuführen, als eine solche, welche vom Gesichtspunkte der wirksamen Durchführung jenes Princips und überhaupt der Opportunität aus zu beantworten ist. In Bezug auf die Form, in welcher die Sicherstellung jener Verallgemeinerung der Versicherung erreicht werden soll, steht wie bekannt, der Vorschlag des zwischen den liberalen Parteien vereinbarten Entwurfs des Dr. Buhl und Genossen demjenigen der Reichsregierung gegenüber; jener beschränkt sich auf die Nöthigung der Unternehmer, ihre Haftpflicht durch Versicherung sicher zu stellen und auf Feststellung von Normativbedingungen, denen die mit jener Versicherung sich befassenden Gesellschaften genügen müssen; dieser will die Unternehmer zu Zwangsversicherungsgenossenschaften behufs gemeinsamer Tragung und Ausgleichung der Haftpflichtverbindlichkeiten vereinigen. Wenn nun aber nach dem Grundgedanken der Reform die Ausgleichung der Gefahr durch allgemeine Versicherung Correlat und Bedingung der Durchführbarkeit des Haftpflichtprincipes ist, so scheint mir der Entwurf der Herren Buhl und Genossen in Bezug auf die Realisirung dieser Voraussetzung zu wenig zu leisten; meines Erachtens ist es bei dieser Auffassung des Inhalts des Gesetzes Erforderniß, daß die Gesetzgebung selbst dem Unternehmer Gelegenheit zur Erfüllung seiner Verbindlichkeiten schaffe und ihn nicht der Concurrenz der Privatgesellschaften überlasse, welche hier wie sonst den Großbetrieb auf Kosten des kleineren zu bevorzugen nur zu leicht geneigt sein würden. Gleichwohl nehme ich Anstand, mir in der Form, wie es vorliegt, das Project der Reichsregierung anzueignen: ein so complicirter Apparat, wie ihn die Abstufung von Gefahrenclassen, Betriebsgenossenschaften, Betriebsverbänden, Abtheilungen neben einer Reichscentralstelle enthält, muß die Verwaltung ebenso schwerfällig wie kostspielig gestalten und kann für die Entwickelung der Selbstverwaltung und des genossenschaftlichen Geistes schwerlich als eine geeignete Basis gelten. Aber ganz abgesehen hievon ist meines

Erachtens — und hierin stimme ich mit dem Referenten des Volkswirthschaftlichen Congresses überein — die Gliederung in Gefahrenclassen, denen die Betriebe ihrer Categorie nach eingereiht werden, als eine haltbare Grundlage für die Organisation nicht anzusehen; nicht die Categorie des Gewerbebetriebs, sondern dessen individuelle Einrichtung ist für den Grad der Gefährlichkeit entscheidend; die Möglichkeit einer in der Abstufung der Beiträge zum Ausdruck kommenden individualisirenden Behandlung aber wird durch die Gliederung in Gefahrenclassen, innerhalb deren die Beitragspflicht der Mitglieder nach gleichen Sätzen geregelt ist, ausgeschlossen. Große nach Maßgabe ihres Umfangs beziehungsweise der in ihnen betriebenen Industrie eine hinlängliche Ausgleichung herstellende locale Verbände, innerhalb deren durch als Mittelglieder dienende theils locale, theils berufsgenossenschaftliche Unterverbände eine individualisirende Veranlagung stattfinden könnte, wären meiner Ansicht nach vorzuziehen; durch eine solche auf locale Abgrenzung beruhende Haupteintheilung ließe sich erreichen, daß wenigstens die obersten Glieder des Organismus von Hause aus eine dauernde Gestalt erhielten, wogegen eine auf die Categorien des Gewerbebetriebs begründete Haupteintheilung zunächst immer nur eine provisorische und experimentelle sein könnte.

Wird die Frage ob Privat- ob zwangsgenossenschaftliche Versicherung zu Gunsten der ersteren Alternative entschieden, so fällt hiermit als unausführbar die Eventualität eines Reichs- oder Staatszuschusses von selbst hinweg; nur für den zweiten Fall läßt die Frage eines solchen Zuschusses sich überhaupt aufwerfen. Meinestheils halte ich nun aber einen Reichs- oder Staatszuschuß, soweit derselbe in eine dauernde Einrichtung überzugehen bestimmt ist, für überaus bedenklich; ein solcher Zuschuß würde nur zu leicht dazu beitragen, künftig Industrien zu erhalten, die nach Tragung der durch ihren Betrieb verursachten Schäden nicht mehr rentabel oder concurrenzfähig blieben. Eine sehr viel ernstere dagegen ist für mich die Frage eines vorübergehenden Zuschusses. Es ist, wie ich anerkenne, Aufgabe des Staats, die durch Aenderung der Rechtsordnung verursachten Uebergänge den Betheiligten durch ein Eintreten aus den Mitteln der Gesammtheit zu erleichtern; hiernach ist wohl Anlaß zu erwägen, ob nicht die Gewährung eines festen periodisch abnehmenden Zuschusses bis dahin, daß die Verhältnisse den veränderten Verhältnissen sich accommodirt haben werden, durch gebotene Rücksichtnahme auf die Lage der Industrie sich rechtfertigen würde. Indessen würde eine solche auf Erleichterung der Uebergänge berechnete Subventionirung ihren Zweck doch nur dann erfüllen können, wenn es Princip des Gesetzes wäre, daß für die während der Uebergangszeit zur Entstehung gelangenden Entschädigungsansprüche die Deckungsmittel auch innerhalb der gedachten Periode angesammelt und hiernach bemessene Beiträge von den Verpflichteten erhoben würden. Im Gegensatz hierzu aber haben die im Gesetzentwurfe für die Auszahlung und Aufbringung der zum bei Weitem größten Theil in Renten zur Realisirung gelangenden Entschädigungsbeträge angenommenen Grundsätze zur Wirkung, daß die Erfüllung der Ersatzansprüche und die hieraus erwachsende Belastung zu einem sehr erheblichen Theil von der Gegenwart auf eine mehr oder minder ferne Zukunft abgebürdet wird; es kommt daher die entsprechende Mehrbelastung ihrem wesentlichen Theile nach während der Uebergangsperiode überhaupt nicht zur Erscheinung. Ob es möglich wäre, an die

Stelle dieses Verfahrens behufs Verhütung einer Belastung der Zukunft mit unübersehbaren Verbindlichkeiten ein anderes auf vorheriger Ansammlung der Entschädigungsbeträge und einer dem künftigen Beharrungszustande entsprechenden Abmessung der Beiträge beruhendes zu setzen, ist, sofern die Eintheilung in Gefahrenclassen als Basis der Organisation beibehalten wird, schon aus dem Grunde zweifelhaft, weil jene Eintheilung nicht als eine bleibende, sondern als eine nach Maßgabe der zu machenden Erfahrungen verschiebbare gedacht ist, für den Fall der Capitalansammlung aber bei später eintretenden Aenderungen schwierige Auseinandersetzungen nicht zu vermeiden sein würden.

Wenn endlich die Vorlage der Reichsregierung die Grundsätze der Unfallentschädigung auf Fälle eingetretener gänzlicher oder theilweiser Erwerbsunfähigkeit nur insoweit, als die Dauer dieser Erwerbsunfähigkeit dreizehn Wochen übersteigt, zur Anwendung bringt, bis zur Dauer von dreizehn Wochen aber die Fürsorge den Krankenkassen zuweist, so kann mit dieser Ueberwälzung eines bei der Länge der Frist immerhin nicht unbeträchtlichen Theiles der Last auf die Krankenversicherung ich mich nicht ohne Weiteres befreunden; die im Princip beseitigte Heranziehung der Arbeiter zur Beitragslast wird hiermit durch eine andere Thür wieder eingeführt und was noch bedenklicher ist, für einen großen Theil der Schädenfälle, die sich nun unter den übrigen Krankheitsfällen verlieren, der ursächliche Zusammenhang mit den eingetretenen Unfällen verwischt; das öffentliche Interesse erfordert aber gerade, daß dieser Zusammenhang kenntlich erhalten und die Uebersicht über die desfallsigen Wirkungen des Betriebs gewahrt bleibe; diese Uebersicht gewährt allein die erforderlichen Grundlagen, die Beitragspflicht zu den Schädensbeträgen richtig abzumessen und die Güte des Betriebs nach der Seite der Verhütung von Unfällen hin richtig zu beurtheilen; daß eine solche Beurtheilung stattfinden könne, enthält aber wieder den wirksamsten Impuls für den Unternehmer, für die Sicherheit seines Betriebes zu sorgen. Es ist indessen ferner mit dem Princip der Gesetzesvorlage meines Erachtens unvereinbar, daß während des vorbezeichneten Zeitraums die dem Arbeiter zu leistende Entschädigung nach dem sehr viel ungünstigeren Maßstabe der Krankenversicherung bemessen werden soll; wenn es richtig sein mag, daß nicht alle binnen kurzer Frist heilbaren Verletzungen, wie sie im täglichen Verlaufe zahlreicher Betriebe vorkommen als Unfallschäden zu characterisiren sind, so wird dies doch von Fällen der Erwerbsunfähigkeit, die sich bis zu dreizehn Wochen ausdehnen, nicht behauptet werden können. Den Gründen, mit denen die Regierungsvorlage jene Ueberwälzung motivirt, vermag ich eine durchschlagende Bedeutung nicht zuzugestehen. Wenn geltend gemacht wird, daß die Organisation der große Kreise umfassenden Unfallversicherungsverbände ihnen die zweckentsprechende Erledigung der Fälle vorübergehender und kürzerer Erwerbsunfähigkeit nicht ermögliche, so beweist dies eher die Verbesserungsbedürftigkeit der in Aussicht genommenen Organisation überhaupt. Ebensowenig läßt sich die Belastung der Krankenkasse mit jener Categorie von Unfallschäden damit begründen, daß die Arbeitgeber ein Drittel der Beiträge zu jener Krankenkasse zu leisten haben, da jener Beitrag der Arbeitgeber bereits durch das Interesse, das sie an dem Bestehen eines geordneten Krankenkassenwesens und an der Rückwirkung desselben auf die Erhaltung eines geeigneten Arbeitspersonals haben, hinlänglich gerechtfertigt wird; überdies ist eine Betheiligung der Arbeitgeber bei Aufbringung der

Kosten schon dadurch geboten, daß denselben ja die Annahme und Entlassung der Arbeiter ohne Concurrenz des Arbeiterpersonals und hiermit in den meisten Fällen die Bestimmung über den Eintritt bezw. das Ausscheiden aus dem Kassenverbande zusteht. Ob die durch jene innerhalb des Zeitraums von 13 Wochen bleibenden Krankheitsfälle entstehende Belastung der Krankenkassen in der That innerhalb derjenigen Grenzen bleiben würde, wie sie die Motive der Regierungsvorlage voraussetzen, halte ich für zweifelhaft, da nach jetziger Lage der Gesetzgebung es an einer Gewähr dafür fehlt, daß behufs der im Jahre 1881 veranstalteten statistischen Aufnahme die Unfallschäden mit einiger Vollständigkeit ausgeschieden worden sind. Aus demselben Grunde lassen sich die Schlußfolgerungen, die der Verein der deutschen Eisen- und Stahlindustriellen aus den von ihm veranstalteten Erhebungen gezogen hat, keineswegs von vorneherein als maßgebende betrachten.

Es ist aber allerdings richtig, daß die Wirkungen der Unfallversicherung ohne gleichzeitige anschließende Organisation des Krankenkassenwesens unvollständige bleiben würden; ein solcher Anschluß ist schon aus dem Grunde ein Bedürfniß, weil über der Feststellung, ob ein Schaden sich als Unfallsschaden characterisirt, in der Mehrzahl der Fälle eine mehr oder minder lange Zeit vergeht und inzwischen die Fürsorge für den Beschädigten nicht auf sich beruhen bleiben kann; in die Lücke hat die Krankenversicherung auf alle Fälle durch Uebernahme der provisorischen Fürsorge unter Vorbehalt ihres Rückgriffs gegen den zum Ersatz des Unfallschadens Verpflichteten einzutreten. Aber es ist überhaupt, schon um eine doppelte Organisation zu vermeiden, zweckmäßig, daß die Handhabung der Fürsorge, so lange die Krankenpflege ein wesentliches Element derselben bildet, durch die Krankenkassen erfolge, denen und zwar den freien ebensowohl wie den öffentlichen Seitens der Unfallversicherungsverbände demnächst für die Aufwendungen Ersatz zu leisten sein müßte; soll eine Betheiligung der Krankenkassen überhaupt beibehalten werden, so erscheint es mir am zweckmäßigsten, daß ihnen eine Quote jener Aufwendungen bis zu einem gewissen Zeitmaß zur Last gelegt wird. Aber es besteht ganz abgesehen vom Zusammenhange mit der Regelung der Unfallversicherung an sich ein Bedürfniß der Reform des Krankenkassenwesens; zur Anerkennung eines solchen Bedürfnisses muß schon die Erwägung führen, daß die Entwickelung der Zwangshilfskassen in der letzten Zeit eher Rückschritte als Fortschritte gemacht hat, die des freien Hilfskassenwesens dagegen eine unzureichende geblieben ist. Es muß dies zu einer ernsten Prüfung der Frage führen, auf welchem Wege das Hilfskassenwesen einem weiteren Aufschwunge entgegenzuführen sein wird.

Die Entscheidung dieser Frage wird nicht in erster Linie von dem Ergebniß einer abstracten Abwägung des Verhältnisses abhängig gemacht werden können, in dem das obligatorische wie das freie Kassenwesen zu den Fundamentalsätzen unserer Wirthschaftsordnung stehen; wie in den meisten Gebieten so haben wir auch hier keineswegs unbebautes Terrain vor uns und die Verhältnisse haben sich vielfach den bestehenden Institutionen angepaßt; mit den letztern haben wir daher zu rechnen. An und für sich mag es wohl richtig sein, daß sich innerhalb des freien Kassenwesens leichter Formen finden lassen, welche der Verschiedenheit der individuellen Verhältnisse sich anschließen und in das bestehende System der Erwerbsfreiheit sich einfügen; indessen haben keineswegs alle Bildungen des freien Kassenwesens diese Eigenschaft und der in der Sachlage enthaltene Zwang sich auch solchen Normen, die den individuellen Verhältnissen nur wenig Rechnung tragen, zu unterwerfen, ist hier oft gerade so groß, wie derjenige, welcher aus rechtlichen Vorschriften entspringt. Es ist dagegen zuzugestehen, daß ein solches freies Kassenwesen es zu einer sehr ausgedehnten Entwickelung bringen kann und es zu einer solchen anderwärts auch thatsächlich gebracht hat. Dies beweisen die in den friendly societies und den trades-unions in England hervorgerufenen Organisationen, ebenso aber die französischen societés de secours mutuels, deren am 31. December 1880 6777 mit 1 086 276 Mitgliedern, darunter 938 240 wirkliche — die übrigen waren Ehrenmitglieder — bestanden; was diese Gesellschaften den englischen an Ausdehnung und Umfang nachstehen, das sind sie vielen der letzteren an Solidität der Geschäftsführung überlegen. Diesem Ergebniß gegenüber kann es wohl als ein kärgliches Resultat bezeichnet werden, wenn die eingeschriebenen Hilfskassen in Preußen Ende 1880 einen Mitgliederbestand von rund 123 000 in 559 Kassen nachwiesen; diese Zahl ist auch klein gegenüber der Mitgliederzahl der auf Grund der älteren Bestimmungen fortbestehenden Hilfskassen, die trotz ihres Zurückgehens seit 1876 sich Ende 1880 immer noch auf 716 738 in 4342 Kassen — belief. Dennoch haben seit dem gedachten Jahre besondere Hemmnisse der Ausdehnung der freien Kassen nicht entgegen gestanden, es ist daher, wenn ihre Entwickelung weitere Dimensionen nicht angenommen, dies keineswegs auf Rechnung der bestehenden Gesetzgebung zu setzen. Die Durchführung der Gewerbefreiheit trieb in England und Frankreich weit früher zur Bildung eines reichgestaltigen Associationswesens, für das in Deutschland neben den in zahlreichen Gebietstheilen fortbestehenden Innungen kein Raum war; auf diesem zumal in England weit in die Vergangenheit zurückreichenden Prozesse beruht eine Schulung der Nation für die Vereinsthätigkeit, wie sie eben nur das Werk langjähriger Entwickelung sein kann. Es kommt hiezu die Neigung der wohlhabenderen Klassen zu opferwilliger Betheiligung, auf der die von den societés de secours mutuels erzielten Erfolge zu einem immerhin erheblichen Theile beruhen; Geschenke, Vermächtnisse, vor Allem aber laufende Beiträge der Ehrenmitglieder machen von den Einnahmen dieser Gesellschaften einen erheblichen Bruchtheil aus. Das alles sind Verhältnisse, die sich auf Deutschland nicht übertragen lassen. Es ist aber auch möglich, daß an und für sich eine geringere Befähigung der deutschen Arbeiter für die Betheiligung an einem derartigen Vereinswesen besteht, sei es, daß der Character der Nation weniger hierzu hinneigt, sei es, daß bei dem erheblichen Antheil, der bei unseren größten und wichtigsten Institutionen der autoritativen Regelung zufällt, die persönliche Initiative des Einzelnen eine minder entwickelte ist. Wie dem auch sei: sicher fehlt es an allen positiven Anhaltspunkten für die Annahme, daß wenn das auf staatlichen Normen beruhende Hilfskassenwesen in Wegfall käme, diese Lücke durch das freie Kassenwesen auch nur allmählich oder annähernd ausgefüllt werden würde.

Es kann daher meines Erachtens davon nicht die Rede sein, das bestehende obligatorische Hilfskassenwesen aufzugeben, um die Krankenversicherung den ungewissen Chancen der Entwickelung eines freien Hilfskassenwesens zu überlassen. Aber auf der anderen Seite ist es unmöglich, in der Entwickelung des obligatorischen Hilfskassenwesens im jetzigen Stadium stehen zu bleiben. Das

Gesetz vom 8. April 1876 macht die Errichtung von Zwangshilfskassen sowie die Begründung eines Beitrittszwanges für die Gesellen, Gehilfen und Fabrikarbeiter von einem durch die Gemeindeorgane zu beschließenden Ortsstatut abhängig; wenn das Gesetz hierbei von der Erwartung ausgegangen ist, daß durch diese den Gemeindeorganen überlassene Initiative irgendwie eine Verallgemeinerung der Institution zu erzielen sein werde, so hat sich diese Erwartung nicht erfüllt, da wie in den Motiven zu dem vorliegenden Gesetzentwurfe constatirt ist, die Zahl der überhaupt erlassenen Ortsstatute nur 298 beträgt, wovon 278 auf Preußen, auf sämmtliche übrigen deutschen Bundesstaaten dagegen nur zwanzig kommen. Die Folge dieser vereinzelten Anwendung der Befugniß ist ein Zustand ungerechter und nachtheiliger Ungleichheit. Während in den mit einem Statut versehenen Gemeinden Arbeiter und Arbeitgeber zu Beiträgen zur Krankenversicherung herangezogen werden, werden die entstehenden Kosten in den anderen Gemeinden, sofern der Verpflegte unbemittelt ist, von den Armenfonds getragen; andererseits kann ein Arbeiter, der an einem Ort versichert war, nicht immer darauf rechnen, an einem anderen Orte das Versicherungsverhältniß fortsetzen zu können. Aber auch wenn an dem neuen Arbeitsorte Krankenkassen bestehen, schließen doch ihre Leistungen häufig sich nicht an die der früheren Kasse an. Endlich sind die durch das Gesetz vom 7. April 1876 für die vorgeschriebenen Hilfskassen vorgeschriebenen Minimalsätze der Unterstützungen ganz unzureichend und zwar um so mehr, je mehr es sich um nach Maßgabe der Art ihrer Arbeit besser bezahlte Arbeiter handelt. Ich halte aber auch überhaupt den Grundgedanken des Gesetzes vom 8. April 1876, welches die Einrichtung von Ortsstatuten durch die Gemeindebehörden zur Begründung eines Kassenzwanges wesentlich als ein Mittel behandelt, für die im Wege der Armenpflege zu bewirkende Fürsorge für erkrankte Gesellen, Fabrikarbeiter &c. durch Besteuerung derselben der Gemeinde die erforderlichen Deckungsmittel zu verschaffen, nicht für eine richtige; das worauf es in erster Linie ankommt, ist, daß die Fürsorge in einer wirksameren und würdigeren Form als das im Wege der Armenpflege geschehen kann, geleistet werde; die der Vorlage der Reichsregierung zu Grunde liegende Idee, die Krankenversicherung zu verallgemeinern und zugleich durch Errichtung besonderer Kassen für die Arbeiter einzelner Erwerbszweige und Betriebe den besonderen Verhältnissen dieser Categorien möglichst anzupassen, erscheint mir demnach als eine durchaus berechtigte; ohne auf die Einzelheiten des Entwurfs, welcher meiner Ansicht nach in der Specialisirung zu weit geht und der Begründung localer Organisationen bezw. der Erhaltung bestehender nicht den nöthigen Spielraum läßt, einzugehen, beschränke ich mich auf die Bemerkung, daß ich wie ich schon vorher andeutete die Belastung der Arbeitgeber mit einer Quote der Beiträge auch ohne Anlehnung an das Unfallversicherungsgesetz für völlig gerechtfertigt halte, da ihr Interesse durch die Krankenversicherung ihrer Gesellen und Arbeiter und den günstigen Einfluß derselben auf die Erhaltung eines ständigen Personals wesentlich gefördert wird. Der Rücksicht auf die Entwickelung eines freien Kassenwesens wird durch die Bestimmung, daß die den eingeschriebenen Hilfskassen angehörigen Gesellen &c. vom Beitrittszwange zu den öffentlichen Kassen frei bleiben, ausreichend Rechnung getragen, wenn es ja auch sein mag, daß der Spielraum, der ihnen gelassen worden, durch die zu erwartende weitere Ausdehnung der obligatorischen Kassen eine Verengung erfährt. Wenn hiergegen eingewendet wird, daß mit der Verallgemeinerung des Zwangskassenwesens im Gebiete der Krankenversicherung auch die Nachtheile und Härten verallgemeinert werden, welche dem Zwange überhaupt innewohnen, so bin ich im Gegensatz hierzu der Meinung, daß durch die Verallgemeinerung der Organisation die Härten gerade eine wesentliche Abschwächung erfahren. Es ist ja nicht zu leugnen, daß eine dem Nutzen, den die Einzelnen von den Kassen erwarten, angepaßte und nach dem Maße desselben sich abstufende Beitragspflicht sich bei den obligatorischen Kassen nicht völlig herstellen läßt und daß es etwas Mißliches hat, eine derartige nicht ganz verhältnißmäßige Belastung, der sich bei den freien Kassen das eintretende Mitglied freiwillig unterwirft, zwangsweise aufzuerlegen; es wird namentlich das Verhältniß der Beiträge zu den Leistungen bei den jüngeren, der Erkrankung weniger ausgesetzten und mit einer Familie nicht versehenen Mitgliedern ein ungünstigeres sein als bei den älteren, bei denen die Erkrankungsgefahr eine größere ist, und welche, weil sie Familie zu ernähren haben, die Hilfe in einer anderen und kostspieligeren Weise empfangen: diese Ungleichheit steigert sich, wenn die Fürsorge der Kasse sich auf Familienangehörige in Krankenfällen ausdehnt. Aber diese Härten, sofern sie nicht überhaupt durch die dem Arbeitgeber zur Last fallende Beitragsquote übertragen werden, mildern sich doch, wenn die Einrichtung der Krankenkassen eine allgemeinere und dauernde wird, dergestalt, daß der Arbeiter, der heute weil ohne Familie und rüstig, über das Verhältniß der ihm gebotenen Vortheile hinaus leistet, seine Entschädigung darin findet, daß ihm später, wenn er kränklicher geworden bezw. mit einer Familie versehen sein wird, Wohlthaten aus der Kassenmitgliedschaft zu Theil werden, welche das Maß der von ihm alsdann ohne Erhöhung zu leistenden Beiträge überwiegen. Ebenso ist es richtig, daß bei dem durch den Wechsel des Arbeitsverhältnisses bedingten Uebertritt in andere Kassenverbände nicht alle Härten vermieden werden können; indessen auch diese Härten sind bei der Krankenversicherung doch weit weniger erheblich als bei anderen Zweigen des Versicherungswesens, da die Capitalansammlung beim Krankenkassenwesen eine verhältnißmäßig unbedeutende Rolle spielt und abgesehen von der behufs Bildung eines Reservefonds eintretenden Mehrbelastung nur diejenigen Beiträge erhoben werden dürfen, welche zur Ausgleichung der Krankenschäden innerhalb bestimmter Zeitperioden dienen. Das Guthaben des einzelnen Mitgliedes an den Activen kann, wenn hiernach verfahren wird, kaum ein besonders beträchtliches sein, ganz im Gegensatz zur Invaliditäts- beziehungsweise Alters- und zur Wittwen- und Waisenversicherung, für welche die Capitalansammlung von größter Bedeutung ist und deren Voraussetzung diese Ansammlung bildet.

Ich stehe hiernach nicht an, die Organisation eines Versicherungswesens innerhalb des Rahmens, wie ihn die von der Reichsregierung vorgelegten Gesetzentwürfe darstellen, als völlig realisirbar anzuerkennen; die Zweifel, denen ich im Vorstehenden in Bezug auf einzelne Modalitäten der Ausführung Ausdruck gegeben, werden das Vertrauen zur Durchführbarkeit jener Reformen überhaupt nicht erschüttern können. Aber so wichtig diese Reformen an sich auch sind und so sehr sie mit Recht als Ausgangspunkt für die übrigen genommen werden, so bedeuten sie doch extensiv wenig, wenn es sich um Aufsaugung der Armenpflege durch die Organisation des Versicherungswesens handelt. Die Sicherstellung der Existenz des Arbeiters wird erst dann eine vollständige sein, wenn jene Organisation die Aufgaben der Invaliditätsversicherung und der Versicherung der Angehörigen für den Todesfall mit umfassen wird; so wenig dasjenige gering geschätzt werden kann, was durch Sparsamkeit und wirthschaftliche Tüchtigkeit des Einzelnen, durch das Vereinswesen, durch Stiftungen und private Fürsorge, endlich nicht selten auch durch eine hinlänglich ausgestattete öffentliche Armenpflege nach dieser Richtung hin im Einzelnen erreicht wird, so wird doch das Gefühl behaglicher Sicherheit erst dann ein ganz allgemeines werden und seine mit den Härten des Lebens versöhnende Wirkung in den weitesten Kreisen äußern, wenn jene Sicherstellung in Gestalt allgemeiner, die weitesten Kreise der Arbeiterwelt umfassenden Einrichtungen gewährleistet sein wird. Mit Recht ist daher von Anfang an auf eine die letztgedachten Aufgaben umschließende Organisation hingedeutet worden; der Schwerpunkt liegt in diesem Theile der Frage. Aber wie das Object hier ein sehr vielumfassendes ist, so sind auch die Schwierigkeiten, die der Lösung des Problems entgegenstehen, sehr viel größere; diese Schwierigkeiten sind theils in der besonderen Natur der Aufgaben, um welche es sich hier handelt, theils darin begründet, daß der Boden für die legislatorische Behandlung noch weit weniger geebnet ist, und Anfänge, die der Verallgemeinerung der Institution als Basis dienen könnten, im Wesentlichen noch fehlen.

Das Kriterium, welches die Aufgaben der Invaliditäts- und der Wittwen- und Waisenversicherung wie der Unfall- und Krankenversicherung scheidet, beruht vor Allem in dem gänzlich verschiedenen Charakter der Gefahr, um deren Abwehr es sich bei den erstgedachten beiden Aufgaben handelt. Die Unfalls- und Krankheitsversicherung bezwecken Sicherung gegen Schädigungen, welche während der Zeit der bezüglichen Beschäftigung beziehungsweise während der Lebenszeit überhaupt und zwar einmal oder in öfterer beziehungsweise selbst vielfacher Wiederholung eintreten können; es handelt sich um eine über die ganze Beschäftigungs- bezw. Lebensdauer verbreitete, mit dem Eintritt des einzelnen Schadensereignisses wenigstens in der großen Mehrzahl der Fälle nicht zum Abschluß gelangende Gefährdung. Dem gegenüber sind die Schädigungen, welche mit der Invalidität beziehungsweise für die Familie mit dem Tode ihres Ernährers eintreten, einmalige und unwiderrufliche; es sind solche, in denen sich die Gefährdung consummirt; aber gerade, weil diese Schädigungen dauernde sind, repräsentiren sie zugleich ein Object von sehr viel umfassenderer wirthschaftlicher Bedeutung. Hieraus erhellt daß die Unfallversicherung, wenn sie sich auf die Zeit der gefährdenden Beschäftigung bezieht, ihre Aufgaben vollständig erfüllt und daß eine auf einen bestimmten Zeitraum oder die Dauer einer bestimmten Erwerbsthätigkeit sich erstreckende Krankenversicherung immerhin an sich von erheblichem Werthe ist. Im Gegensatz hierzu ist bei der Invaliditäts- und der Versicherung der Angehörigen für den Todesfall der Werth eines Versicherungsverhältnisses, welches nicht bis zum Eintritt des Ereignisses geführt wird, von geringem oder gar keinem Werthe; lediglich indem es bis zum Zeitpunkt des Eintritts des Ereignisses besteht, kann das Versicherungsverhältniß seinen hauptsächlichen Zweck erfüllen. Während bei der Krankenversicherung die behufs der Ausgleichung der Gefahr erhobenen Beiträge durch die in den einzelnen Zeitabschnitten sich ereignenden Krankheitsfälle sich absorbiren, erfordert die Invaliden- und Todesversicherung die langjährige Ansammlung von Deckungsmitteln, um den Ersatz des mit dem Eintritt des Ereignisses erwachsenden, bleibenden und in seinem Umfange sehr erheblichen Schadens zu sichern. Bei der Unfall- und Krankenversicherung ist daher eine nur temporäre Zugehörigkeit der betreffenden Personen zum Versicherungsverbande entweder überhaupt kein Uebel bezw. doch nur ein wenig erhebliches; im Gegensatz hierzu ist bei der Invaliditäts- und Todesversicherung das unerläßlichste Erforderniß, daß die Versicherung als ein dauerndes dem Versicherten bis zum Eintritt der Invalidität beziehungsweise bis zum Lebensende folgendes Verhältniß constituirt werde. Nur im Wege dieser Dauer des Verhältnisses kann die umfangreiche Capitalansammlung, auf der diese Versicherung beruht, ihrem Zweck genügen. Macht nun aber dies Erforderniß, daß dies Versicherungsverhältniß als ein dauerndes begründet werde, in Gemeinschaft mit der weit umfangreicheren Capitalansammlung die Organisation der Invaliditäts- und Wittwen- ꝛc. Versicherung zu einer weit schwierigeren Aufgabe, so erklärt es sich schon hieraus, daß für diese Aufgaben das Terrain bisher ein viel weniger bebautes ist; die bestehende Gesetzgebung enthält keine Institution, die einer Verallgemeinerung der Invaliden- sowie Wittwen- und Waisenversicherung in dem hier fraglichen Umfange zur Basis dienen könnte. Die einzige Zwangsorganisation, welche hierher gehörige Aufgaben verfolgt, ist wenn von den auf ganz anderen Voraussetzungen beruhenden Pensions- und Wittwenkassen für Beamte abgesehen wird, die der Knappschaftskassen. In der That ist versucht worden, dieselbe als Ausgangspunkt für eine Verallgemeinerung der Invaliden- ꝛc. Versicherung zu benutzen; die Ausdehnung dieser Institution bildet den Gegenstand des bekannten von Herrn Stumm gestellten, in der Session von 1879 im deutschen Reichstage behandelten Antrags. Es hatte wohl die Neuheit des Gegenstandes einigen Antheil daran, daß der Antrag in dieser Form eine verhältnißmäßig immer noch zahlreiche Unterstützung fand und daß auch die Commission des Reichstags sich im Wesentlichen auf den Boden desselben stellte; es ist unmöglich, die Momente, welche die Knappschaftskassen als besondere, mit der eigenthümlichen Entwickelung und den eigenthümlichen Verhältnissen der bergbautreibenden Bevölkerung eng zusammenhängende Einrichtungen erscheinen lassen, klarer hervorzuheben, als es dem Antrage des Herrn Stumm gegenüber damals von dem Commissar des preußischen Handelsministers, Herrn Nieberding geschehen ist. Jene Kassen haben ihre Wurzel in einer oft Jahrhunderte hinaufreichenden Geschichte, in langer Gewöhnung, in der Abgeschlossenheit und dem Standesbewußtsein der Bergarbeiter, endlich in der starken Localisirung des Bergbaues und der relativ großen Ausdehnung seiner Betriebe, Voraussetzungen, welche in andern Industrien meist nicht oder nur sehr bedingt sich wieder finden. Jene besonderen Eigenschaften des Bergbaus beziehungsweise der bergbautreibenden Bevölkerung verursachen, daß die mit der Einrichtung der Knappschaftskassen verbundenen Härten eher ertragen werden, obwohl sie sich zu nicht unerheblichen steigern können. Es gehört hierher, daß, um den Verbindlichkeiten genügen zu können, Erhöhungen der Beiträge zulässig sind, daß ferner zu gleichem Zweck Herabsetzungen der Ansprüche stattfinden dürfen, daß die vollen Rechte regelmäßig nur Einer Classe von Mitgliedern, den ständigen zustehen, daß endlich beim Ausscheiden aus dem einzelnen Kassenverbande die Rechte der Mitglieder in vielen Fällen erlöschen, da ihre Uebertragbarkeit durch Cartellverhältnisse keineswegs allgemein und oft nur in unzureichender Weise geschützt ist; die von den ausscheidenden Mitgliedern gezahlten, ihnen verloren gehenden Beiträge bilden einen Theil der Mittel, mit denen die Knappschaftskassen ihren Verpflichtungen genügen. Aber selbst mit Zuhülfenahme dieser Mittel wird die Erfüllung der Verpflichtungen auch nur den ständigen Mitgliedern gegenüber keineswegs überall genügend sicher gestellt, da bei den Knappschaftskassen weder eine getrennte Rechnung je nach den auf die verschiedenen Zwecke der Kranken-, Invaliditäts- und Wittwen- und Waisenversicherung bezüglichen Beiträge und Ausgaben stattzufinden pflegt, noch überhaupt die Prüfung der für die Sicherstellung der Verbindlichkeiten erforderlichen Deckung durch Capitalbestände und sonstige Activa nach versicherungstechnischen Grundsätzen erfolgt; die gegenwärtigen Beiträge der Mitglieder dienen zum größten Theil der Deckung von Verbindlichkeiten, die bereits in der Vergangenheit entstanden sind. Die Last der Gegenwart wird demnach zum großen Theil auf die Zukunft abgebürdet; bei dieser Grundlage können die Knappschaftscassen zwar in Zeiten des Aufschwungs und der Erweiterung, ja selbst in Zeiten der Stetigkeit des Betriebes bestehen; dagegen ertragen sie schwer die Zeiten des Rückgangs; so hat denn die letzte wirthschaftliche Krisis manche Kassen in arge Bedrängniß gebracht wo nicht ihrem Ruin nahe geführt. Wenn nun auch wie die vortrefflichen Vorschläge des Herrn Hiltrop überzeugend darthun, durch Abzweigung besonderer Krankenkassen, durch Annahme eines rationelleren Systems für die Abmessung von Beiträgen und Lasten, durch Aenderung des Verhältnisses der nicht ständigen Mitglieder und durch Vereinigung der nicht leistungsfähigen Kassen zu größeren Verbänden erhebliche Verbesserungen möglich sind, so wird doch selbst im Wege dieser Reformen Mangels einer Gewähr für den künftigen Umfang des Betriebes und den dadurch bedingten Zufluß der Mitglieder für viele Kassen eine absolute Sicherstellung der Mitglieder ebensowenig zu erreichen sein, wie hierdurch eine unbedingte Uebertragbarkeit der Ansprüche beziehungsweise eine Gewährleistung der Entschädigung für die Fälle des Wechsels des Arbeitsverhältnisses oder des Berufs zu erzielen sein wird. Je mehr sonach die Knappschaftskassen sich als eine mit den Besonderheiten des Bergbaues eng verwachsene und gleichwohl auch innerhalb dieser Grenzen ihrer Anwendung reformbedürftige Einrichtung erweisen, desto weniger wird es angängig sein, die Grundsätze dieser Einrichtung, mag die Ausdehnung derselben auf dem Bergbau verwandte Betriebe ja immerhin ein Gegenstand der Discussion bleiben, auf andere Industrien, bei denen jene Besonderheiten nicht Platz greifen zu übertragen.

Wenn der Staat von seinem Rechte, die Einzelnen zur Betheiligung bei einer in ihrem wie im allgemeinen Wohlfahrtsinteresse für nothwendig erachteten Einrichtung anzuhalten Gebrauch macht, so muß er allen gleiches Recht und allen gleiche und unbedingte Sicherstellung der ihnen in Aussicht gestellten Leistungen und Vortheile gewähren. Diese Sicherstellung muß sich ebensowohl auf den Fall beziehen, wo der zur Kassen-Mitgliedschaft herangezogene Arbeiter in seinem Arbeitsverhältnisse und in seinem Kassenverbande verbleibt als auf den Fall, wo er von seinem Rechte die Erwerbsthätigkeit frei zu wählen, durch Uebertritt in ein anderes Arbeitsverhältniß oder einen anderen Beruf Gebrauch macht; es ist nicht zulässig, ihm dies verfassungsmäßige und die ganze heutige Wirthschaftsordnung durchdringende Recht indirect dadurch zu verkümmern, daß er für den Fall des Wechsels des Arbeitsverhältnisses oder der Erwerbsthätigkeit überhaupt mit dem Verluste der durch die Einzahlung von Beiträgen erworbenen Anrechte bedroht wird; das Ausscheiden ist ja in einer großen und vielleicht der größten Anzahl von Fällen nicht einmal ein freiwilliges, sondern ein durch Betriebsreduction, Betriebseinstellung oder Entlassung Seitens des Arbeitgebers und sonstigen Gründen hervorgerufenes. Wenn Herr Stumm bei Begründung seines Antrags sich dahin äußerte: „es müsse der Arbeiter einen Vortheil darin finden, seine Fabrik nicht alle Tage zu verlassen, er müsse sich nicht als Vagabond in der Welt umhertreiben", so ist dies ein Ausspruch, der vom Gesichtspunkte eines mit Recht auf ein ständiges Arbeitspersonal haltenden und zugleich um das Wohl der Arbeiter besorgten Industriellen gewiß zu erklären, der jedoch die gegen das Princip der Knappschaftskassen erhobenen Ausstellungen zu entkräften nicht geeignet ist. Den gedachten Anforderungen in Bezug auf die Sicherstellung können die Fabrikinvalidenkassen, deren Errichtung die über den Antrag des Herrn Stumm eingesetzte Reichstagscommission empfahl, nicht entsprechen; die Form der Kassen, welche der Antrag der Commission in Vorschlag bringt, sichert weder die Leistungsfähigkeit der Kassen bezüglich der in Aussicht gestellten Entschädigungen überhaupt noch die Fortdauer des Anspruches für den Fall des Wechsels des Arbeitsverhältnisses. Die Sicherstellung der Leistungen, welche die Lebensversicherungsanstalten gewähren, beruht, abgesehen von der Größe ihres Vermögens bezw. dem Umfang und der Realisirbarkeit ihres Actienkapitals, auf der Zuverlässigkeit ihrer Rechnung, diese letztere hat zwei Voraussetzungen; einmal die Annahme, daß der Kreis der bei der Gesellschaft abgeschlossenen Versicherungsverträge ein so großer ist, daß innerhalb desselben das Gesetz der großen Zahl wirkt, zweitens die Erwartung, daß die einmal in ein solches Vertragsverhältniß mit der Gesellschaft beziehungsweise in die Mitgliedschaft derselben eingetretenen Versicherten in dem bezüglichen Verhältniß ihrer großen Mehrzahl nach dauernd verbleiben. Keine dieser Voraussetzungen läßt sich von jenen Kassen in genügendem Maße erfüllen, denn sie werden immer nur einen relativ engen Kreis von Versicherten umfassen, einen Kreis, der nicht nur nach Maßgabe der Ausdehnung oder Reduction des Betriebs überhaupt sondern auch vermöge des individuellen Wechsels im Personal stets ein mehr oder weniger fluctuirender sein wird. Den einzelnen ausscheidenden Mitgliedern will zwar der Commissionsantrag die erwachsenen Anrechte dadurch erhalten, daß er das Erforderniß ihrer Uebertragbarkeit von einer Kasse auf die andere aufstellt; die Constituirung einer solchen Uebertragbarkeit, welche schon für die sehr viel gleichförmigere Verhältnisse aufweisenden Knappschaftskassen kaum allgemein realisirbar ist, wäre hier aber völlig undurchführbar, es würde dies den Kassen vollends jede Möglichkeit nehmen, einen auch nur einigermaßen bestimmt abgegrenzten Kreis von Verbindlichkeiten ihrer Berechnung zu Grunde zu legen und ein bestimmtes Verhältniß zwischen diesen und den Beiträgen zu erhalten. Einer allgemeinen Organisation der Invaliden wie der Wittwen- und Waisenversicherung werden daher derartige auf enger localer oder sonstiger Abgrenzung beruhende Kassenverbände nicht als Basis dienen, es wird sich vielmehr nur fragen können, ob das Ziel im Wege einer große Kreise umfassenden freien oder auf staatlichem Zwang beruhenden genossenschaftlichen Organisation erreichbar ist.

Die freien Kassen haben in Bezug auf die Ausdehnung oder Beschränktheit des Kreises, den sie umfassen müßten, einen etwas weiteren Spielraum als die Zwangskassen; vom Standpunkte des Einzelnen aus, der sich frei über seinen Beitritt entscheidet, ist es leichter zu beurtheilen, ob Aussicht vorhanden, daß er in seinem Erwerbsverhältniß verbleiben werde; es ist ferner mehr oder weniger seine Sache, wenn er sich ihm ungünstigen Consequenzen für den Fall des Wechsels des Arbeitsverhältnisses oder Wohnorts unterwirft. Dennoch wird, um mit dem Gesetz der großen Zahl arbeiten zu können und die Wirkungen ungünstiger Zufallscombinationen möglichst abzuschwächen, die thunlichste Ausdehnung des Kreises auch für die freien Kassen Grundsatz sein müssen, wie denn auch die englischen derartige Versicherungszwecke unter ihren Aufgaben zählende Vereine, die friendly societies und die Gesammtverbände der trades unions meist eine große Mitgliederzahl, die letzteren namentlich alle den Vereinsanschluß suchenden Gewerbegenossen des Königreichs umfassen. Ebenso war es gewiß eine glückliche Idee der Leiter der deutschen Gewerkvereine, die Invalidenversicherung auf zwei große centrale Kassen, die Verbandskasse und die Kasse der Maschinenbauer und Metallarbeiter zu gründen. Dennoch vermag ich, für so verdienstlich ich dies Vorgehen an sich halte und so sehr ich die entgegenstehenden Schwierigkeiten würdige, aus den Ergebnissen, welche die „Perle der Gewerkvereine" im Sommer 1880 mitgetheilt hat, nicht die Hoffnung zu schöpfen, daß durch diese oder ähnliche Organisationen der Zweck auch nur annähernd vollständig zu erreichen sein werde. Ich unterlasse hier von den englischen, verschiedene Aufgaben in sich vereinigenden und auf deutsche Verhältnisse nicht übertragbaren Vereinsorganisationen zu sprechen; daß dagegen der im Besitz der Gewerkvereins-Invalidenkasse befindliche Capitalfonds von 320 000 Mark für die Pensionsansprüche von 8300 Mitgliedern auch im Verein mit dem Schätzungswerth der zu erwartenden Beiträge die erforderliche Sicherheit gewährt, muß bezweifelt werden; nach dem von Herrn Behm erstatteten Gutachten müßten um diese Sicherheit zu erzielen, die Beiträge auf das Dreifache des ursprünglichen inzwischen schon verdoppelten Satzes erhöht werden. Sofern behufs Erhöhung der Sicherheit auf einen vermehrten Zufluß von Mitgliedern gerechnet wird, ist dies ein Factor, der sich als eine gänzlich unbestimmte Größe characterisirt, da auf das Maß der Betheiligung bei jenen Kassen die mannigfachsten Momente Einfluß haben; insbesondere ist es die zur Zeit unübersehbare weitere Entwickelung der Gewerkvereine überhaupt, welche für den Umfang jener Betheiligung in erster Linie bedingend sein wird. Aber auch wenn jene Kassen für die in Aussicht gestellte Invaliden-Versorgung volle Sicherheit böten, würden doch andere Momente einer erheblich weiteren Ausdehnung ihrer Wirksamkeit entgegenstehen. Die beiden Invalidenkassen der Gewerkvereine beschränken sich auf die Gewährung von Renten für den Fall der Invalidität; eine Reservirung des Capitals findet ebensowenig statt als die Wirksamkeit der Kassen auf die Versicherung der Angehörigen ausgedehnt worden ist. Für die große Mehrzahl der Gewerbegenossen — es sind die mit Familie versehenen — hat die Invalidenversicherung ohne gleichzeitige Wittwen- und Waisenversicherung nur einen unvollkommenen Werth; würde dagegen diese letztere Versicherung mit eingeschlossen, so würden die Beiträge einen für viele Mitglieder unerschwinglichen Betrag erreichen. Die zu jenen Kassen zu leistenden Beiträge, deren Abstufung nach einem complicirten Alter-

und Individualverhältnisse berücksichtigenden Tarif die Betheiligung voraussichtlich weiter verringern würde, müssen hohe sein, weil gerade bei ihnen der zeitige Beitritt der Mitglieder im Allgemeinen selten sein wird; daß der Beitritt in jüngeren d. h. in denjenigen Jahren, in denen der Eintritt der Unterstützungsbedürftigkeit am fernsten und Mangels einer zu ernährenden Familie die Leistungsfähigkeit am größten sein wird, sich für jene Kasse in irgend welcher Allgemeinheit sicherstellen lassen werde, halte ich für gänzlich unwahrscheinlich, wenn es ja auch nicht geradezu ausgeschlossen sein mag, daß in einzelnen engeren gewerblichen Kreisen das berufsgenossenschaftliche Bewußtsein sich kräftig genug entwickelt, um einen entsprechenden Druck auf die Betheiligten zu üben; dem Einfluß eines solchen Bewußtseins verdankt der Unterstützungsverein der deutschen Buchdrucker seine Stärke. Daß in der Periode der größten Rüstigkeit und Kraft die Anwandlungen des Gedankens an künftige Fürsorgebedürftigkeit gerade am seltensten sind, ist ein in der menschlichen Natur begründeter Zug; auch in den mit einer höhern Bildung ausgestatteten Klassen der Gesellschaft, die doch mehr mit der Zukunft zu rechnen gewohnt sind, ist doch in jener Lebensperiode eine Vorsorge für das Alter durchaus ungewöhnlich. Würden wir es nicht fast als eine Verirrung betrachten, wenn ein junger Mann etwa während seines Universitätslebens sich bereits mit der Sicherung seines Alters und seiner Wittwen und Waisen beschäftigte? So wenig daher dem freien Kassenwesen für die Aufgabe der Invaliditätsversicherung innerhalb begrenzter Kreise die Fähigkeit weiterer Entwickelung abgesprochen werden soll, so wird doch eine Verallgemeinerung dieser Versicherung in einem für die engere Begrenzung der Armenlast fühlbaren Maße auf diesem Wege nicht zu erzielen sein.

Es bleibt daher die Idee großer, weite Kreise in sich begreifender Zwangskassenverbände in Erwägung zu ziehen. Die Aufgabe solcher Verbände müßte die Wittwen- und Waisenversicherung mit umfassen; es ist nicht richtig, daß wie Behm meint die Verknüpfung der Invaliditäts- mit der Wittwen- und Waisenversicherung eine u n n ö t h i g e Erschwerung der Aufgabe enthalte. Der Einzelne, dem die freie Wahl zusteht, mag nach seiner individuellen Auffassung oder der Lage seiner Verhältnisse der Invalidenversicherung vor der Wittwen- und Waisenversicherung den Vorzug geben und sich für die erstere entscheiden: aber es wird das Gesetz diese Wahl nicht für ihn treffen dürfen, da es sonst Gefahr laufen würde, die Mittel des Versicherten demjenigen Zweck zuzuführen, welcher seinen persönlichen Bedürfnissen in geringerem Maße dient. Wenn nun aus dieser Mitaufnahme der Wittwen- und Waisenversicherung in den Aufgabenkreis eine Vermehrung der finanziellen Schwierigkeiten erwächst, so unterliegt nach anderer Richtung hin die Aufgabe der Invalidenversicherung, wenn so große Verbände sie in die Hand nehmen sollen, einer ferneren Erschwerung. Die Wahl solcher Verbände zur Basis der Organisation nöthigt, wie neuerdings Göbel in seiner mir ihrer Richtung nach sympathischen Schrift treffend ausführt, mehr oder weniger dazu, die Invaliditäts- durch eine Altersversicherung zu ersetzen, da Genossenschaften, auf je weitere Gebiete und Kreise sie sich ausdehnen, in desto geringerem Maße befähigt sind, die Thatsache der Invalidität zu constatiren und in ihrer Fortdauer zu prüfen; es ist dies schon schwierig, wenn es sich um berufsgenossenschaftliche Verbände handelt, noch schwieriger aber, wenn der Versicherungsverband die Angehörigen eines localen

Gebiets ohne Abgrenzung durch berufsmäßige Qualification umfaßt. Denn in jenem Falle handelt es sich in erster Linie um die Feststellung der Unfähigkeit für den bestimmten Beruf, eine Feststellung, für die meist noch einzelne technisch festzustellende Momente einen gewissen Anhalt geben; im zweiten Falle hat die Constatirung sich darauf zu beziehen, inwieweit der Versicherte zur Ausführung einer Erwerbsgelegenheit überhaupt unfähig geworden ist; diese letztere Frage aber wird häufig nur im Wege einer auf längere Beobachtung gestützten Prüfung aller einschlägigen Verhältnisse zuverlässig beantwortet werden können; zur Vornahme einer solchen Prüfung sind engere, bei der Entscheidung des bezüglichen Falles interessirte Kreise allein völlig geeignet. Auch durch den Vorschlag Schäffles, welcher für die nach seinem Plane einzurichtenden großen berufsgenossenschaftlichen Corporationen die gedachte Prüfung den engeren Verbänden der von ihm als Basis gedachten Krankenkassen übertragen und diese, um ihr Interesse rege zu erhalten, durch Auferlegung eines Aufgeldes oder einer zeitweise zu leistenden Quote der Kosten, an der Last des einzelnen Pensionsfalles betheiligen will, werden jene Schwierigkeiten kaum völlig beseitigt werden; denn entweder wird jener Antheil der Kosten so gering bemessen sein, daß er einen wirksamen Impuls zu sorgsamer Prüfung für den engeren Verband nicht enthält, oder es werden bezüglich der kleineren Verbände mehr oder weniger dieselben Nachtheile sich ergeben, die, wie ich vorher ausführte, von Pensionskassen, die nur enge Kreise umfassen, nicht zu trennen sind. Soweit aber die Invalidenversicherung durch eine Altersversicherung, d. h. durch eine mit Erreichung einer gewissen Altersgrenze eintretende Pensionirung ersetzt werden muß, werden allerdings die Wirkungen der Einrichtung wesentlich verschlechtert, da Invalidität und Erreichung eines bestimmten Alters sich keineswegs decken; jedenfalls bleibt bei einer solchen Umwandlung das Bedürfniß bestehen, für Fälle vorzeitig eintretender Invalidität durch besondere sich an jene Altersversicherung anschließende Einrichtungen zu sorgen.

Jene auf weite Kreise und große locale Gebiete sich ausdehnende Kassen, welche hiernach die Aufgaben der Invaliditäts- beziehungsweise Alters- und der Wittwen- und Waisenversicherung in ihrem Wirkungskreise zu vereinigen hätten, können nun zweierlei Art sein: sie können berufsgenossenschaftliche d. h. nur Mitglieder einer bestimmten, durch ihre Erwerbsthätigkeit gegebenen Qualification umfassende Verbände oder Verbände allgemeiner Art sein, dergestalt, daß sie die Angehörigen des betreffenden localen Gebiets ohne Rücksicht auf solche Qualification in sich begreifen. Die bisherige Entwickelung bietet am ersten Anhaltspunkte für berufsgenossenschaftliche Organisationen; dennoch wird auf diesem Wege eine Verallgemeinerung der Invaliditätsversicherung in der hier in Rede stehenden Ausdehnung nicht erreicht werden können. Denn es ist überhaupt nur ein beschränkter Theil der zu den arbeitenden Klassen gehörigen Bevölkerungskreise der Zusammenfassung in solche berufsgenossenschaftliche Corporationen fähig; vielleicht läßt nicht einmal der größere Theil der dem sogenannten skilled labour angehörigen Arbeiterwelt sich in derartige Organisationen vereinigen; handelt es sich aber um genossenschaftliche Verbände, die nur einen Theil der arbeitenden Klassen in sich zu begreifen bestimmt sind, so entspringen wieder hieraus nicht unerhebliche Schwierigkeiten. Zunächst ergeben sich solche in Betreff des Requisits der Schadloshaltung derjenigen, welche in Folge eines Wechsels und der Art ihrer Erwerbsthätigkeit aus dem betreffenden Verbande ausscheiden: eine Sicherstellung dieser Schadloshaltung durch das Princip der Uebertragbarkeit muß für alle diejenigen Fälle ausgeschlossen bleiben, in denen der Uebertritt in ein Erwerbsverhältniß erfolgt, für das Verbände der vorbezeichneten Art nicht existiren. Andere Schwierigkeiten liegen auf finanziellem Gebiete. Von den Vertheidigern der berufsgenossenschaftlichen Versicherungsverbände wird, soweit ich übersehe, nahezu mit Einhelligkeit ein Zuschuß aus Staatsmitteln oder sonstigen öffentlichen Fonds als eine Voraussetzung der Realisirbarkeit dieser Organisationen bezeichnet, die durch Beiträge der Arbeiter und Arbeitgeber allein nicht erhalten werden können. Soweit ich nun davon entfernt bin, die Zulässigkeit derartiger Zuschüsse im Princip meinerseits in Zweifel ziehen zu wollen, so ist es für mich in concreto doch eine Voraussetzung dieser Zulässigkeit, daß die Zuschüsse der Arbeiterwelt beziehungsweise den ärmeren Klassen überhaupt, nicht aber nur einem Theile derselben und zwar gerade demjenigen Theile zu Gute kommen, der, weil in verhältnißmäßig bessern Erwerbsverhältnissen, relativ dieser Unterstützungen am wenigsten bedarf; gerade diese an und für sich besser gestellten Elemente wären es, die sich in den berufsgenossenschaftlichen Zwangsverbänden vorzugsweise vereinigen würden. Als die Vorbedingung, von der das Eintreten mit Staatszuschüssen abhängig gemacht werden müßte, erscheint mir daher die Einreihung des gesammten Arbeiterstandes in die Organisation der berufsgenossenschaftlichen Zwangsverbände, eine Ausdehnung dieser Organisation, wie sie nach dem soeben Gesagten unrealisirbar ist. Sind aber die berufsgenossenschaftlichen Verbände allein auf die Beiträge ihrer Mitglieder beziehungsweise der Arbeitgeber verwiesen, so liegt schon hierin, daß diese Organisation, mag sie auch für gewisse begünstigte und unter gleichartigen Verhältnissen sich bewegende Industrieen eine Zukunft haben, eine Verallgemeinerung der Invaliden- beziehungsweise Alters- und Wittwen- und Waisenversicherung, wie sie behufs Aufsaugung der öffentlichen Armenpflege zu einem nennenswerthen Theile nöthig wäre, schwerlich wird herstellen können.

Im Gegensatze zu den berufsgenossenschaftlichen Verbänden ist in dem Behm'schen Gutachten die Bildung lediglich localer, von Berufsunterschieden absehender größerer Kassenverbände als Ziel hingestellt worden; nach ähnlicher Richtung hin bewegen sich die Vorschläge, die Herr Kalle das verehrte Mitglied dieses Vereins in seinem Gutachten, und Herr Göbel, erster Bürgermeister der Stadt Naumburg a. S. in der vorhererwähnten Brochüre gemacht haben; der erstere befürwortet Kassen, deren Bezirke sich thunlichst an die politische Eintheilung anschließen, der letztere die Einrichtung einer das ganze Gebiet des Reiches umfassenden Reichspensionskasse. Nach beiden Vorschlägen soll der Abgrenzung der dem Kassenzwange unterworfenen Personen die weiteste Ausdehnung gegeben werden; dennoch haben die Schwierigkeiten, welche theils die consequente Gestaltung und Durchführung der Abgrenzung, theils die Realisirung des Kassenzwangs überhaupt hat, in diesen Vorschlägen eine Erledigung nicht erfahren, ebensowenig ist das Problem nach der financiellen Seite hin genügend gelöst worden. Was die Schwierigkeiten der Abgrenzung anlangt, so hat sich über dieselben mit Bezug auf die von der Reichstagscommission befürworteten Fabrikkassen Sartorius von Waltershausen in seiner vor einiger Zeit erschienenen lehrreichen Schrift über Invalidenversorgung in treffender Weise verbreitet; auch bei den Vorschlägen Kalles und Göbels kehren solche Schwierigkeiten wieder. Herr Kalle will den Beitrittszwang im Princip und unter Vorbehalt detaillirterer Abgrenzung auf Alle ausdehnen, die ein gewisses zu ihrem Unterhalt ausreichendes Vermögen nicht nachweisen können, selbst auf unverheirathete Arbeiterinnen, denen aber im Falle der Verheirathung eine Entschädigung für die eingezahlten Beiträge zurückgewährt werden soll; es würde hierdurch namentlich die Ungerechtigkeit entstehen, daß diejenigen Personen, welche keinen zu einer Beitragsquote mit heranzuziehenden Arbeitgeber haben, dessen ihnen wohl oft unerschwinglichen Antheil mitzuleisten haben würden; es würde aber auch die Beitreibung gegenüber solchen, bei denen sie durch Lohnabzug nicht bewirkt werden könnte, meist ganz unausführbar bleiben. Göbel stellt sich die Sache so vor, daß die den unteren Steuerstufen angehörigen Personen, nachdem sie das vierundzwanzigste Lebensjahr zurückgelegt, zum Beitritt verpflichtet sein sollen, sofern sie nicht den von ihm bezeichneten zahlreichen Ausnahmecategorien angehören. Die Beitrittspflicht an diese Voraussetzungen zu knüpfen, halte ich aber für ganz unmöglich: es würde damit Jemand vermöge des Umstandes, daß er einmal der betreffenden unteren Steuerstufe angehört hat, hierdurch mit der Kassenmitgliedschaft für sein ganzes Leben behaftet werden; es würden ferner alle diejenigen, welche zu einem späteren Zeitpunkte in jene untere Stufe und in die nicht befreiten Categorien eintreten, von diesem Zeitpunkte an kassenpflichtig werden und zwar, damit die Kasse für die Erfüllung ihrer Verbindlichkeiten leistungsfähig bleibe, mit entsprechenden höhern Beiträgen herangezogen werden müssen; so würden beispielsweise, da Dienstboten der Regel nach befreit bleiben sollen, die Knechte auf dem Lande nicht beitragspflichtig und erst sobald sie Tagelöhner würden, dem Kassenzwange unterworfen sein, dann aber mit höheren Beiträgen sich zu betheiligen haben, es sei denn, daß beabsichtigt würde, den Personen, welche bei Vollendung ihres vierundzwanzigsten Lebensjahres zu einer befreiten Categorie gehören, die Befreiung für ihr ganzes Leben zu erhalten; damit würde die Eigenschaft der Kasse als einer allgemeinen dann wieder gänzlich durchlöchert werden. Aufgabe der Verwaltung würde es sein, für jede einzelne Person dem Wechsel ihrer die Kassenpflicht begründenden, beziehungsweise aufhebenden Verhältnisse zu folgen, ja es würden, da nach Göbels Vorschlägen unverschuldete Ausfälle auf die Reichskasse übernommen, Personen aber, die wegen Unwirthschaftlichkeit, Lüderlichkeit u. s. w. ihre Beiträge zu leisten außer Stande sind, aus der Kasse ausgestoßen werden sollen, die Behörden mit einer Fülle individueller und zugleich tiefeingreifendster Entscheidungen belastet werden, für welche hier völlige Unzureichlichkeit nur zu bald hervortreten würde. Muß sich aber die Unzureichlichkeit der Verwaltung schon diesen Anforderungen gegenüber herausstellen, so wird dies noch mehr der Fall sein, wenn eine Verhältnißmäßigkeit zwischen Beiträgen und Leistungen einerseits und dem individuellen Bedürfniß andrerseits erhalten werden soll. Denn bei der überaus großen Verschiedenheit der Ansprüche, wie sie auch innerhalb der untern Steuerklassen die lokalen und die individuellen Erwerbsverhältnisse zur Folge haben, kann nicht ein gleiches Maß der Personen und Beiträge für Alle festgestellt werden, sondern es wird eine jener Verschiedenheit Rechnung tragende Abstufung stattfinden müssen; da nun aber Aufenthalts- und Erwerbsverhältnisse nicht die gleichen bleiben, sondern vielfachem Wechsel unterliegen, so wäre, wenn diesem Wechsel bei Feststellung der

Beiträge u. s. w. Rücksicht geschenkt werden sollte, eine unendliche Zahl von Herabsetzungen, Erhöhungen und dadurch gebotene Umrechnungen nicht zu vermeiden, eine Geschäftslast, gegen welche die gegenwärtig mit der Handhabung der Armenpflege verbundene garnicht in Betracht kommen würde. Schon wegen dieser Schwierigkeiten halte ich diese Projecte so wie sie vorliegen, für undurchführbar, auch wenn von den ihrer Realisirung entgegenstehenden financiellen Schwierigkeiten und namentlich von der Frage abgesehen wird, wie die Beiträge innerhalb der so ausgedehnten Kreise in irgend einer Allgemeinheit noch erschwinglich bleiben. Was nun diese Erschwinglichkeit anlangt, so sind die Ansätze von Kalle wie die Behmschen Ausführungen darthun, zu niedrig gegriffen; dem entsprechend sind denn auch den Berechnungen Göbels viel höhere Sätze zum Grunde gelegt worden. In welchem Durchschnittsbetrage jedoch die Beiträge zur Erhebung gelangen, wird im Wesentlichen von dem Alter abhängen, in welchem der Beitritt im Allgemeinen als gesichert betrachtet werden kann; Kalles Ansicht, das der Beitritt in vielen Fällen schon im Alter von 14—17 Jahren werde erfolgen können, halte ich für eine viel zu sanguinische, da in diesen Jahren, welche häufig in die Lehrzeit fallen, abgesehen von wenigen begünstigten Gegenden Deutschlands der Verdienst ein geringer zu sein pflegt; aber auch die Annahme Göbels, daß das normale Beitrittsalter auf das vier und zwanzigste Lebensjahr werde festgesetzt werden können, scheint mir nach Göbels eigenen Aufstellungen zu günstig gegriffen, da gerade in diesem Lebensalter viele Personen in Lebensstellungen wie Gesindedienst u. s. w. sich befinden, für welche Göbel selbst Befreiung von der Beitragspflicht in Anspruch nimmt. Es ist daher auch Göbel der Meinung, daß die Durchführung dieser Versicherung ohne sehr erhebliche Zuschüsse der Gemeinden, des Staats oder Reichs nicht gesichert werden könne. Wenn ich nun auch, wie vorher bemerkt, kein grundsätzlicher Gegner derartiger in einem gewissen Verhältniß zu den eignen Leistungen der Arbeiter gewährter Zuschüsse bin, so würde doch eine so umfassende Betheiligung öffentlicher Fonds, wie sie Göbel und in noch höherem Maße in einem im Winter im Berliner Verein für Volkswirthschaft gehaltenen Vortrage Herr Schück in Anspruch nimmt — danach würden etwa die Versicherten $^1/_4$, die Arbeitgeber $^3/_8$, das Reich oder der Staat $^3/_8$ des Bedarfs aufzubringen haben — das Verhältniß zu verkehren und der Einrichtung mehr und mehr den Charakter einer staatlichen Pensionirung der Arbeiter zu geben nur zu sehr geeignet sein. Die nachtheilige Rückwirkung einer solchen Einrichtung auf die eigene Thätigkeit der Arbeiter würde schwerlich ausbleiben, und würden damit die nach dieser Richtung hin an die Invalidenversorgung geknüpften Besorgnisse sich rechtfertigen, wie sie neuerdings auch in industriellen Kreisen einen bezeichnenden Ausdruck gefunden haben.

Die bis jetzt in die Oeffentlichkeit getretenen Projecte rechtfertigen hiernach nicht die Erwartung, daß die Verallgemeinerung der Invaliden- und Wittwen- bezw. Waisenversicherung durch Organisation obligatorischer Kassen in naher Zukunft zu erreichen sein werde; zur Zeit fehlt es an Vorschlägen, welche mit der gebotenen Rücksicht auf die in unserer Wirthschaftsordnung begründete Erwerbsfreiheit diejenige auf die Leistungsfähigkeit der Kassen und die Erschwinglichkeit der Beiträge genügend vereinigten. Dies Ergebniß wird sicher nicht davon abhalten dürfen, mit Versuchen weiterer Combinationen fortzufahren; die Erreichung des Zieles schon jetzt entmuthigt aufzugeben, liegt um so weniger Anlaß vor, als ja erst seit verhältnißmäßig kurzer Zeit die öffentliche Aufmerksamkeit jenem wichtigen Problem sich wieder zugewendet hat, und es somit kein Wunder wäre, wenn die Eventualitäten desselben noch nicht nach allen Seiten hätten ergründet werden können. Dennoch hat die Erkenntniß der entgegenstehenden Schwierigkeiten ihren Werth; dieselben werden von vielen Seiten offenbar unterschätzt. Manches der Projecte, die jetzt so hoffnungsvoll emporsprießen, erinnert mich an einen Schmied, den ich in meiner Jugend kannte, und der, nachdem er sich in seinem Fache tüchtig bewährt, ein Perpetuum mobile erfunden zu haben glaubte, nur daß noch ein Rad an der Maschine fehlte; aber er starb, ohne das Rad gefunden zu haben. Auch in jenen so rasch auftauchenden Projecten bleiben noch solche Räder einzusetzen; das Verdienst, Projecte dieser Art aufzustellen, wird nur dadurch ein ganz vollkommenes, daß nicht nur Idee und Richtung, sondern auch Mittel und Wege der Durchführung angegeben werden. So lange nicht in dieser Weise der Beweis der Durchführbarkeit in vollständiger Weise geführt wird, werden wir, ohne damit am Gelingen überhaupt zu verzweifeln, doch immerhin mit der Hoffnung, das Ziel in gewünschter Ausdehnung zu erreichen, noch sparsam umzugehen, wir werden auch mit der Möglichkeit, daß das gewünschte Ergebniß nicht oder nicht im vollen Umfange sich werde erzielen lassen, zu rechnen haben.

Läßt aber auf die Frage, wann und in welchem Maße wir auf den bezeichneten Wegen zu einer Verallgemeinerung der wichtigsten Zweige der Arbeiterversicherung, der Invaliden- und der Wittwen- und Waisenversicherung gelangen werden, sich zur Zeit eine bestimmte Antwort nicht geben, so bleibt zu untersuchen, ob es nicht andere Wege giebt, auf denen die Erfüllung der Aufgabe, wenn auch in bescheidenerem Umfange sicher gestellt, bezw. eine Ergänzung der verbleibenden Lücken erstrebt werden kann. Im Vorstehenden ist lediglich der genossenschaftlichen Organisation des Versicherungswesens gedacht worden; auf einem anderen Princip beruhen die Alters-Versorgungs- oder Altersrenten-Anstalten, welche sich mit der Gewährung von Alters-Renten gegen frühere Einzahlungen befassen; einzelne der bezüglichen Anstalten lassen für den Fall, daß der Einzahler diese Modalität vorzieht, eine Reservirung des eingezahlten Capitals zu und wenden je nachdem der eine oder andere Modus beliebt wird, einen zweifachen Tarif an: erfolgt die Einzahlung mit vorbehaltenem Capital, so wirkt die Anstalt in der Hauptsache als Spar-Institut; im andern Falle, d. h. wenn auf das Capital verzichtet wird, erhält auch das Element der Versicherung einen größeren Spielraum, indem die Einzahlungen der versterbenden Mitglieder den Verbleibenden zuwachsen; bei dieser Methode ist daher der Tarif ein gegen den der ersteren beträchtlich niedrigerer; die Ausweisung der Entschädigung in Lebensrenten giebt in beiden Fällen dem Geschäft zugleich den Charakter des Leibrenten-Vertrags. Eine solche Anstalt umfaßt die englische mit dem General-Postamt in Beziehung gesetzte Staatsrenten-Versicherung; hierher gehören ferner die französische caisse des retraites pour la vieillesse, die im Jahre 1858 gegründete Kgl. Sächsische Altersrentenbank, die öffentliche Stiftung der Kaiser Wilhelms-Spende, endlich verschiedene Privat-Institute. Von diesen Anstalten hat es die englische Altersrenten-Versicherung bisher nicht zu einer umfangreichen Wirksamkeit bringen können, was wohl mit Recht der großen und erfolgreichen Concurrenz der Privat-Versicherungsgesellschaften, der friendly societies und der trades-unions, namentlich auch den günstigen

Bedingungen, welche diese Anstalten dem niedrigen Zinsfuß der Staats-Renten gegenüber gewähren, zugeschrieben worden ist; zu welchen Ergebnissen das Erleichterungen gewährende Gesetz von diesem Jahre und die Anstrengungen des unermüdlichen Fawcett führen werden, bleibt noch abzuwarten. Dagegen scheint es mir, daß mein verehrter Correferent, Herr Lammers, in seinem bei der vorjährigen Versammlung des deutschen Vereins für Armenpflege gehaltenen Vortrage die Wirksamkeit der caisse des retraites zu ungünstig beurtheilt hat, indem er auf den geringen Bruchtheil Bezug nimmt, den unter den Rentenkäufen die auf directen Einzahlungen beruhenden ausmachen; die Einzahlungen der den ärmeren Klassen angehörigen Personen sind meist unter den collectiv geleisteten und zwar vorzugsweise unter den durch die sociétés de secours mutuels bewirkten enthalten; daß diese Einzahlungen nicht ganz unbedeutende sind, ergiebt sich aus dem Gesammtbetrage derselben, der am Ende des Jahres 1880 für die sociétés approuvées allein 1 500 486 47 Frcs. betrug, zu welchem Betrage noch die jährliche Staatssubvention von 500 000 Frcs. hinzutrat; der gesammte zur Sicherstellung von Alters-Pensions-Ansprüchen hinterlegte Fonds belief sich bei den gedachten Gesellschaften am 31. December 1880 auf 38 113 046 Frcs. 01 Cts. Wenn nun gleichwohl die Zahl derjenigen Mitglieder der sociétés approuvées, welche sich im Genuß ihrer angewiesenen Pensionen befanden, im Jahre 1880 erst 12075 erreichte, so erklärt sich das anscheinend daraus, daß die gesammte Entwickelung sich noch in ihren Anfangsstadien befindet, daher für die bei Weitem meisten Pensionen das den Genuß derselben bedingende Ereigniß noch nicht zur Wirklichkeit geworden ist; für die Zukunft ist eine große Dimensionen annehmende Entwicklung um so mehr zu erwarten, als sämmtliche Namens der Gesellschaften in die caisse des retraites stattfindenden Einzahlungen soweit mir bekannt mit reservirtem Capitale erfolgen, so daß das nach dem Tode des Pensionsempfängers zur Gesellschaftskasse zurückkehrende Capital für weitere Verleihungen von Pensionen disponibel wird. Es war eben, nachdem der Organisation der Hilfsgesellschaften durch Napoleons III. gesetzgeberische Initiative im Jahr 1850 ein so erheblicher Aufschwung gegeben worden, zunächst der Unterbau einer freien Krankenversicherung weitester Ausdehnung zu vollenden; auf der Basis desselben kann um so sicherer die Invaliditäts- und Alters-Versicherung zur Entwicklung gelangen. Zweck der Gesetz-Entwürfe, welche das Ministerium de Freycinet im Frühjahr der Kammer vorlegte, ist es, die Organisation der sociétés de secours mutuels für die Zwecke der Altersversicherung weiter auszubilden, dieser Aufgabe erhöhte Zuschüsse aus Staatsmitteln zuzuwenden und der mißbräuchlichen Verwendung der Verzinsungszuschüsse vorzubeugen, zu der die bisherige Einrichtung der caisse des retraites Anlaß gegeben hat.

Nach meiner Ansicht ist dem Altersversicherungswesen mit dieser beschränkten Aufgabe in Deutschland eine genügende Ausbildung nicht zu Theil geworden; die sächsische Altersrentenbank und die Kaiser-Wilhelm-Spende werden wie bisher so auch künftig es schwerlich zu einer irgend wie ausgebreiteten Wirksamkeit innerhalb der arbeitenden Klassen bringen; dazu sind ihre Tarife viel zu hoch, es sind andere Kreise der Bevölkerung, denen jene Einrichtungen dienen. Meines Erachtens ist nächst dem staatlichen Betriebe und der Staatsgarantie die erste Voraussetzung, von welcher die erweiterte Betheiligung der arbeitenden Classen bei jenen Anstalten abhängt, die Gewährung eines günstigen, den Sätzen des Tarifs zu Grunde zu legenden Zinsfußes; ein zu diesem Behuf gewährter Staatszuschuß scheint mir, da er den Einlegern nur im Verhältniß der ihrem eigenen Erwerbe entnommenen Ersparnisse zuwächst, ohne Bedenken, sofern nur Vorsorge dafür getroffen wird, daß er nur den arbeitenden oder überhaupt den vermögenslosen Classen gehörigen Personen zufließt und daß er mit Erreichung eines bestimmten Betrages des eingelegten Capitals in Wegfall kommt; eine solche Vorsorge ist völlig möglich; es war ein Fehler der französischen auf die caisse des retraites bezüglichen Gesetzgebung, daß sie diese Vorsorge zu sehr vernachlässigt hat; eine Gesetzesvorlage vom Frühjahr dieses Jahres ist diesen Fehler zu verbessern bestimmt. Eine weitergehende Adaptirung der Altersversorgungsanstalten für die Bedürfnisse der arbeitenden Classen würde dadurch möglich, daß dieselben mit den bestehenden obligatorischen und freien Hülfskassen in Verbindung gebracht und diesen Kassen die Benutzung der Anstalten im Interesse ihrer Mitglieder unter günstigen Bedingungen ermöglicht würde: collective Einzahlungen in der Form, wie sie den französischen sociétés de secours mutuels gestattet sind, würden allerdings mit dem Wesen der deutschen Hülfskassen sich kaum vertragen. Es wäre selbst nicht ausgeschlossen, daß bei den obligatorischen Hülfskassen der Beitragszwang ebenso wie die Betheiligungspflicht der Arbeitgeber auf die Einlegung gewisser Minimalbeträge in die staatliche Altersversorgungskasse ausgedehnt würde; würde diese Ausdehnung eine allgemeine, so würde doch wenigstens vielen derjenigen Arbeiter, die ihre Laufbahn in ständigen Arbeitsverhältnissen zugebracht haben, eine sie gegen dringende Noth sichernde Altersversorgung geschafft werden; bei Umrechnung des erworbenen Capitalbetrags in eine Altersrente könnte durch Gewährung eines günstigen Tarifes wieder eine beschränkte Staatshülfe eintreten; der Capitalvorbehalt müßte die Regel bilden, doch müßte denjenigen Einlegern, welche ein bestimmtes Alter erreicht und eine Familie nicht oder nicht mehr zu versorgen hätten, gestattet sein, den Capitalvorbehalt aufzugeben. Der Uebertritt aus einer Hülfskasse in die andere würde bei dieser Einrichtung keine Schwierigkeiten verursachen, da ein Jeder beim Ausscheiden aus seinem Beruf oder Arbeitsverhältniß seine Rechte behalten würde und er in der Lage wäre, direct oder durch Vermittelung anderer Kassen in der Leistung von Beiträgen fortzufahren. Für den Fall, daß der Einzahler eine Familie hinterließe, wäre für diese das reservirte Capital verfügbar. Der Werth dieser Capitalansammlung würde für die Betheiligten in nicht unbeträchtlicher Weise erhöht werden, wenn die öffentliche Armenpflege zu einer liberaleren Behandlung solcher Ersparnisse überginge, d. h. bei Abmessung der an Altersschwache, Wittwen oder Waisen zu leistenden Unterstützungen nicht ohne Weiteres die Einrechung jener Beträge in Anspruch nähme oder deren vorherige Absorbirung verlangte.

Die Frage der Invaliden- und Altersversorgung liegt hiernach zur Zeit ebensowohl was das „Wie“ als was das „In welchem Umfange“ anlangt, noch als eine offene und ungelöste vor uns; in welche Wege der Ausführung aber auch die Gesetzgebung einlenken möge, immer wird noch eine geraume Zeit vergehen, ehe daß eine Rückwirkung auf den Umfang der Armenlast wahrnehmbar werden könnte; bei der Versorgung durch Altersrenten würde dieser Erfolg erst eintreten, wenn nach deren Verallgemeinerung die Ansammlung des Kapitals in entsprechendem Maße vorgeschritten wäre; die genossenschaftliche Invalidenversorgung würde, soweit sie als obligatorische eingeführt würde, zunächst doch nur die jüngeren und etwa einen Theil der mittleren Altersclassen umfassen können; für die älteren Classen würden die Beiträge unerschwinglich sein, wenn, was bei dieser Versicherung nicht zu vermeiden, die Abstufung des Alters im Tarife einigen Ausdruck finden sollte; andernfalls würden aus der allgemeinen Höhe der Tarife dem Unternehmen überhaupt erhebliche Schwierigkeiten erwachsen. Die Rückwirkung auf die Armenlast würde erst in dem Maße eine erkennbare werden, als die nicht versicherte Generation, soweit sie jetzt die Armenpflege in Anspruch nimmt, allmählich durch eine an der Organisation der Versicherung theilnehmende ersetzt würde; da ja zur Zeit noch nicht einmal über die für die Organisation zu gebenden Grundlagen eine Einigung oder auch nur eine Annäherung der Meinungen erreicht worden ist, kann das Ergebniß immer erst in einer verhältnißmäßig fernen Zukunft liegen. Ja es wäre nicht undenkbar, daß in der Uebergangsperiode sich der Aufwand für die Armenpflege vorübergehend noch vergrößerte; denn wenn für die jüngeren Altersclassen eine vollkommenere Versorgung sicher gestellt würde, wäre es nicht zu umgehen, für die ältern Classen, die ohne ihre Schuld von der Verbesserung unberührt blieben, eine ausgiebigere Fürsorge im Wege der Armenpflege eintreten zu lassen. Rascher würde die Verallgemeinerung der Krankenversicherung sich in einer Entlastung der Armenpflege fühlbar machen; immer indessen wird in Betracht zu ziehen sein, daß diese Versicherung über den Bereich des skilled labour nur wenig hinausgehen, daß sie manche Gebiete des letzteren nicht einmal umfassen und daß sie die Versicherung Familienangehöriger wenigstens in irgend einer Allgemeinheit nicht einschließen würde, und so wird die Reduction so erheblich nicht zu erachten sein, daß nicht auf dieselbe veränderte Pläne in Bezug auf die Vertheilung dieses Theils der Armenlast würden gegründet werden können. Die Fälle, auf welche die Unfallversicherung sich bezieht, fallen numerisch nicht stark genug in's Gewicht, um auf Umfang und Charakter der Armenlast einen modificirenden Einfluß zu üben.

Soweit daher ein Bedürfniß der Reform der Armenpflege und einer Aenderung der Grundsätze, auf denen die Vertheilung der Armenlast beruht, überhaupt besteht, wird eine Erledigung desselben von der Durchführung der Organisation der Versicherung in absehbarer Zeit nicht zu erwarten sein. Es folgt hieraus, daß die Mittel der Abhülfe für jenes Bedürfniß zunächst und vorläufig innerhalb der Organisation der Armenpflege selbst zu suchen sein werden. (Bravo!)

Der Vortrag wurde hier unterbrochen und es folgten hier die Vorträge der Herren Correferenten sowie demnächst die Discussion.

II. [1]

Ich gehe nun zum zweiten Abschnitte über.

Die Frage, mit deren Beantwortung derselbe zu thun hat, ist die folgende:

Ist das bestehende Verhältniß der Betheiligung der Armenverbände bei Tragung der Armenlast zu ändern? Eventuell, welcher Aenderungen bedarf dasselbe?

[1]) Dieser Theil des Referats, der, wie oben bemerkt, mündlich nicht mehr vorgetragen werden konnte, ist nachträglich schriftlich erstattet worden und wird hiermit durch den Druck der Oeffentlichkeit übergeben.

Der Inhalt der Frage bildet einen wichtigen Punkt ebenso in der Armen- wie in der Finanzreform. Das Verhältniß zu beiden ist vorerst klar zu stellen.

Die Meinung, daß es einer Reform der die öffentliche Armenpflege beherrschenden Grundsätze bedürfe, ist zuerst im Mainzer volkswirthschaftlichen Congreß vom Jahre 1869 zu allgemeinem Ausdruck gelangt. Die Auswüchse, welche in der Handhabung der öffentlichen Armenpflege an mehreren Orten beobachtet worden waren, hatten im Verein mit der individualistischen Richtung, wie sie damals die volkswirthschaftlichen Kreise beherrschte, zu einer gegen die öffentliche Armenpflege gerichteten Strömung geführt und einer Ansicht Verbreitung gegeben, welche möglichste Einschränkung dieser Armenpflege und ihre Ersetzung durch eine organisirte Privatarmenpflege forderte. Die damalige Bewegung vermochte jedoch nicht, sich Einfluß auf den Gang der Gesetzgebung zu verschaffen; die in derselben vertretene Richtung kann als eine überwundene betrachtet werden, da die Ueberzeugung, daß in Deutschland die Aufgaben der öffentlichen Armenpflege auf absehbare Zeit von der Privatarmenpflege nicht werden übernommen werden können, eine nahezu allgemeine ist. Die gegenwärtigen Reformbestrebungen richten sich daher auf eine Verbesserung der öffentlichen Armenpflege und zwar ebenso, was ihre Handhabung als was die Vertheilung der durch letztere erwachsenden Last anlangt.

An der Handhabung der öffentlichen Armenpflege wird ausgesetzt, daß sie je nach der Art und Organisation der Verbände, denen dieser Verwaltungszweig obliegt, und je nach der individuellen Auffassung der wirkenden Personen eine überaus ungleiche sei; während in der Praxis mancher Verbände sich Grundsätzlichkeit und eine den polizeilichen Gesichtspunkten und der Rücksicht auf die Hervorrufung der Selbstthätigkeit der Armen Rechnung tragende Ausübung vermissen lassen, bleiben an anderen Orten die Leistungen hinter dem Nothdürftigen zurück: ein Ineinandergreifen mit den Organen der repressiven Armenpflege einerseits, mit der freiwilligen Armenpflege wird vielfach vermißt. Hauptsächlich indessen werden die Uebelstände in dem Mangel einer rationellen Vertheilung der Armenlast gefunden. Die Anforderungen, welche die Armenpflege an die mit derselben belasteten Verbände stellt, steigern sich, so wird behauptet, über das durch die finanzielle Leistungsfähigkeit vieler dieser Verbände gegebene Maß hinaus; das Mißverhältniß, das zwischen Anforderungen und Leistungsfähigkeit besteht, wirkt dann wieder nachtheilig auf die Handhabung der Armenpflege zurück. Insbesondere haben sich diese Klagen Ausdruck verschafft, seit nach dem Unterstützungswohnsitzgesetz die preußische Organisation der Armenverbände auf den größten Theil des deutschen Reiches übertragen wurde: diese Aenderung hat namentlich in denjenigen deutschen Staaten, deren Armengesetzgebung bis dahin auf dem Princip des sogenannten Heimathsrechts beruhte, zu der Ausstellung Anlaß gegeben, daß durch die Einführung der neuen Principien die Armenlast gesteigert, die Beziehung des Einzelnen zur Gemeinde gelockert, hierdurch auf die Moralität der ärmeren Klassen in nachtheiliger Weise gewirkt, dem Landstreicherthum Vorschub geleistet und die Zahl der Streitfälle zwischen den Armenverbänden in einer für die Verwaltung überaus lästigen Weise erhöht worden sei; dabei seien die aus der Armenfürsorgepflicht der Verbände dem Einzelnen in seiner Aufenthalts- und Erwerbsfreiheit erwachsenden Beschränkungen keineswegs verschwunden, thatsächlich vielmehr häufig nur noch drückendere geworden.

Darüber, in welchem Maße diese Ausstellungen begründet sind, ist Streit. Es kann hier nicht darauf ankommen, diesen Streit in abschließender Weise zu erledigen, und zwar um so weniger, als eine Beweisführung von allgemein überzeugender Kraft ja überhaupt nicht möglich ist; gerade zu einer allgemein gültigen Feststellung der hier in Betracht kommenden Thatsachen ist das statistische Material durchaus unzureichend; es ist aber auch meiner Ansicht nach völlig fraglich, ob wir bei dem Mangel einheitlicher Einrichtung der bezüglichen Verwaltungsbehörden und einheitlicher Grundsätze und Formen für die Ausübung der Armenpflege alsbald zu einem für jene Zwecke brauchbaren Material gelangen werden. Ueberdies wird sich der ursächliche Zusammenhang vieler der beobachteten Thatsachen mit der veränderten Gesetzgebung niemals in völlig evidenter Weise feststellen lassen. Die Wirkungen des Unterstützungswohnsitz-Gesetzes sind verquickt mit denen des wirthschaftlichen Rückgangs, der wenige Jahre nach dem Inslebentreten des Gesetzes eintrat; schon aus diesem Grunde sind die Beobachtungen, welche zahlreiche Verwaltungen in Bezug auf die Steigerung des Geldaufwandes für das Landarmenanwesen gemacht haben, für das Anwachsen der Armenlast überhaupt nicht ohne Weiteres beweisend; sie sind dies indessen noch weniger aus dem Grunde, weil, wie mit Recht bemerkt worden ist, die Kategorie der Landarmen wo sie durch das Unterstützungswohnsitzgesetz neu eingeführt war, erst allmählich zur Entstehung kommen und ein Beharrungszustand erst im Laufe der Zeit erreicht werden konnte. Gewiß ist nur, daß in der großen Mehrzahl der größeren Städte der Armenaufwand nicht nur absolut, sondern auch im Verhältniß zur Kopfzahl der Einwohnerschaft gewachsen ist, wenn auch das Verhältniß dieses Anwachsens durch dasjenige des Aufwandes für das Elementarschulwesen weit überwogen wird; dies erweisen für Preußen die von Herrfurth und im Anschluß an dessen Arbeiten von Gerstfeldt zusammengestellten Ergebnisse. Es ist gewiß, daß mit den aus einzelnen Armenfällen bezw. zufälligen Combinationen von solchen den einzelnen kleineren Gemeinden erwachsenden Anforderungen oft die finanzielle Leistungsfähigkeit derselben in keinerlei Verhältniß steht; unter Umständen genügt ein kostspieliger Fall der Kranken- oder Irrenpflege, um den Haushalt einer ärmeren ländlichen Gemeinde für Jahre aus dem Gleichgewicht zu bringen. Daß die Rückwirkung dieses Mißverhältnisses auf die Handhabung der Fürsorge eine nachtheilige sein muß, ist unzweifelhaft. Aber auch abgesehen hiervon wird dem Urtheil so vieler mit den Verhältnissen überhaupt und denen des Armenwesens insbesondere vertrauter Männer, wie dasselbe aus zahlreichen deutschen Staaten vorliegt und wie es in den Verhandlungen der parlamentarischen Versammlungen, der Städtetage u. s. w., vielfach Widerhall gefunden hat, eine erhebliche Bedeutung nicht abgesprochen werden können; es muß dies zu einer eingehenden Prüfung der Frage führen, ob und in welcher Weise um eine angemessenere Vertheilung der Armenlast, eine gleichheitlichere Leistung der Armenpflege und endlich eine Verhütung der aus dem jetzigen System in sittlicher Hinsicht hevorgehenden Uebelstände herbeizuführen, das gegenwärtige Betheiligungsverhältniß der Verbände an der Tragung der Armenlast zu ändern ist.

Insoweit diese Frage gestellt wird, berührt sich nun aber der Inhalt der Armenreform mit dem der Finanzreform. Wie schon soeben angedeutet, ist es das Armenwesen weder allein noch in erster Linie, durch dessen Entwickelung steigende Anforderungen an die Finanzkraft der Gemeinden begründet werden; eine beträchtlich größere Steigerung haben die Ansprüche des Schulwesens erfahren; in der gesammten Entwickelung des modernen Lebens, in der sehr viel individualisirenden Fürsorge, die wir von den Verwaltungsorganen verlangen, in dem Auftreten neuer Verwaltungsaufgaben, wie sie u. a. die hygienische Fürsorge mit sich bringt, in den steigenden Anforderungen des Verkehrswesens ist es begründet, daß die Ausgaben der Gemeinden in einem stärkeren Maßstabe anwachsen, als daß mit dieser Progression die Entwickelung der eigenen Einnahmen der Gemeinden Schritt halten könnte; es muß daher ein Punkt eintreten, auf dem die Ueberbürdung eine unerträgliche wird. Erwägungen dieser Art hatten mich, als ich der Aufforderung dieses Vereins gemäß im Jahre 1876 ein Gutachten über die in Preußen damals beabsichtigte Reform der Communalsteuergesetzgebung zu erstatten die Ehre hatte, zu der Ansicht geführt, daß eine für die Dauer befriedigende Lösung des Problems nur dann möglich sei, wenn die Reform über die Grenzen einer bloßen anderweitigen Regelung der bisherigen directen Communalsteuern hinaus erweitert und ebenso eine Eröffnung neuer Steuerquellen für die Gemeinden wie eine Erleichterung derselben durch finanzielle Betheiligung der größeren Verbände an den betreffenden Lasten in Betracht gezogen würde; ich hatte hierbei die Verhältnisse Frankreichs im Auge, wo allerdings bei einem großentheils noch enger begrenzten Besteuerungsrecht der Gemeinden die Entwickelung zur Schaffung eines Concurrenzverhältnisses von Staat, Departement und Gemeinden für die Erfüllung der wichtigsten Aufgaben auch der örtlichen Verwaltung geführt hat. Auf dem damals eingenommenen grundsätzlichen Standpunkte stehe ich noch heute; da die Entwickelungsfähigkeit der Staatseinnahmen, bezw. unter Umständen auch der größeren Verbände eine größere als die der Gemeindeeinnahmen ist, wird, wenn jenes Stadium der Ueberholung der Steigerungsfähigkeit der letztgedachten Einnahmen durch das Anwachsen der Ausgaben eingetreten sein wird, eine Ergänzung der Mittel der Gemeinde durch die reichlicheren Mittel des Staats und der größeren Verbände sich nicht mehr abweisen lassen. Indem ich diesen Standpunkt einnehme, bin ich jedoch weit davon entfernt, das Vorhandensein eines acuten Bedürfnisses an dieser Stelle oder zur Zeit überhaupt behaupten zu wollen; die Frage, inwieweit schon jetzt die Nothwendigkeit einer Entlastung der Gemeinden vorliegt, wird nur auf Grund einer das gesammte System der Vertheilung der öffentlichen Lasten und der Communalbesteuerung umfassenden Prüfung festgestellt werden können; es enthält eine Umkehrung des Verhältnisses, wenn versucht wird, von einem Mehrertrage, wie er von der Einführung neuer Reichssteuern oder Reichsmonopole erhofft wird, zu einer Reform der Lastenvertheilung zu gelangen; stehen erst die Grundsätze fest, von denen bei der letzteren Reform auszugehen ist, so wird, soweit es alsdann einer Ergänzung der Leistungsfähigkeit der communalen Verbände aus den Reichseinnahmen bezw. den aus diesen erweiterten Staatseinnahmen bedarf, bei der unzweifelhaft noch vorhandenen größeren Entwickelungsfähigkeit und Dehnbarkeit dieser letzteren die Frage der Mittelbeschaffung keine unübersteiglichen Schwierigkeiten bieten. Immerhin wird aber auch, so lange über jene Grundsätze eine Verständigung noch fehlt, bei Untersuchungen über die Vertheilung der einzelnen Lasten davon ausgegangen werden müssen, daß die Gesetzgebung ihre Richtung nicht auf eine Mehrbelastung, sondern im Gegentheil auf eine Entlastung der Gemeinden zu nehmen habe;

es wird daher insbesondere die Frage nicht umgangen werden können, ob eine Ergänzung der wirthschaftlichen Kraft der Gemeinden aus den Mitteln der größeren Verbände sich in einer Form als ausführbar erweist, bei welcher die Grundlagen unseres administrativen Organismus und der wichtige Impuls, den unser Staatsleben aus der Selbstthätigkeit der Gemeinden erhält, nicht geschädigt werden. Dem Gesichtspunkte der Möglichkeit und Zweckmäßigkeit einer solchen Entlastung ist daher auch bei Erörterung einer auf verbesserte Vertheilung der Armenlast abzielenden Reform Rechnung zu tragen.

Zu den Wegen, auf welchen eine Verbesserung der bestehenden Uebelstände erstrebt wird, kann man in erster Linie die weitere Ausbildung der Arbeiterversicherung rechnen, die in dem Maße, in welchem sie sich über die einzelnen Bevölkerungskreise ausdehnt, die Armenpflege entbehrlich zu machen und sie zu ersetzen geeignet ist; da eine Betheiligung des Staats und der communalen Verbände, sofern eine solche erforderlich, sich hier nach ganz anderen Grundsätzen regeln würde, als sie für die Armenlast gelten, so würde allerdings auch das Verhältniß der Vertheilung der Gesammtlast wesentlich geändert werden, wenn jene Ersetzung durch die Versicherung sich auf einen wesentlichen Theil der Armenpflege erstreckte. Im ersten Abschnitte habe ich nachgewiesen, daß eine in so ausgedehntem Maße eintretende Ersetzung in absehbarer Zeit nicht wahrscheinlich ist. Auf die dortigen Ausführungen beziehe ich mich hier; ich habe Werth darauf gelegt, meine Ansichten über die aus der Organisation des Versicherungswesens für die Gestaltung und Minderung der Armenlast zu erwartende Rückwirkung dort im Zusammenhange vortragen zu können. Die Heilmittel müssen daher zunächst innerhalb der Organisation der Armenverwaltung selbst gesucht werden; die Grundsätze der Vertheilung auf die einzelnen Verbände sind es, deren Abänderung zahlreiche dieser Vorschläge zum Inhalt haben. Nach dem Umfange, welchen diese Vorschläge der Reform geben wollen, läßt sich eine doppelte Stufe derselben unterscheiden. Die einen beschränken sich auf eine Aenderung der Normen, welche die Vertheilung der den Ortsarmenverbänden zufallenden Armenfälle regeln und welche ich hier unter der Benennung der Ortsbehörigkeits-Vorschriften zusammenfassen will; nur mittelbar und durch die Wirkung, welche diese andere Gestaltung der Normen ausüben würde, zielen sie auf eine Aenderung auch des Betheiligungsverhältnisses der größeren Verbände ab. Die anderen gehen weiter und schließen ein ausgedehnteres Eintreten der größeren Verbände in das Reformproject ein.

Ich bin nicht der Ansicht, daß sich auf dem ersteren Wege einer beschränkteren Reform zu einer befriedigenden Lösung gelangen lasse. Die bezüglichen Vorschläge sind im Wesentlichen auf eine Aenderung der zweijährigen Frist, an welche das Unterstützungswohnsitzgesetz Erwerb und Verlust des Unterstützungswohnsitzes knüpft, d. h. entweder auf eine Verkürzung oder auf eine Verlängerung dieser Frist gerichtet; im letzteren Fall wird von Einzelnen auch wohl soweit gegangen, den Verlust des Unterstützungsrechts an die Bedingung des Erwerbs eines neuen Unterstützungswohnsitzes zu knüpfen. Noch weiter entfernen sich von den Grundsätzen des Unterstützungswohnsitzgesetzes die Vorschläge, welche eine Annäherung an die Grundsätze des alten Heimathsrechts empfehlen. Was nun aber jene zweijährige Frist anlangt, so hatte es sich bei Festsetzung derselben im Gesetz über den Unterstützungswohnsitz darum gehandelt, die Mitte zu halten zwischen der Rücksicht darauf, daß, um die Fürsorgepflicht einer Gemeinde zu begründen, doch eine gewisse Dauer der Wohngemeinschaft erforderlich ist, und der Rücksicht darauf, daß eine zu erhebliche Ausdehnung dieser Frist die Zahl der Zurückschiebungen von Armen und der Rückgriffe der Armenverbände gegen einander übermäßig vermehren müsse; jene Bestimmung der Frist stellt sich daher als ein Compromiß zwischen Erwägungspunkten entgegengesetzter Richtung dar. Es liegt demnach auf der Hand, daß eine Veränderung jener Fristbestimmung, wenn sie nach der einen Richtung hin die Uebelstände zu vermindern geeignet ist, solche nach der anderen Richtung hin wieder vermehren muß. So würde dann eine Verlängerung der Frist auf fünf Jahre die Zahl der Rückgriffe der Gemeinden gegen einander in unerträglicher Weise erhöhen, eine Herabsetzung auf ein Jahr dagegen willkürliche Verschiebungen der Armenlast allzusehr begünstigen und die Ungleichheit in der Vertheilung der letzteren steigern; eine solche wäre namentlich die Wirkung der früher von der Reichsregierung beabsichtigten und der durch den im Mai v. J. vom Grafen Udo zu Stolberg-Wernigerode im Reichstag eingebrachten Antrag angestrebten Aenderung gewesen: die Verkürzung der Frist hätte eine völlig ungerechtfertigte Mehrbelastung der größeren Städte zur Folge gehabt, welche nicht so leicht in der Lage sind, ein einjähriges Wohnen verarmter oder verarmender Personen innerhalb ihres Gemeindebezirks zu hindern, als dies die ländlichen Ortschaften vermögen, und welche schon ohnedies in Bezug auf die Beweisführung sehr viel ungünstiger gestellt sind. So lange für die Begründung der Fürsorgepflicht der einzelnen Gemeinden dieselbe Frist maßgebend bleibt, ohne daß unterschieden wird, welches die Art und die Dauer des den Eintritt der Armenpflege erheischenden Bedürfnisses ist, so lange wird es überhaupt unmöglich sein, zu einer völlig consequenten und allen Anforderungen Rechnung tragenden Festsetzung jener Frist zu gelangen.

Noch weniger als eine Herabsetzung der zur Begründung des Unterstützungswohnsitzes erforderlichen Frist kann ich eine völlige Aufhebung des Unterstützungswohnsitzes für erwünscht oder auch nur für angänglich halten; auf eine derartige radicale Aenderung schien Herr v. Saucken hinzudeuten, wenn er auf dem vorjährigen Congresse des deutschen Vereins für Armenpflege und Wohlthätigkeit es als das grundsätzlich Richtige bezeichnete, „daß jeder da zu unterstützen sei, wo seine Hilfsbedürftigkeit hervortrete." [1]) Mit einer solchen Beseitigung des bisherigen Unterstützungswohnsitzrechts würde, wenn sie ohne weitgreifende Umgestaltung der Organisation der Armenverbände und der Form unserer Armenpflege einträte, jede Regelung einer Vertheilung der Unterstützungslast unmöglich und allen willkürlichen Verschiebungen die Thür geöffnet werden; es würden alsdann die größeren Städte als diejenigen Gemeinden, die vermöge ihrer Wohlthätigkeitsanstalten und des Wohlthätigkeitssinnes ihrer Einwohner die größte Anziehungskraft auf die ärmere Bevölkerung auszuüben pflegen und von denen der Zudrang dieses Publicums am wenigsten controlirt werden kann, mit der alleinigen Tragung des weitaus größten Theiles der Armenlast belastet sein. Nur insoweit, als die Armenpflege auf größeren Verbänden ruht und in streng gleichheitlicher, schematischer Weise ausgeübt wird, kann von dem Requisit einer auf Geburt oder Wohnsitz beruhenden Berechtigung des einzelnen

[1]) Verh. des Congresses S. 303.

Armen zur Unterstützung durch die Gemeinde abgesehen werden. Ueber dies Verhältniß, in dem Organisation und Form der Armenpflege zu den Heimathsgesetzen stehen, haben die im Jahre 1879 von einer Commission des englischen Parlaments geführten Verhandlungen über die Abschaffung des Armenzurückweisungsrechts wichtige Aufschlüsse gegeben. Während die Irland angehörigen Zeugen sich durchgehends entschieden für die Aufhebung jeder Zurückweisungsbefugniß aussprachen und von den englischen Zeugen die Mehrzahl dieser Meinung beipflichtete, erhob doch eine Minorität der England angehörigen Zeugen Einwendungen und sprachen die Zeugen aus Schottland sich im Allgemeinen gegen die Aufhebung der bestehenden bezüglichen Gesetze aus; es erklärt sich dies daraus, daß in Irland lediglich eine auf den Armen-Sammtgemeinden der unions ruhende, in schematischer Gleichheit geübte Armenpflege in den Arbeitshäusern besteht, daß in England zwar auch die Verpflegung im Arbeitshause die gesetzliche Regel bildet, factisch dagegen die Mehrzahl der Armen durch die union außerhalb der Arbeitshäuser unterstützt wird, in Schottland aber das Arbeitshaussystem nur wenig ausgebildet ist und das Unterstützungswesen in den Händen der im Vergleich zu den englischen unions sehr viel kleineren Gemeinden liegt; die Minorität der englischen Zeugen, die sich für Beibehaltung der bestehenden Beschränkungen aussprach, bestand aus solchen Mitgliedern der Armenverwaltungen aus größeren Städten gebildeter unions, welche von der Aufhebung einen größeren Zudrang der durch die freigebigere Privatwohlthätigkeit angelockten Armen befürchteten. Es beweist dies, daß Heimathsgesetze lediglich in dem Maße entbehrlich werden, als die Gleichheit der Armenpflege sicher gestellt werden kann. Von einem solchen Zustande schematischer Gleichheit aber sind wir noch sehr weit entfernt; hierzu würde die Bildung größerer Armenverbände auf dem Lande nicht genügen, es würde vielmehr die Umwandlung der Armenpflege in eine regelmäßig innerhalb geschlossener Anstalten gehandhabte erforderlich werden. Eine solche Umwandlung ist aber durch die in Deutschland obwaltenden Verhältnisse nicht geboten und würde nur nachtheilig wirken. So verlockend daher auch der Gedanke ist, die durch die öffentliche Armenpflege der Aufenthaltsfreiheit erwachsenden Beschränkungen zu beseitigen, so kann bei uns doch von einem solchen Schritt auf absehbare Zeit nicht die Rede sein. Etwas Anderes wäre es, soweit die Aufhebung für einzelne größeren Verbänden zu übertragende Zweige der Armenpflege in Erwägung käme: insofern fällt die Frage mit der nunmehr zu behandelnden der Aenderung des Betheiligungsverhältnisses der größeren gegenüber den kleineren Verbänden in Bezug auf die Armenlast zusammen.

Von den Vorschlägen, welche sich auf die Aenderung dieses Verhältnisses oder auf die Bildung größerer Verbände überhaupt beziehen, gehen diejenigen am Weitesten, welche die Uebernahme der Armenlast auf den Staat oder, was nahezu dasselbe ist, eine sämmtliche Armenverbände des Staatsgebiets umfassende Ausgleichung verlangen; eine solche Ausgleichung befürwortet Rocholl in seiner Schrift über die Reform der Armenpflege. Er geht davon aus, daß mit dem alten, privatrechtlichen Genossenschaftsverhältniß der Gemeindemitglieder zu einander auch die Basis für die Fürsorgepflicht der Gemeinde geschwunden sei, daß daher nur noch der Beruf des Staats, für seine verarmten Angehörigen zu sorgen, übrig bleibe und daß die Gemeinden, wenn sie die Armenpflege besorgen, lediglich als Delegirte des Staates handeln, daher auch für die ihnen erwachsenden

Lasten eine Ausgleichung zu beanspruchen haben. Diese Ausgleichung werde am besten durch eine alle Armenverbände umfassende periodische Ausgleichung hergestellt, dergestalt, daß diese Armenverbände bis zur Erreichung eines gleichen Verhältnisses des Aufwands zur Steuerkraft Ersatz zu erhalten, bezw. zu leisten hätten; da mit dieser Ausgleichung auch jedes Interesse der einzelnen Armenverbände an der Erledigung der Armenfälle in Wegfall komme, so sei die gänzliche Aufhebung jedes Unterstützungswohnsitzes das Ergebniß und die Consequenz jenes Verfahrens. Meiner Ansicht liegt diesen Vorschlägen eine gänzlich unrichtige Auffassung zum Grunde.

Zuzugestehen ist meines Erachtens nur, daß allerdings die Auffassung der Gemeinde als eines wesentlich zur Erfüllung staatlicher Aufgaben bestimmten Verbandes durch die neue Entwickelung mehr und mehr an die Stelle der früheren Auffassung derselben als einer überwiegend privatrechtlichen Gemeinschaft gesetzt worden und daß im Princip die Fürsorge für diejenigen Staatsangehörigen, welche selbst sich zu ernähren außer Stande sind, eine Aufgabe des Staates ist. Aber daraus folgt weder, daß der Staat die Aufgabe selbst zu besorgen habe, noch daß er als die Gesammtheit der Staatsbürger den hierdurch entstehenden Aufwand zu tragen habe. Jene zur Wahrnehmung der mit dem localen Leben in Beziehung stehenden administrativen Aufgaben berufenen Verbände haben ihre Existenz nur im Staate und es ist ein Satz des den Nationen gemeinsamen administrativen Staatsrechts, daß die Bestimmung des Wirkungskreises jener Verbände dem Staate zustehe und letzterer befugt sei, ihnen die selbständige Erfüllung derjenigen Staatsaufgaben zuzutheilen, deren Ueberweisung an dieselben entweder aus Rücksichten zweckmäßiger Erfüllung der Aufgaben oder zweckmäßiger Vertheilung der durch diese Erfüllung entstehenden Lasten sich als geeignet erweist. Die Frage, ob und inwieweit die Aufgaben der Armenpflege oder der bezügliche Finanzaufwand auf den Staat bezw. die Gesammtheit zu übernehmen sind, ist daher lediglich vom Opportunitätsstandpunkte zu entscheiden. Von diesem Standpunkte aber wird sie stets verneint werden müssen, es sei denn, daß es sich um ein kleines in seiner Ausdehnung einem größeren Gemeindewesen sich näherndes Staatswesen handle. Der größere Staat wird immer den Individualfällen, mit denen die Armenpflege dem größten Theil ihrer Aufgaben nach zu thun hat, so fern stehen, daß schon hierdurch seine Unfähigkeit für die Erfüllung der Mehrzahl dieser Aufgaben gegeben ist; die Uebersicht über das Material der Einzelfälle würde innerhalb des Staatsganzen gänzlich verschwinden; ein zweckmäßiges Ineinandergreifen mit der Thätigkeit der localen Verbände würde auch in denjenigen Zweigen der Armenverwaltung, deren Handhabung durch den Staat an und für sich möglich, niemals erzielt werden können. Eine Uebernahme des Aufwandes der durch die Gemeinde besorgten Armenpflege auf den Staat aber würde die wohlthätige Einwirkung gänzlich beseitigen, welche das Interesse der mit der Handhabung befaßten Gemeinden und Verbände in Bezug auf die Niederhaltung der Armenlast bisher geübt hat; wenn eine Gleichheit erreicht würde, so würde dies nur in dem Sinne sein, daß jede durch die Verhältnisse gerechtfertigte sparsamere Handhabung der Armenpflege verschwinden und die ungemessenste Verschwendung überall an die Stelle treten würde. Es ist nicht zu viel, wenn gesagt wird, daß die Durchführung des Rochollschen Gedankens in jedem größeren Staatswesen dessen völligen Ruin zur Folge haben würde.

Es kann sich daher, und hierin stimme ich mit der von meinem verehrten Herrn Correferenten, Herrn **Adickes** im vorigen Jahre dem Congreß des deutschen Vereins für Armenpflege unterbreiteten Ansicht überein, nur um die Frage handeln, ob das Verhältniß der Betheiligung an den Aufgaben und Lasten der Armenpflege zwischen den Gemeinden einerseits und den zwischen den Gemeinden und dem Staat bezw. den Einzelgesetzgebungen in verschiedener Stufenfolge sich aufbauenden größeren corporativen Verbänden, als Kreisen, Provinzen u. s. w., andererseits zu ändern sei. Auch diese Frage kann nur nach Gesichtspunkten der Opportunität entschieden werden; hierbei ist eine mittelbare, d. h. durch das Medium der größeren Verbände erfolgende Betheiligung des Staats allerdings nicht ausgeschlossen. Inwieweit je nach dem Maße, in dem eine Erweiterung der den größeren Verbänden im Bereiche der Armenpflege zufallenden Aufgaben stattfindet, auch eine Ergänzung der finanziellen Mittel dieser Verbände durch den Staat erforderlich sei, dies ist eine Frage, deren Beantwortung, wie ich schon vorher andeutete, zugleich von finanzpolitischen Erwägungen abhängt, und mit deren Erörterung, weil hierbei ein Eingehen auf die in den einzelnen deutschen Staaten ganz verschieden gelagerte Organisation und Steuerverfassung der qu. Verbände nicht zu vermeiden sein würde, ich mich hier nicht befassen kann. An dieser Stelle beschränke ich mich vielmehr auf die Feststellung des Grundsatzes, daß eine Betheiligung des Staats bei dem Aufwande für das Armenwesen überhaupt nur durch Vermittelung der größeren communalen Verbände möglich, daß dagegen eine directe Subventionirung der Gemeinden unausführbar ist; bei der großen Verschiedenheit, die in der Verwaltung, der Vermögenslage, dem Steuerwesen u. s. w. der Gemeinden in den meisten größeren Staaten, namentlich aber in Deutschland besteht, würde bei einer solchen unmittelbaren Leistung von Zuschüssen an die Gemeinden jeder gleichheitliche Maßstab verloren gehen. Die Frage einer erweiterten Betheiligung der zwischen Gemeinden und Staat stehenden größeren Verbände hat uns daher allein zu beschäftigen.

Ist nun diese Frage nach Gesichtspunkten der Opportunität zu entscheiden, so ist zunächst festzustellen, welche Vortheile und Nachtheile die Armenpflege der größeren bezw. der kleineren Verbände characterisiren. Nur insoweit sich die Vorzüge der ersteren als entschieden überwiegende darstellen, wird von einer bezüglichen Erweiterung des Wirkungskreises der größeren Verbände die Rede sein können.

Die Vorzüge, welche der auf größeren Verbänden ruhenden Armenpflege eigenthümlich sind, sind nun zunächst evidente, soweit es sich um die gleichheitliche Vertheilung der Armenlast handelt; daß das größere wirthschaftliche Ganze, das der weitere Verband in sich begreift, eine weit vollkommenere Ausgleichung der durch die einzelnen Fälle gegebenen Anforderungen herstellt, bedarf keines Beweises; die Härten, welche das Spiel des Zufalls mit sich bringt, erscheinen um so abgeschwächter, einen je größeren Kreis von Fällen der Wirkungskreis des Verbandes umschließt. Eine je größere aber diese Abschwächung ist, um desto mehr verlieren die Unterstützungswohnsitz-Vorschriften — der Kürze halber begreife ich unter dieser Bezeichnung diejenigen Normen, welche die Fürsorgepflicht der Armenverbände in Ansehung der einzelnen Hilfsleistungsfälle regeln — in Bezug auf das gegenseitige Verhältniß der Verbände zu einander ihre Schärfe und desto weniger braucht, was den Inhalt jener Vorschriften anlangt, der Zweck der Verhütung einer Prägravation der einzelnen Verbände in den Vordergrund zu treten; es folgt hieraus, daß, je größer die Verbände sind, auf denen die Armenlast ruht, desto mehr den Vorschriften über die Regelung der Ortsbehörigkeit ein liberaler und die Freiheit der Bewegung der Einzelnen wenig behindernder Character gegeben werden kann. Endlich wird, wiewohl die wirthschaftliche Kraft, die ein Verband repräsentirt, nicht von der räumlichen Ausdehnung und Einwohnerzahl des den Verband repräsentirenden Gebiets, sondern namentlich auch von der Art und Einrichtung des dem Verbande eigenthümlichen Steuerwesens abhängt, dieselbe doch im Großen und Ganzen eine mit der Größe des Verbandes selbst wachsende sein; diese größere wirthschaftliche Kraft im Verein mit dem auf weitere Dimensionen berechneten Zuschnitt der Verwaltung des größeren Verbandes ist dann ferner die Ursache, daß der letztere Verband regelmäßig nicht blos über größere finanzielle Mittel, sondern auch über eine vollkommener organisirte und mit besseren technischen Kräften versehene Verwaltung disponirt. Der größere Verband wird daher meist geeigneter sein, solche Aufgaben der Armenpflege zu erfüllen, welche auf der Verwendung erheblicher Mittel, auf einer einheitlich und planmäßig geführten Verwaltung, bezw. auf möglichster technischer Vollkommenheit der Leistungen beruhen. — Wenn nun in den beregten Richtungen die Befähigung der größeren Verbände im Allgemeinen eine größere ist, so steht doch dieser größeren Befähigung nach anderen Richtungen hin eine geringere gegenüber: die größeren Verbände stehen den Einzelverhältnissen ferner, ihre Befähigung ist eine geringere, wo dieselbe durch genaue Beobachtung und Kenntniß der örtlichen Zustände, der Persönlichkeit und Verhältnisse der Individuen bedingt ist; gerade nach dieser Richtung hin ist die Action der kleineren Verbände regelmäßig eine um so vollkommenere, in je näheren Beziehungen einentheils die Organe des Verbandes zu dem Gesammtleben in der Gemeinde stehen und je mehr anderntheils die Gemeinde selbst auch finanziell bei der Handhabung der Armenpflege interessirt ist, je mehr daher das finanzielle Interesse der letzteren der Thätigkeit der Organe einen besonderen Impuls giebt. Dieser Impuls wird besonders geeignet sein, eine strenge Prüfung der Fälle und eine Zurückweisung unbegründeter Ansprüche zu sichern; andererseits kann allerdings auch ein Vorwiegen der Finanzinteressen dahin führen, daß, wie in kleineren ländlichen Ortschaften nur zu oft, der Gesichtspunkt wirksamer Leistung der Armenpflege allzusehr Sparsamkeitsrücksichten untergeordnet wird. Da ferner die Organisation der Privatarmenpflege, weil persönliche Berührung zwischen den in Betracht kommenden Personen voraussetzend, vorherrschend eine örtliche ist, erscheinen im Allgemeinen die örtlichen Verbände auch weit geschickter, mit der Privatarmenpflege zu cooperiren, ihr die Richtung zu geben, bezw. den von ihr eingeschlagenen Wegen sich anzupassen.

Es ist Bekanntes und öfter Gesagtes, das ich hiermit zusammenfasse; indessen so wenigem Widerspruch auch diese allgemeinen Sätze begegnen möchten, so vielfältig sind doch die Streitfragen, die sich an ihre Anwendung knüpfen. Ist, wie vorher bemerkt, die Entscheidung über das Maß der Tauglichkeit der größeren und der kleineren Verbände für die Aufgaben der Armenpflege Sache einer Abgleichung der Vorzüge und Mängel, so läßt sich doch eine solche Abgleichung in abstracto nicht vornehmen, da das Maß, in dem die betreffenden Vorzüge oder Mängel der Armenpflege der größeren oder kleineren Verbände eigenthümlich sind, ein nach der concreten Gestaltung und Organisation der Verbände, sowie nach den Formen, in denen die Armenpflege gehandhabt wird, verschiedenes ist. Gerade hierin aber besteht zwischen den einzelnen Staaten die größte Ungleichheit. Von der durch das betreffende Staatswesen den Armenverbänden gegebenen Organisation und den für die Handhabung der Armenpflege bestehenden Formen ist daher auszugehen, um die Entscheidung der Frage in concreto zu finden.

Es kommt also in erster Linie darauf an, welches die Organisation der zur Armenpflege berufenen Verbände ist. Nach der deutschen Gesetzgebung ist es die Ortsgemeinde, die als principaler Träger der Armenlast betrachtet wird; das Eintreten der Landarmenverbände ist nur ein exceptionelles bezw. subsidiäres. Gerade die Verfassung der Ortsgemeinde bezw. die Bestimmung ihres Wirkungskreises aber stellt uns in einen Gegensatz ebenso zur englischen wie zur französischen Entwickelung. Die gegenwärtige Einrichtung der englischen Armenverbände verdankt ihren Ursprung der Reaction, welche durch die immer weiter um sich greifende Ausartung der Kirchspielsarmenpflege hervorgerufen wurde. So schwierig nun aber die Aufgaben auch waren, welche damals in Folge der durch den Großbetrieb unstäter gewordenen Production und der hierdurch erzeugten Massenarmuth an die Armenpflege herantraten, so ist es doch unrichtig, jene Ausartung allein der industriellen Entwickelung zuzuschreiben; die Uebelstände fanden sich in annähernd gleichem Maaße auch in den von der Industrie weniger berührten Districten; die Ausartung hätte den Umfang, in dem sie uns aus den Berichten der mit dem Studium der Reform beauftragten Commissarien des Parlaments entgegentritt, niemals annehmen können, wenn nicht der Verfall des Gemeindelebens diese Ausartung begünstigt hätte; die frühe Auflösung der Gemeinde in nach den Einzelaufgaben sich scheidende Sonderorganisationen hatte den lebendigen Zusammenhang zwischen der Gemeinde und ihrer Verwaltung zerstört und in Betreff der Armenpflege jenen Zustand herbeigeführt, bei dem in den Amtshandlungen und Beschlüssen der Gemeindeorgane, der Armenaufseher, der Gemeindeversammlungen das communale Interesse nicht mehr zu genügendem Ausdruck kam. Die gegenwärtige Organisation der englischen Armenverwaltung, die in der Hauptsache auf den größeren Verbänden der unions, den Armen-Sammtgemeinden ruht, ist also auf dem Grunde einer verfallenen und ihren Aufgaben nicht mehr gewachsenen Ortsgemeindeverfassung errichtet worden. — Nicht den gleichen Zustand zeigt Frankreich; die Ortsgemeinde vereinigte in ihrem Wirkungskreise wenigstens principiell die Mehrzahl der örtlichen Verwaltungsaufgaben; hier ist es die durch die allgemeine administrative Organisation und die Eigenthümlichkeit des Steuersystems begründete Unselbstständigkeit der Ortsgemeinden, welche hauptsächlich der Entwickelung einer communalen Armenpflege mit obligatorischem Character hinderlich gewesen ist. Der Umstand, daß die große Mehrzahl der Gemeinden, was die Besteuerung ihrer Eingesessenen anlangt, auf durch Maxima limitirte Staatssteuerzuschläge beschränkt ist, macht sie ungeeignet, in der Mittelbeschaffung den wechselnden Anforderungen einer auf dem Gemeindehaushalt lastenden Armenpflege zu folgen. Die Einführung einer obligatorischen Gemeindearmenpflege würde zum Umsturz des bestehenden Steuersystems führen; hieraus erklärt es sich, daß die namentlich in neuerer Zeit wiederholt unternommenen Versuche, im Wege der Gesetzgebung eine Erweiterung des den

Gemeinden im Gebiete der Armenpflege zugewiesenen Wirkungskreises herbeizuführen, ohne Erfolg geblieben sind. Eine Ortsgemeinde in unserem Sinne; welche als Trägerin der Armenlast dienen könnte, ist daher in England überhaupt nicht vorhanden; in Frankreich fehlt ihr die selbstständige und freie wirthschaftliche Bewegung, welche die Erfüllung dieser Aufgabe erfordert.

Das Vorhandensein einer mit einem volleren Wirkungskreise ausgestatteten Ortsgemeinde ist es also, was die Lage der Dinge in Deutschland der Entwickelung der Gesetzgebung in Frankreich und England gegenüber characterisirt; in dem weitaus größten Theile des dem deutschen Reiche angehörigen Gebiets ist die Ortsgemeinde als ein mit mehr oder minder selbstständigem Besteuerungsrecht versehenes, die Totalität der örtlichen Verwaltungsaufgaben in ihrem Wirkungskreise vereinigendes Element erhalten geblieben; gerade diese Zusammenfassung der Aufgaben im Wirkungskreise der Gemeinden giebt ihrem Verwaltungswesen die nöthige Spannung und erhält demselben das Interesse der Betheiligten. Auch im Gebiete der Armenpflege hat das Interesse der Gemeindeverwaltung überwiegend heilsame Impulse gegeben. Ich sage, überwiegend heilsame, weil es allerdings auch Fälle giebt, in denen, wie schon vorher angedeutet, der zu enge Kreis, den die Gemeinde umfaßt, und die zu nahe Betheiligung der Interessen der Einzelnen die Ursache sind, daß bei Handhabung der Armenpflege die restrictiven Gesichtspunkte sich allzugroßen Einfluß verschaffen und die Leistungen selbst hinter dem nothdürftigen Maße zurückbleiben. Insbesondere hat der unvollkommene und unfertige Zustand der ländlichen Gemeindebildung in den östlichen Provinzen Preußens vielfach einen solchen Einfluß geäußert. Indessen ist nicht ausgeschlossen, daß durch zweckentsprechende Reformen der Gemeindegesetzgebung auch hier Gemeindeverbände hergestellt werden, welche für die Erfüllung der Aufgaben der Armenpflege dieselbe Befähigung haben, wie sie den im Allgemeinen leistungsfähigeren ländlichen Gemeinden des südlichen und westlichen Deutschlands beiwohnt. Wenn schon die Armenpflege dieser Gemeinden vielfach eine günstige Beurtheilung verdient, so haben die deutschen Stadtgemeinden und zwar oft weit schwierigeren Aufgaben gegenüber noch um vieles vollkommenere Leistungen aufzuweisen; das auch im Auslande bewunderte Beispiel einer auf ausgiebigster Verwendung bürgerschaftlicher Elemente beruhenden und daher eine individualisirende Handhabung im weitesten Umfange ermöglichenden Organisation der Armenverwaltung, mit dem Elberfeld und Krefeld vorangegangen sind, hat überall eine heilsame Anregung gegeben, so wenig auch die Vorbedingung der Elberfelder Einrichtungen, ein ausgedehntes Angebot für die Ausübung der Armenpflege geeigneter Kräfte, sich überall hat reproduciren lassen. Die umfassende Heranziehung bürgerlicher Kräfte für die Function der Armenverwaltung bildet zugleich in den Städten eine Vorschule der Betheiligung an der communalen Verwaltung, eine Vorschule, deren Bedeutung in der Zukunft noch um ein Beträchtliches weiter entwickelt werden kann; so ist die Zugehörigkeit der Armenpflege zum Wirkungskreise der Gemeinden nicht nur für die Armenpflege, sondern auch für das communale Leben überhaupt von heilsamem Einfluß. Das Ergebniß, zu dem wir gelangen, läßt sich hiernach dahin zusammenfassen: die Deutschland eigenthümliche Organisation der öffentlichen Armenpflege characterisirt sich durch eine der Gemeinde in diesem Gebiet eingeräumte prävalirende Stellung: dieser prävalirenden

Stellung entspricht eine durch die Organisation der Ortsgemeinde begründete, in individualisirender Handhabung sich äußernde besondere, jedoch je nach der Verschiedenheit der communalen Organisation und Leistungsfähigkeit in ungleichem Maße vorhandene Befähigung der Gemeinden für die Armenverwaltung.

Es folgt nun hieraus zweierlei: erstens, daß es Aufgabe der Gemeindeorganisation, da, wo die Befähigung der Gemeinde für jene Aufgaben bis jetzt nicht vorhanden, jene Befähigung durch Aenderung der Gemeindeverbände herzustellen, und zweitens, daß bei Aussonderung von Zweigen der öffentlichen Armenpflege aus dem Wirkungskreise der Gemeinden mit größter Vorsicht zu verfahren und in einer Weise vorzugehen ist, bei der das individualisirende Element in der Armenpflege möglichst geringen Abbruch erfährt.

Die Herstellung einer dem Bedürfniß entsprechenden, gleichheitlichen und individualisirenden Armenpflege auch auf dem platten Lande ist der Zweck des Antrags, den Herr Seyffardt als Referent des deutschen Vereins für Armenpflege auf dem in den letzten Tagen in Darmstadt abgehaltenen Congresse gestellt und welcher in der Versammlung des Vereins Annahme gefunden hat; dieser Antrag befürwortet zu gedachtem Zwecke die Einrichtung größerer, leistungsfähiger Verbände, wo solche noch fehlen. Daß ich der Tendenz des Antrags sympathisch gegenüberstehe, bedarf nach dem Vorhergesagten keiner weiteren Erwähnung; ich sehe insbesondere es als einen großen Fortschritt an, daß die Anbahnung einer Gleichheit in der Handhabung der Armenpflege zwischen Stadt und Land als ein zu erstrebendes Ziel betont wird. Wenn ich gleichwohl den Antrag mir nicht anzueignen vermag, so geschieht dies wegen der Form, in der die Bildung jener größeren Verbände erstrebt wird. Wie aus den Motiven erhellt, geht die Absicht dahin, zwischen den Gemeinden und Gutsbezirken einerseits und der die Aufsicht führenden Kreisbehörde andererseits einen Zwischenverband einzuschalten, welchem die Armenfürsorge als Verpflichtetem obliegt. Es wird also die Errichtung eines gesonderten Verbandes für die Zwecke der Armenpflege beabsichtigt. Die Errichtung eines solchen besonderen Verbandes neben, bezw. über der Ortsgemeinde halte ich nicht für wünschenswerth, es sei denn, daß beabsichtigt werde, den neuen Verband überhaupt und auch für die anderen Aufgaben der örtlichen Verwaltung an die Stelle der Ortsgemeinde treten zu lassen. Eine Aussonderung der Armenpflege aus dem sonstigen ortsgemeindlichen Wirkungskreise würde uns in ähnliche Bahnen leiten, wie diejenigen waren, auf denen in England die öffentliche Armenpflege vor der Reformacte einer so großen Ausartung entgegengeführt worden ist. Ich bin nicht der Meinung, daß die Functionen der Armenverwaltung ihrer Mehrzahl nach zweckmäßig von Organen, welche mit der ortsgemeindlichen Verwaltung in einem organischen Zusammenhange nicht stehen, wahrgenommen werden würden: die Aufgaben der Armenverwaltung allein stellen keinen Inhalt dar, der zur Erhaltung administrativen Lebens in einem communalen Körper ausreichte. Meines Erachtens kann die Bildung derartiger größerer Verbände zweckmäßig nur im Wege der Communalreform dergestalt erfolgen, daß dort, wo den Gemeinden eine genügende Leistungsfähigkeit fehlt, an die Stelle dieser nicht leistungsfähigen Gemeinden andere größere und leistungsfähigere aber wie jene — die verschiedenen Aufgaben der localen Verwaltung in sich vereinigende Gemeinden gesetzt werden. Nur so werden wir die Gefahren fernhalten können, welche die Ausscheidung des Armenwesens als solchen aus dem ortsgemeindlichen Wirkungskreise für uns heraufbeschwören könnte. Mag nun aber die Herstellung der leistungsfähigeren Verbände in dem einen oder dem anderen Wege erfolgen: immerhin wird durch eine solche Reform eine wirkliche Gleichheit in der Handhabung der Armenpflege nur sehr allmählich und annähernd erreicht werden; schon die individuellen Auffassungen der in den bezüglichen Verwaltungen thätigen Personen werden immer fortfahren, eine erhebliche Verschiedenheit zu erhalten. Die schematische Gleichheit der englischen Armenpflege beruht auf der grundsätzlichen Durchführung des Arbeitshaussystems, welches uns anzueignen, wie schon vorher bemerkt, in unseren Verhältnissen keine Nöthigung liegt. Indessen auch eine Annäherung an die Gleichheit stellt schon an sich eine Verbesserung dar.

Wenn nun aber die communale Armenpflege durch Schaffung leistungsfähiger ortsgemeindlicher Verbände einer Verbesserung fähig ist, so werden schon hiermit einige der jetzt bestehenden Uebelstände sich erledigen. Immerhin werden die an die Stelle der leistungsunfähigen Gemeinden tretenden ortsgemeindlichen Verbände nicht diejenige Ausdehnung haben können, daß sie die der Armenpflege der größeren Verbände eigenen Vorzüge in besonders hohem Maße zu gewährleisten vermöchten. Es bleibt daher, wenn auch mit vermehrter Strenge die Frage zu prüfen, inwieweit überwiegende Vorzüge die Uebertragung von Aufgaben der Armenpflege auf die größeren Verbände als Landarmenverbände nöthig machen. Es führt dies auf die zweite Voraussetzung, nach der sich Vorzüge und Mängel verschieden gestalten, nämlich auf die Formen der Armenpflege; es ist die Frage zu beantworten: für welche Formen der Armenpflege stellen sich die Vorzüge der Handhabung durch die größeren Verbände als evidente heraus? Die Formen der Armenpflege sind verschieden je nach dem System, das der Gesetzgebung der betreffenden Nation zum Grunde liegt, vor Allem aber nach den einzelnen Zweigen der Armenpflege, da je nach den Kategorieen der Bedürfnisse, um die es sich handelt, besondere Formen und Mittel als geeignet gegeben sind. Die Frage, für welche Formen der Armenpflege die Qualification der größeren Verbände eine bessere ist, fällt daher großentheils mit der Frage zusammen: welche Zweige der Armenpflege werden zweckmäßiger von den größeren Verbänden gehandhabt?

Nach den vorher festgestellten Gesichtspunkten ist für die Beantwortung dieser Frage zunächst von Wichtigkeit der Gegensatz zwischen geschlossener und offener Armenpflege. Für alle diejenigen Zweige der Armenpflege, innerhalb derer die Hülfsleistung durch Aufnahme und Pflege der Bedürftigen in eine geschlossene Anstalt erfolgt, steht zweckmäßige Einrichtung, ausreichende Ausstattung, geregelte und rationelle Verwaltung im Vordergrunde; einer individualisirenden Thätigkeit der communalen und namentlich der aus der Bürgerschaft hervorgehenden Organe ist hier nur wenig Spielraum geöffnet. Diejenigen Nationen, bei denen die Armenlast auf größeren Verbänden ruht, sind daher vorzugsweise auf geschlossene Armenpflege hingewiesen: die englische Armenbezirkseintheilung der unions steht mit dem Arbeitshaussystem in untrennbarer Verbindung. Aber es giebt auch in unseren Armenverwaltungen Zweige, deren Aufgaben an sich zweckmäßig nur durch Pflege in geschlossenen Anstalten erfüllt werden können. Es sind das die Irren-, Idioten-, ferner ein großer Theil der Kranken-, Blinden- und Taubstummenpflege; alle diese Zweige werden daher, soweit die Fürsorge in geschlossenen Anstalten erfolgt, sich für die Handhabung durch größere Verbände in erster Linie eignen. Aus der offenen Armenpflege sondern sich sodann weiter diejenigen Zweige der Armenpflege aus, bei denen die Hilfe mehr durch allgemeine Veranstaltungen, Aufstellung von Armenärzten oder eines sonstigen technischen Personals gewährt wird; auch hier spielt häufig die planmäßige Leitung, die Unterhaltung der Veranstaltungen die hauptsächliche, die individualisirende Prüfung und Behandlung eine untergeordnetere Rolle. Endlich können auch im Bereich des eigentlichen Unterstützungswesens solche Fälle unterschieden werden, in denen das Bedürfniß durch technische bezw. administrative Ermittelung ein für alle Mal festgestellt werden kann; es gehört hierher die Unterstützung von Blinden, Taubstummen und Gebrechlichen; an der äußersten Grenze dieser Kategorie von Fällen steht die Fürsorge für die Waisen, da auch bei ihnen die Hilfsbedürftigkeit durch den Tod der Eltern bis zur Erreichung des erwerbsfähigen Alters meist unabänderlich gegeben ist. — Je mehr nun in der Gewährung der Armenfürsorge die technische Veranstaltung, je mehr bei Prüfung und Controle des Bedürfnisses die technische Feststellung überwiegt, desto eher wird auch abgesehen von der Form der geschlossenen Armenpflege eine Befähigung des größeren Verbandes für die zweckmäßige Leistung der Fürsorge oder Betheiligung bei derselben anzuerkennen sein, wogegen die Fürsorge in allen denjenigen Fällen, in denen das Bedürfniß und dessen Fortdauer nur durch eingehende Prüfung und Ueberwachung aller Verhältnisse festgestellt bezw. controlirt werden kann, dem engeren Kreise der Gemeinde schlechterdings überlassen bleiben muß.

Ich versuche es von diesen Gesichtspunkten aus die principiellen Grundlagen der deutschen Gesetzgebung und in erster Linie des Gesetzes über den Unterstützungswohnsitz der Betrachtung zu unterwerfen. Das gedachte Gesetz weist als eine unbedingte Aufgabe den Landarmenverbänden nur eine Aufgabe zu: die der Fürsorge für diejenigen Hilfsbedürftigen, für die endgültig zu sorgen kein Ortsarmenverband verpflichtet ist. Einer Ueberweisung einzelner Zweige des Unterstützungswesens an die Landarmenverbände erwähnt es nicht; hierüber wie über eine etwaige Subventionirung der Ortsarmen- durch Landarmenverbände die erforderlichen Bestimmungen zu treffen überläßt es der Landesgesetzgebung.

Eine exceptionelle Fürsorgepflicht der Landarmenverbände, wie sie übrigens in Preußen seit 1842 bezw. schon früher geltendes Recht gewesen war, in der erwähnten Weise festzustellen, ließ sich nach der Anlage des Gesetzes nicht vermeiden; aus dem Satze, daß der Unterstützungswohnsitz durch zweijährige Abwesenheit auch dann verloren geht, wenn inzwischen ein neuer Unterstützungswohnsitz nicht erworben wird, ergab sich eine Bestimmung, die für die keinem Ortsarmenverbande angehörigen Armen in anderer Weise Fürsorge traf, von selbst als nothwendig. So lange daher eine Abänderung jenes Satzes, wie ich meinestheils zur Zeit sie für unausführbar halte, nicht erfolgen kann, ist eine wesentliche Verminderung der zur Kategorie der Landarmen gehörigen Personen nicht zu erwarten; im Gegentheil muß eine wachsende Beweglichkeit der Bevölkerung auch eine Zunahme der zu dieser Kategorie gehörigen Armen zur Folge haben. Die Verpflichtung der Landarmenverbände gegenüber diesen Armen umfaßt aber alle Richtungen der Armenpflege, und zwar ebensowohl die Irren-, Kranken- und

Waisenpflege, als das Unterstützungswesen im engeren Sinn, ein Verhältniß, das mit dem vorher entwickelten Princip, wonach für die Handhabung eines solchen Unterstützungswesens größere Verbände sich am wenigsten eignen, im Widerspruch steht. Gegen diesen Zustand richten sich denn auch vorzugsweise die schon vorher erwähnten Klagen, die aus den Staaten, in denen das Landarmenwesen bis dahin unbekannt war, seitdem erhoben werden; dem Umstand, daß die Landarmenverbände mit einem solchen Unterstützungswesen befaßt sind, wird die Lockerung der Beziehung zur Gemeinde, die Perpetuirung der Armuth und die Vertheuerung der Armenpflege hauptsächlich zugeschrieben. Der Behauptung, daß diese Uebelstände Wirkungen der in Rede stehenden Gesetzgebung seien, ist Adickes in seinem interessanten und verdienstvollen, im letzten Jahrgang der Tübinger Zeitschrift veröffentlichten Aufsatze entgegengetreten; er stellt namentlich in Abrede, daß die durch die Landarmenverbände geübte Fürsorge nothwendig eine kostspieligere sei, es sei denn, daß diese größere Kostspieligkeit in nothwendigen Verbesserungen der Armenpflege ihren Grund habe und durch solche gerechtfertigt und aufgewogen sei. So lehrreich und dankeswerth aber auch das mitgetheilte Material ist, so hat mich indessen die Beweisführung dennoch nicht ganz zu überzeugen vermocht. Den zahlreichen von Adickes angeführten Fällen, in denen bei den Bewilligungen für Landarme über die für die Ortsarmen maßgebenden Sätze nicht hinausgegangen wird, stehen doch auch andere gegenüber, in denen für erstere der Kostenbetrag ein höherer ist; solche Fälle fehlen auch in Preußen nicht, wie die von Herrn Dr. Wehr im vorigjährigen Armenpfleger-Congreß für Westpreußen bezeugten Data erweisen. Es liegt aber im Durchschnittsbetrage der aufgewendeten Unterstützungen überhaupt nicht der ganze Schwerpunkt der Beurtheilung. Nicht blos die Abmessung der Unterstützungen, sondern die Zulassung zu denselben und die Controle über die Nothwendigkeit ihrer Beibehaltung ist von Wichtigkeit; wie hierbei verfahren wird, kann durch die Statistik nicht festgestellt werden. Daß solchen Armen, welche von den Landarmenverbänden zu unterstützen sind, Unterstützungen leichter bewilligt und länger belassen werden, als dies gegenüber Ortsarmen der Fall zu sein pflegt, daß den Gemeinden alles Interesse fehlt, einmal landarm gewordenen Personen wieder zu einem Erwerbe zu verhelfen, daß hierdurch der Trägheit und dem müssigen Leben Vorschub geleistet werde, das sind Ausstellungen, die wir keineswegs blos aus dem südlichen und westlichen Deutschland vernehmen; es mag hier auf dasjenige hingewiesen werden, was im December vorigen Jahres der Königl. Sächsische Minister des Innern, Herr von Nostiz-Wallwitz, in Uebereinstimmung mit den meisten Rednern in der sächs. zweiten Kammer hierüber äußerte, indem er das Landarmenwesen ein durch und durch entsittlichendes Institut nannte und constatirte, daß es den Ortsvorständen regelmäßig an jedem Interesse gebräche, auf eine Verminderung der Landarmen hinzuwirken, daß sie vielmehr eher an der Vermehrung derselben ein Interesse hätten. Dennoch sind die Verhältnisse in Sachsen denen in den benachbarten preußischen Provinzen weit ähnlicher, als denen im südlichen Deutschland. Ich bin daher der Meinung, daß, sofern eine Reform der Gesetzgebung über den Unterstützungswohnsitz sich ermöglichen sollte, es das Bestreben des Gesetzgebers sein müßte, die Fälle eines von den Landarmenverbänden zu handhabenden Unterstützungswesens, soweit sie nicht überhaupt ganz beseitigt werden können, doch in möglichst enge Grenzen einzuschließen.

Schon hierin liegt es, daß ich mich dem Vorschlage meines Herrn Correferenten nicht anschließen kann, das Gebiet des durch die Landarmenverbände gehandhabten Unterstützungswesens noch weiter auszudehnen. Herr Adickes will nämlich das Institut der den Ortsarmenverbänden obliegenden sogenannten vorläufigen Fürsorge dadurch beseitigen, daß er mit den Kosten der Fürsorge für alle diejenigen, welche außerhalb der Gemeinde ihres Unterstützungswohnsitzes hilfsbedürftig werden, die Landarmenverbände belastet; in diese auf die Landarmenverbände zu übertragenden Kosten einbegriffen sind auch die an solche Unterstützungen außerhalb ihres Unterstützungswohnsitzes in Anspruch nehmende Personen gewährten Beträge. Daß diese Aenderung die Zahl der von den Landarmenverbänden zu unterstützenden Personen beträchtlich vermehren würde, liegt auf der Hand; in der Durchführung des Vorschlages würde ich daher eine erhebliche Erweiterung der durch das Landarmenwesen in seiner gegenwärtigen Gestalt gegebenen Uebelstände selbst dann erblicken, wenn anzuerkennen wäre, daß die betreffenden Personen durch diese vom Landarmenverbande zeitweise bezogenen Unterstützungen nicht definitiv in die Kategorie der Landarmen übergehen würden; die Befürchtung einer solchen Vermehrung der definitiv in die Kategorie der Landarmen eintretenden Personen glaubt Herr Adickes durch den Hinweis darauf beseitigen zu können, daß die fraglichen Personen, wenn sie demnächst an dem Orte ihres Unterstützungswohnsitzes hilfsbedürftig würden, der Kategorie der Ortsarmen wieder zufallen würden; er erachtet ferner für zulässig (S. 13 des Referats), für den mit der provisorischen Unterstützung zu belastenden Landarmenverband ein Recht zu formuliren, in gewissen Fällen die Zuweisung der Unterstützten an den Ort des Unterstützungswohnsitzes zu bewirken, insbesondere dann, wenn in Folge verwandschaftlicher oder sonstiger besonderer Beziehungen am Orte des Unterstützungswohnsitzes erheblich billigere Verpflegung oder bessere Erwerbsverhältnisse gegeben sind; er ist der Meinung, daß ein Mißbrauch dieses Rechtes nicht zu fürchten sei, weil es in den Händen größerer nicht engherziger Körperschaften liegen würde. Ich vermag dieser Ansicht mich nicht anzuschließen, halte vielmehr die Uebertragung einer so weit gehenden Befugniß selbst an größere Verbände für ein ungemein Mißliches; entweder würde die Ausübung der Befugniß, wenn ihr ein weiterer Umfang gegeben würde, zu den größten Härten führen, oder sie würde, wenn nur in geringerem Maß zur Ausführung gebracht, für die Wiederentlastung der Landarmenverbände von unwesentlichem Einfluß sein; immerhin aber wird auch die Vermehrung der nur zeitweise der Fürsorge der Landarmenverbände zur Last fallenden Armen, zumal wenn diese Fürsorge — und eine Scheidung ist nach der Art dieses Vorschlags nicht möglich — sich nicht auf die Gebiete der geschlossenen Armenpflege beschränken sollte, als ein sehr erheblicher Uebelstand anzusehen sein. Die Vermehrung dieser Armen würde aber um so größere Dimensionen erreichen, als ein Gesetz, welchem zur Uebertragung der Fürsorgelast auf den Landarmenverband ein bloßes Verlassen der Gemeinde des Unterstützungswohnsitzes genügte, die mißlichsten Verschiebungen der Armenlast im Gefolge haben müßte. So sehr ich daher mit manchen der Motive übereinstimme, so glaube ich doch dem Vorschlage in der Art, in der er formulirt ist, mich nicht anschließen zu können.

Wenn ich nun aber mich dahin ausspreche, daß es das Bestreben der Gesetzgebung sein müßte, die Grenzen der den Landarmen zu überweisenden individuellen Unterstützungsfälle enger statt weiter zu ziehen, so bin ich weit entfernt, einer Erweiterung der Betheiligung der Landarmenverbände überhaupt entgegentreten zu wollen; nur bin ich der Meinung, daß diese Ausdehnung der Betheiligung auf anderen Wegen zu suchen sei. Diese Wege sind: die vom Unterstützungswohnsitzgesetz nicht ausdrücklich erwähnte, aber von einem Theil der Landesgesetzgebungen begünstigte und vereinzelt selbst zu rechtlicher Formulirung gebrachte unmittelbare Uebertragung einzelner qualitativ abgegrenzter Zweige der Armenpflege auf die größeren Verbände und die vom Bundesgesetz zwar erwähnte, aber der Landesgesetzgebung überlassene Subventionirung der Ortsarmenverbände durch die Landarmenverbände.

Ich wende mich zunächst dem ersteren Wege, der unmittelbaren Uebernahme von Zweigen der Armenpflege durch die Landarmenverbände zu. Ich habe soeben entwickelt, daß zu dieser Uebertragung die einzelnen Zweige der Armenpflege um so geeigneter seien, je mehr in der Erfüllung ihrer Aufgaben die Pflege in geschlossenen Instituten, die Benutzung technischer Veranstaltungen und die Feststellung des Bedürfnisses durch technische Constatirung in den Vordergrund trete; von diesen Gesichtspunkten ausgehend, habe ich in einer im vorigen Jahre in Schmollers Jahrbuch veröffentlichten Abhandlung über die Armengesetzgebung Frankreichs und zwar wesentlich im Anschluß an mein schon früher erwähntes, im Jahre 1876 erstattetes Gutachten über die Reform der Communalbesteuerung die Irrenpflege, die Fürsorge für Blinde, Taubstumme und Idioten, sowie gewisse Klassen von Siechen, endlich die Heilung armer Kranker, soweit solche in geschlossenen Anstalten erfolgt, als solche Zweige der Armenpflege bezeichnet, welche zur Uebernahme durch die größeren Verbände geeignet seien; ich kann diesen Zweigen die Fürsorge für verwahrloste Kinder und die Unterhaltung der Zwangsarbeitshäuser hinzufügen. In allen diesen Zweigen spielt die Beschaffung des Kapitalaufwandes, die planmäßige Leitung, die technische Handhabung und Verwaltung eine hauptsächliche, die freie Beurtheilung und die individualisirende Thätigkeit eine zurücktretende Rolle. Aber die Leistung der größeren Verbände muß, wenn sie ihren Zweck voll erreichen soll, ebenso die Errichtung und Verwaltung der Anstalten wie die Tragung der durch die Einzelfälle verursachten Kosten umfassen. Gerade die Verpflichtung, die Kosten der Einzelfälle ganz oder vorwiegend zu tragen, begründet die größte Gefahr für die kleineren weniger leistungsfähigen Gemeinden, deren Haushalt unter Umständen durch die Anforderungen eines einzelnen kostspieligen Falles bezw. durch zufälliges Zusammentreffen mehrerer solcher aus dem Gleichgewicht gebracht werden kann; dieser Uebelstand würde sich in Folge der Bildung größerer Verbände für das platte Land nach dem Vorschlage des Herrn Seyffardt allerdings mildern, er würde jedoch, zumal wenn, wie ich es vorher als nothwendig bezeichnet habe, bei Bildung der Verbände die Grenzen einer Reform der ortsgemeindlichen Organisation eingehalten würden, keineswegs völlig beseitigt werden. Zu meiner Freude haben nun auch die Verhandlungen des vorjährigen Congresses des deutschen Vereins für Armenpflege, wenigstens was die Uebertragung der Irren-, Taubstummen- und Idioten-Fürsorge, sowie auch der Fürsorge für die verwahrlosten Kinder auf die größeren Verbände anlangt, eine Annäherung gegeben, wie auch diese Annäherung in schriftstellerischen Erzeugnissen hervortritt; gegen die Uebernahme der Zwangsarbeitsanstalten, soweit solche thatsächlich noch nicht die Regel bildet, auf die größeren Verbände werden sich wenig Stimmen erheben. Den Gründen, welche für Unterbringung der Blinden-, Taubstummen-, Idiotenpflege, sowie der Fürsorge für verwahrloste Kinder in Zwangsarbeitshäusern sprechen, möchte ich noch hinzufügen, daß die an die öffentliche Armenpflege sich anschließende Privatarmenpflege sich für alle diese Zweige weit leichter und wirksamer für größere Gebiete als rein locale organisiren lassen würde. So könnten neben der von den Landarmenverbänden geübten Blinden- und Taubstummenpflege über dieselben örtlichen Gebiete sich erstreckende Blinden- und Taubstummenbeschäftigungsvereine, neben der jenen Verbänden obliegenden Unterhaltung der Arbeitshäuser und Anstalten für verwahrloste Kinder Vereine für die Beschaffung von Unterkommmen und die weitere Ueberwachung aus den Anstalten entlassener Häuslinge und Kinder hervorgehen; natürlich müßte, damit dieser Anschluß erreicht würde, die Taubstummen- und Blindenpflege auch die Fürsorge für die nicht in die Anstalten aufgenommenen, sondern in ihren Familien oder bei Fremden verpflegten Idioten, Taubstummen und Blinden umfassen. Auch bei diesem Zweige des Unterstützungswesens ist eine individualisirende Controlle durch die Gemeinden von keiner hervortretenden Wichtigkeit, da das Bedürfniß durch einen technisch festzustellenden, fast immer unwiderruflich eingetretenen physischen Zustand begründet wird.

So erfreulich nun aber die in Bezug auf die eben gedachten Zweige sich anbahnende Meinungsübereinstimmung auch ist, so würden doch, was die finanzielle Entlastung der Gemeinden anbelangt, alle genannten Zweige nicht annähernd von der Bedeutung sein, welche der Fürsorge für die heilbaren Kranken zukommt; gerade in Bezug auf das Princip und die Art der Betheiligung der größeren Verbände an diesem Zweige der Armenpflege ist das Auseinandergehen der Meinungen aber ein sehr viel weiteres, ganz entsprechend der großen Verschiedenheit, welche die thatsächlich in den verschiedenen deutschen Ländern bestehenden Einrichtungen charakterisirt.

Abstract genommen halte ich die Fürsorge für arme heilbare Kranke, soweit sie als Pflege in geschlossenen Anstalten erfolgt, für einen derjenigen Zweige der Armenpflege, welche sich zur Handhabung durch größere Verbände am Besten eignen; die Errichtung, Ausstattung und Unterhaltung, sowie die gesammte Behandlung ist wesentlich Sache einer durch technische Organe versehenen Verwaltung; ebenso ist das Bedürfniß und dessen Controle hauptsächlich Gegenstand technischer Feststellung; eine Prüfung der Vermögenslage findet im Wesentlichen nur Behufs Heranziehung des Verpflegten zu den Kosten der Heilung statt; eine solche Feststellung — eine ähnliche besteht ja für die Zwecke der Besteuerung — sind aber die größeren Verbände durch ihre Organe, bezw. durch Vermittelung der Gemeinden sehr wohl vorzunehmen im Stande. Aber es ist richtig, daß die thatsächlichen Verhältnisse, wie sie in Bezug auf die Handhabung dieses Zweiges der Armenpflege in den deutschen Ländern bestehen, den historischen Grundlagen der Entwickelung derselben entsprechend sich meist in einem Gegensatze zu dem soeben als sachlich erwünscht bezeichneten Zustande befinden. In einem großen Theil Deutschlands, namentlich in den älteren Provinzen Preußens, findet eine Betheiligung der größeren Verbände an der Armenkrankenpflege, soweit nicht Landarme in Frage kommen, überhaupt nicht statt; in anderen Gebietstheilen Deutschlands unterhalten die großen Verbände Anstalten, welche sie gegen ermäßigte Kosten oder selbst unentgeltlich den Gemeinden für ihre Kranken zur Verfügung stellen, oder sie gewähren den Gemeinden Zuschüsse, damit diese für die geeignete Unterbringung in Anstalten sorgen können. Wenn ich nun die Vorschläge, welche Herr Adickes in seinem im vorigen Jahr dem Armenpflegercongreß vorgelegten Referat gemacht hat, recht verstehe, so befürwortet er eine größere Betheiligung der größeren Verbände an diesem Zweige der Armenpflege, ohne gerade einer bestimmten Form das Wort zu reden. Meines Erachtens würden indeß bloße Subventionen an die Gemeinden keineswegs genügen, um die Ziele, um die es sich handelt, voll zu erreichen; es würde hierzu vielmehr erforderlich sein, nicht blos, daß die Tragung der Kosten der Armenkrankenpflege auf die Landarmenverbände übernommen, sondern auch, daß ein Uebergang der Leitung und Verwaltung der Krankenanstalten auf dieselben wenigstens im Princip als Ziel hingestellt würde; denn an eine sofortige Ausführung allen im Besitz von Krankenanstalten befindlichen Gemeinden gegenüber wäre vorerst nicht zu denken. Es ist für die definitive Regelung dem Umstande Rechnung zu tragen, daß oft die bestehenden Anstalten — zuweilen seit unvordenklicher Zeit — den Gemeinden gehören, daß die Einwohnerschaft sich häufig für die Herstellung der Anstalten große Opfer auferlegt hat, daß Bürgersinn und Wohlthätigkeit nicht selten sich namhaft betheiligt haben, daß mit den Krankenanstalten, die ja überhaupt nicht ausschließlich dem unterstützungsbedürftigen Publicum dienen, auch stiftungsmäßige oder andere der Bequemlichkeit der Einwohner dienende Einrichtungen verbunden sind. Es würde nun aber auch vollkommen zulässig und mit der vorgetragenen grundsätzlichen Auffassung verträglich sein, daß das Verhältniß solcher Gemeinden und insbesondere solcher größerer Städte, welche Umstände der erwähnten Art zu Gunsten der Beibehaltung eigner städtischer Krankenanstalten geltend zu machen in der Lage wären, vorübergehend oder definitiv aufrecht erhalten bliebe; es würde sich dann nur darum handeln, einen Modus zu finden, mittelst dessen auch solchen Gemeinden gegenüber die Ausgleichung hergestellt würde. Ein derartiger Modus aber ließe sich in doppelter Weise finden; den Gemeinden, die im Besitze eigener Krankenanstalten blieben und die dementsprechend die Unterhaltung dieser Anstalten zu besorgen hätten, wäre entweder, da sie ja zu den Behufs Deckung des Aufwandes der Krankenpflege von den Landarmenverbänden zu erhebenden Steuern beizutragen hätten, als Aequivalent das Recht einzuräumen, nach einem mittleren, unter dem Durchschnittsbetrage der wirklich aufgewendeten Kosten verbleibenden Satze für alle in den betreffenden Anstalten im Wege der Armenpflege behandelten Kranken bei dem Landarmenverbande zu liquidiren, gleichgültig, ob diese Kranken der Stadt angehörten oder nicht; oder es wären, was den Vorzug der größeren Einfachheit hätte, jene Städte von dem Beitrage zu den erwähnten Steuern zu entbinden, gleichzeitig aber ihnen die Pflicht aufzuerlegen, nicht blos ihre Krankenanstalten zu erhalten, sondern auch in denselben alle nach ihrem letzten regelmäßigen Aufenthalt der Stadt angehörigen Armen für eigene Rechnung zu verpflegen. Ein Anspruch auf Kostenersatz gegen den Landarmenverband wäre ihnen in diesem Falle nur hinsichtlich derjenigen armen Kranken einzuräumen, die zur Zeit der Erkrankung einen regelmäßigen Aufenthalt in der qu. Gemeinde nicht gehabt; da unter diesen Kranken sich auch solche befinden würden, denen der Besitz eines regelmäßigen Aufenthalts überhaupt nicht nachzuweisen wäre, und da kein Grund vorläge, die Städte an den Kosten der Fürsorge für diese Kranken nicht Theil nehmen zu lassen, so wäre von den Städten als Ausgleichung hierfür ein Aversionalbeitrag zum Landarmenfonds zu zahlen, der in einer Quote des ihnen nachgelassenen Steuerantheils bestehen könnte. In beiden Fällen wäre die Bestellung eines Organs Seitens des Landarmenverbandes nothwendig, dessen Aufgabe es hauptsächlich wäre, zu controliren, daß nur für wirklich arme Personen aufgewendete Beträge in Rechnung gestellt, daß die Zeiten der Pflege in der Anstalt nicht ungerechtfertigter Weise ausgedehnt und daß die Armen, namentlich die der Gemeinde nicht Angehörigen, nicht gegenüber anderen Kranken verkürzt würden. Das Verhältniß solcher Gemeinden zum Landarmenverbande würde sich dann als ein Ausnahmeverhältniß characterisiren; im Ganzen würde der Zustand sich so gestalten, daß, während die größeren Städte ein eigenes System der geschlossenen Krankenpflege hätten, das platte Land und die kleineren Städte auf die vom Landarmenverbande unterhaltenen Anstalten angewiesen wären; es würde so erreicht werden, daß, während die größeren Städte im Genuß ihrer Institute blieben, zugleich auch den ländlichen Gemeinden, denen Anstalten für die Krankenpflege zur Zeit in weit spärlicherem Maß zu Gebote zu stehen pflegen, ebenso wie den kleineren Städten der volle Nutzen einer von dem größeren Verbande in die Hand genommenen Organisation zu Theil würde. Die Uebertragung des Krankenanstaltswesens an die größeren Verbände unter gleichzeitiger gesonderter Behandlung der größeren Städte würde zugleich die Möglichkeit gewähren, für den Fall, daß es zur Durchführung einer allgemeinen Arbeiterkrankenversicherung käme, die Leitung dieses Kassenwesens mit der Verwaltung der Krankenanstalten in organische Verbindung zu bringen, indem in größeren Städten die Gemeindeverwaltung, im Uebrigen die Verwaltung des Armenverbandes mit der Leitung des Krankenversicherungswesens unmittelbar oder durch Vermittelung ihrer Unterbehörden befaßt würde. So ließe sich ein Ineinandergreifen beider wichtiger Verwaltungszweige herstellen. Würde in dieser Gestalt die Last der Armenkrankenpflege mit der Irren-, Blinden-, Taubstummen-, Idiotenpflege, der Fürsorge für verwahrloste Kinder und der Unterhaltung der Zwangsarbeitsanstalten auf die Landarmenverbände übertragen, so würde hiermit eine fühlbare Entlastung der Gemeinden und eine noch weit fühlbarere Sicherung derselben gegen die Gefahr zufälliger durch die Combination individueller Fälle erwachsender Ueberlastungen gewonnen sein.

Diese Wirkung der durch den Landarmenverband hergestellten finanziellen Ausgleichung würde im Allgemeinen auch eintreten, wenn jene Uebertragung durch die Landesgesetzgebung festgesetzt würde. Dennoch würden auf diesem Wege keineswegs alle durch die Aenderung beabsichtigten heilsamen Wirkungen erzielt werden können. Das Gesetz über den Unterstützungswohnsitz basirt die gesammte Armenpflege in erster Linie auf die Ortsarmenverbände; es würde daher, so lange diese Basis unbeschränkt beibehalten würde, auch für den Fall einer landesgesetzlichen Uebernahme des auf die vorberegten Zweige der Armenpflege bezüglichen Aufwandes auf die größeren Verbände nicht möglich sein, von dieser Aenderung zum Behuf der Verminderung der zwischen den Ortsarmenverbänden erwachsenden Streitfälle den vollen Nutzen zu ziehen, da ja nach außen hin immer der Ortsarmenverband als verpflichtet fungiren und der Umstand, daß finanziell der größere Verband an seiner Stelle die Fürsorge bewirkte und ihm die Last abnähme, hieran nichts ändern würde; es würde der größere Verband immer nur mittelbar, durch das Medium der Feststellung der Verpflichtung des Ortsarmenverbandes, in Anspruch genommen werden können. Soll jene Uebertragung die eben erwähnte erleichternde Wirkung in vollem Umfange haben, so ist erforderlich, daß die Landarmenverbände für die jenen Zweigen angehörigen Fälle nicht blos indirect — durch das Mittel der Ortsarmenverbände —, sondern direct Träger der Fürsorgepflicht werden. Dies kann allein durch entsprechende Aenderung des Unterstützungswohnsitzgesetzes und unmittelbare Uebertragung der Fürsorgelast in Betreff der in Rede stehenden Zweige der Armenlast auf die größeren Verbände — Landarmenverbände — geschehen. Hiermit wird zweierlei erreicht. Zunächst wird damit die Möglichkeit gegeben, diese Fürsorgepflicht für den einzelnen Fall an sehr einfache Bedingungen in Bezug auf Wohnsitz beziehungsweise Aufenthalt zu knüpfen, d. h. diese Bedingungen etwa so zu regeln, daß die Fürsorgepflicht demjenigen Landarmenverbande, in welchem der Hülfsbedürftige in dem dem Eintritt des Bedürfnisses vorangegangenen Jahre zuletzt seinen regelmäßigen Aufenthalt gehabt hat, für den Fall aber, daß ein solcher innerhalb des letzten Jahres stattgehabter regelmäßiger Aufenthalt nicht zu ermitteln, demjenigen Landarmenverbande zufiele, in welchem das Bedürfniß hervorgetreten ist. Die Abgrenzung der Fälle, in denen die selbstständige Krankenhausverbände bildenden Städte zum Ersatz berechtigt sein würden, wäre innerhalb einzelner ebenfalls mittelst Reichsgesetz festzustellender allgemeiner Normen Sache der innern Verfassung der Landarmenverbände. Wenn nun durch eine solche Normirung der constatirten Fürsorgepflicht die Zahl der Rückgriffe schon an und für sich auf ein Minimum reducirt werden würde, so würden — immer eine richtigen Grundsätzen entsprechende Bildung der Landarmenverbände, welche ein hinlänglich großes Ganzes in sich begreifen und aus städtischen und ländlichen Gebieten zusammengesetzt sein müßten, wie nachher weiter entwickelt werden wird, vorausgesetzt — diese Streitfälle auch weiter dadurch an Schärfe verlieren, daß diejenigen Fälle, in denen die vorläufige Fürsorge thatsächlich durch einen anderen Landarmenverband besorgt würde als denjenigen, dem sie rechtlich zufiele, sich zwischen den Landarmenverbänden großentheils compensiren und diese Verbände voraussichtlich ihr wohlverstandenes Interesse darin finden würden, von einer gegenseitigen Verfolgung der Fälle und der bezüglichen Rechtsansprüche Abstand zu nehmen, wie denn beispielsweise die Praxis der französischen Departements in Bezug auf die Geltendmachung der aus der Irrenpflege und Waisenpflege ihnen gegenseitig zustehenden Ansprüche nach Allem, was mir darüber bekannt geworden, stets eine sehr liberale gewesen ist. Die Uebertragung der Last auf die größeren Verbände im Princip würde eine Heranziehung der kleineren Verbände zu einer gewissen Betheiligung nicht ganz ausschließen; so wäre bezüglich der Krankenpflegelast eine Belastung der Aufenthaltsgemeinde des Kranken mit einem gewissen, eine Quote der Kosten für eine beschränkte Zeitdauer repräsentirenden Betrage schon aus zwei Rücksichten erwünscht. Einmal würde es zweckmäßig sein, daß den Verwaltungen der Ortsarmenverbände ein gewisses Interesse verbliebe, den Anträgen auf Aufnahme in das Krankenhaus nicht eine allzu große Ausdehnung zu geben, namentlich diese Aufnahme nicht eintreten zu lassen in Fällen, in denen es sich um leichtere, auch in der

Familie des Armen mit weit geringeren Kosten zu heilende Krankheiten handelt; sodann aber müßte, wenn das Krankenversicherungswesen in einer den Absichten der Reichsregierung sich nähernden Weise organisirt würde, doch eine gewisse Ausgleichung zu Gunsten derjenigen Ortschaften, in welchen, wie in den größeren Städten, die Zahl der Versicherten eine stärkere Proportion bilden würde, gegenüber den rein ländlichen, am Krankenversicherungswesen nur wenig betheiligten Ortschaften geschaffen werden; eine solche würde wenigstens in einiger Weise hergestellt sein, wenn für die Nichtversicherten von der Gemeinde des Aufenthalts für die erste Zeit der Krankheit eine Quote der Kosten erhoben, gleichzeitig aber dem Versicherten die Pflege im Krankenhause gegen einen ermäßigten, hinter den vollen aufgewendeten Kosten zurückbleibenden Satz gewährt würde.

Neben diese unmittelbare Uebernahme von Zweigen der Armenpflege durch den Staat stellt sich nun aber, wie vorher bemerkt, als eine zweite Art der Betheiligung der größeren Verbände Gewährung von Beihülfen und Subventionen an die Ortsarmenverbände. Daß das Unterstützungswohnsitzgesetz die Regelung der auf diese Subventionen bezüglichen Verhältnisse der Landesgesetzgebung überläßt, ist schon vorher erwähnt worden; in der That sind die Grundsätze wie das Verfahren in den einzelnen deutschen Staaten völlig verschieden, wie sich dies schon durch die so gänzlich verschiedene Organisation der Landarmenverbände hinreichend erklärt. In den bestehenden Einrichtungen läßt sich eine doppelte Methode unterscheiden. Entweder werden die Zuschüsse zu den Kosten einzelner Specialzweige der Armenpflege oder zu denen der Armenpflege überhaupt gegeben; in beiden Fällen beruht Gewährung und Abmessung der Subvention entweder auf völlig freier Abschätzung der Hülfsbedürftigkeit der Gemeinde, oder es wird eine gewisse Quote des Armenaufwandes vergütet, oder endlich, es fällt dem größeren Verbande derjenige Betrag zur Last, um den der Aufwand ein meist durch ein gewisses Maß der Steuerbelastung gegebenes Maximum übersteigt. Ich halte die letztere Form für völlig verwerflich, da, wenn der Satz einmal überschritten, hiermit jedes Interesse des örtlichen Verbandes, ein weiteres Anwachsen der Armenlast zu verhüten, in Wegfall kommt. Was die erstere Form anlangt, so werden sich Fälle, in denen die größeren Verbände den Ortsarmenverbänden auf Grund freier Prüfung der Verhältnisse Unterstützungen zu gewähren haben werden, niemals ganz ausschließen lassen; es wird jedoch die Anwendung dieser Form, weil sonst zu Mißbräuchen führend, meines Erachtens auf Fälle ungewöhnlicher Nothstände zu beschränken sein. Die Form der Betheiligung der größeren Verbände durch Uebernahme von Quoten des Aufwandes halte ich allein für rationell, weil sie, soweit der den örtlichen Verbänden zu belastende Antheil nicht etwa zu einem illusorischen herabsinkt, ein lebendiges Interesse des örtlichen Verbandes an den Ergebnissen zu erhalten geeignet ist. Indessen setzt die Anwendung dieser Form eine gewisse gleichartige Einrichtung und Handhabung des gesammten localen Armenwesens und ebenso eine gleichartige rechnungsmäßige Behandlung der einzelnen Aufwendungen voraus. Von einem solchen Zustande des Rechnungswesens irgendwelcher Allgemeinheit sind wir aber, namentlich im nördlichen und östlichen Deutschland, noch sehr entfernt. Die Aufgabe wird daher beträchtlich erleichtert, wenn die in Subventionen sich bethätigende Betheiligung auf gewisse Specialzweige der Armenpflege, da für diese die Erfüllung der sachlichen und rechnungsmäßigen Erfordernisse mit weit geringeren Schwierigkeiten zu erreichen ist, beschränkt bleibt. Diese Betheiligung bei den Kosten der Specialzweige hat aber auch den Vorzug, daß mit ihr leichter eine sachliche Einwirkung des größeren Verbandes auf die Handhabung der Armenpflege innerhalb des betreffenden Specialgebiets Hand in Hand gehen kann; es lassen sich dann für die Betheiligung Seitens der größeren Verbände solche Specialzweige auswählen, für welche neben einer finanziellen Erleichterung der Ortsverbände auch eine materielle Einwirkung der letzteren besonders erwünscht ist. Nur auf diese Weise wird die finanzielle Betheiligung der größeren Verbände auch für die sachliche Verbesserung der Armenpflege fruchtbar gemacht werden können. Es bieten sich nun aber zwei Zweige der Armenpflege dar, welche der Lage der Entwickelung und den in Betracht kommenden Interessen nach in besonderem Maße auf eine solche finanzielle und administrative Betheiligung der größeren Verbände hinweisen, es sind dies die Fürsorge für die ärztliche Behandlung der nicht in geschlossenen Anstalten verpflegten armen Kranken und die Waisenpflege.

Was die ärztliche Behandlung solcher armer Kranken anlangt, deren Aufnahme in eine Krankenanstalt nicht erforderlich ist, so pflegt für eine solche in den Städten, namentlich in den größeren, durch Anstellung von der Gemeinde besoldeter Armenärzte mehr oder weniger ausreichend gesorgt zu sein; überaus mangelhaft sind der Regel nach jedoch vielfach die Einrichtungen für das platte Land, ja es ist mit einer allgemeinen Organisation in der Mehrzahl der Gebiete wohl nicht einmal der Anfang gemacht worden. Von allen deutschen Ländern ist meines Wissens das Großherzogthum Hessen das einzige, in welchem der Versuch einer allgemeinen gesetzlichen Regelung des armenärztlichen Dienstes gemacht worden ist; die Medicinalordnung vom 2. August 1861 stellte, indem sie den Kreisärzten zugleich die Functionen von Armenärzten auferlegte, eine auch das platte Land umfassende Organisation des armenärztlichen Dienstes her. Wenn auch die durch diese Vorschrift begründete Verpflichtung der Kreisärzte inzwischen wieder in Wegfall gekommen ist, so hat doch die durch gedachtes Gesetz herbeigeführte Verallgemeinerung der armenärztlichen Fürsorge offenbar viel dazu beigetragen, das Interesse der Gemeinden für die Sicherstellung einer solchen Fürsorge zu gewinnen. Nach einer von der Großherzoglich Hessischen Regierung im Jahre 1880 veranlaßten Zusammenstellung erfreute damals eine mehr als die Hälfte aller Einwohner des Landes repräsentirende Zahl von Gemeinden sich eines organisirten armenärztlichen Dienstes. Auch ohne gesetzliche Handhabe ist es unter Andern in der Rheinpfalz und meines Wissens auch im Königreich Sachsen gelungen, in sehr ausgebreitetem Maße die Initiative der Gemeinden für die vertragsmäßige Bestellung von Armenärzten zu gewinnen. Das Gleiche gilt vom Großherzogthum Baden; so waren nach einer mir vorliegenden, für einen badischen Bezirk aufgestellten Uebersicht von 38 Gemeinden dieses Bezirks 30 mit einer geregelten armenärztlichen Fürsorge versehen. Dennoch genügen hier die bestehenden Einrichtungen nicht und es hat ein Project, welches die Anstellung der Armenärzte durch die größeren Verbände (Kreise) vorsieht, neuerdings die Delegirten der Kreisversammlungen beschäftigt. Im nördlichen und östlichen Deutschland ist auf dem platten Lande im Allgemeinen da für die ärztliche Behandlung der ärmeren Bevölkerung am Besten gesorgt, wo auf größeren Gütern die ärztliche Hilfe des Gutsarztes zu den Bedingungen des Arbeitsvertrags gehört, oder wo der Gutsherr freiwillig diese Hilfe zur Verfügung stellt; im Allgemeinen ist sie jedoch, der geringeren Verbreitung der Aerzte entsprechend, in weit spärlicherem Maße sichergestellt als im Süden und Westen; ja selbst aus einem Kreise der preußischen Provinz Hessen-Nassau liegt mir ein charakteristischer Vorgang vor, der den in hohem Maße vorhandenen Mangel an Vorkehrungen, die den Armen ärztliche Fürsorge sichern, bezeugt; bei einer vom Landrath einberufenen Versammlung der Bürgermeister des Kreises constatirte der Kreisphysikus, daß seines Wissens noch niemals von einem Armenverbande ein Arzt zu einem Kranken gerufen worden sei; auch auf die Aufforderung des Vorsitzenden, Fälle solcher Berufungen von Aerzten zu constatiren, konnten von sämmtlichen Bürgermeistern nur zwei derartige Fälle angegeben werden. Die allgemeinere Gewährung derartiger Hilfe ist nun aber allein von einer weiter angelegten Organisation zu erwarten, die Durchführung einer solchen indessen kaum in anderer Weise denkbar, als vermöge einer durch entsprechende finanzielle Betheiligung unterstützten Initiative des größeren Verbandes; die Gewinnung geeigneter Kräfte, ihre angemessene territoriale Vertheilung, die Leitung ihres Dienstes, Alles dies sind Aufgaben, deren erfolgreicher Durchführung der größere Verband stets sehr viel mehr als der kleinere gewachsen sein wird. Und es ist nicht zu fürchten, daß durch eine antheilige Uebernahme des für die Gehälter der Armenärzte erforderlichen Geldaufwands — Uebernahme einer festen oder einer je nach den finanziellen Verhältnissen bezw. der Größe der Gemeinden sich abstufenden Quote — den Bedürftigen in zu großer Ausdehnung diese Hilfe werde gewährt und den der entstehenden financiellen Belastung gegenüber berechtigten repressiven Tendenzen der Gemeinden zu sehr werde Abbruch gethan werden. Denn einmal behalten die Gemeinden, wenn sie auch nur einen Theil des armenärztlichen Gehalts oder der dessen Stelle vertretenden Entschädigung zu übernehmen haben, doch ein erhebliches Interesse, diese Entschädigung nicht zu hoch anwachsen zu lassen; sodann aber ergeben sich aus der Ausdehnung jener Hilfeleistung fernere Belastungen durch Anforderungen für Arzneimittel, Verbandmaterial, stärkende Kost, unter Umständen auch für Herbeiholung des Arztes, Ausgaben, welche thunlichst zu beschränken, die Gemeinden ein natürliches Bestreben haben werden. Der Selbständigkeit derjenigen Gemeinden, welche ein eigenes armenärztliches System zu unterhalten in der Lage sind, brauchte hierbei keinerlei Eintrag zu geschehen; es ließen sich leicht Wege finden, ihre Stellung in besonderer Weise zu regeln, ohne sie deßhalb einer ausgleichenden Betheiligung an den Subventionen des größeren Verbands verlustig zu machen.

In ähnlich heilsamer Weise würde sich Betheiligung und Einwirkung der größeren Verbände im Gebiet der Waisenpflege verwerthen lassen. Dasselbe bildet, wenigstens wenn es in der engsten Bedeutung als der die Fürsorge für vater- und mutterlose Waisen umfassende Zweig des Armenwesens gefaßt wird, innerhalb desselben einen abgeschlossenen Kreis, wie denn auch manche größere Städte-Gemeinden bereits dazu übergegangen sind, dieser Sonderstellung der Waisenpflege durch eine besondere, von der sonstigen Armenpflege sich abzweigende, administrative Organisation des erwähnten Gebietes Rechnung zu tragen. Die Feststellung der auf die drei Momente: Elternlosigkeit, erwerbsunfähiges Alter, Vermögenslosigkeit beruhenden Hilfsbedürftigkeit gestattet, was ihre Feststellung anlangt, einer freieren Beurtheilung kaum irgend welchen Einfluß. Dasjenige, wobei die Einwirkung der Gemeinde sich nützlich zu erweisen vermag, ist die Ermittelung geeigneter Pflegeeltern, die Ueberwachung derselben sowie der erzieherischen Heranbildung der Waisen, die Beschaffung späterer Erwerbsgelegenheit für dieselben; die auf dem finanziellen Interesse der Gemeinden beruhende repressive Tendenz hat daher hier eine in ihrer Wichtigkeit zurücktretende Bedeutung, ja es wirkt namentlich in kleineren Gemeinden ein zu erheblicher Einfluß jener Tendenz geradezu schädlich. Mit der Uebernahme einer Quote der Kosten der Waisenpflege auf die größeren Verbände würde jenes abwehrende Bestreben der Gemeinden erheblich abgeschwächt werden. An die Subventionirung durch den größeren Verband würde aber auch hier eine Einwirkung des letzteren auf die Handhabung, eine ständige Aufsicht durch die ihm zu Gebote stehenden Organe naturgemäß sich anschließen; ein solches Verhältniß besteht unter Anderen bereits in einigen, ich glaube sogar, in der Mehrzahl der badischen Kreise der jetzigen Landarmenverbände; die Kreise betheiligen sich bei dem Aufwande, der den Gemeinden durch die Unterbringung der armen Waisen erwächst, mit einer entsprechenden Quote und üben dagegen einen Einfluß auf die Unterbringung aus; einzelne Kreise gewähren auch Zuschüsse für die Verpflegung der vaterlosen, bei ihrer Mutter befindlichen Waisen. Eine hierher gehörige Einrichtung ist der im früheren Herzogthum Nassau bestehende Centralwaisenfonds; auch im Großherzogthum Hessen und in der badischen Rheinpfalz besteht eine geregelte Betheiligung des größeren Verbandes. Wenn schon im Gebiete der medicinalen Armenpflege die Leitung durch die Verwaltung des größeren Verbandes günstige Resultate erzielen kann, so lassen sich solche von einer derartigen Leitung noch mehr im Gebiete der Waisenpflege erwarten; indem diese Leitung der Nachlässigkeit und den Mißgriffen der localen Organe als Correctiv dient, und indem sie ihnen gegenüber die technische Erfahrung repräsentirt, wird sie zur Herstellung einer gleichmäßigen und den Anforderungen entsprechenden Handhabung der Waisenpflege wesentlich beizutragen vermögen. Soweit dies zu einer Steigerung des Gesammtaufwandes führt, wird eine solche durch Mehrleistungen und durch den Werth, welchen solche Zwecke auf diesem Gebiet für das ganze Volksleben haben, völlig ausgeglichen werden. Schon im ersten Theil meines Vortrages habe ich auf das Erforderniß einer finanziell liberalen Behandlung der Waisenpflege hinzudeuten versucht.

Wenn ich nun aber ärztliche Fürsorge und Waisenpflege als für die Betheiligung und Einwirkung der größeren Verbände besonders geeignete Gebiete der Armenpflege bezeichne, bin ich doch nicht der Meinung, daß auch diese Betheiligung reichsgesetzlich zu regeln sein würde. Zunächst würde, so lange die Betheiligung der größeren Verbände sich auf Zuschüsse zu den Kosten und eine Aufsicht über die Verwaltung oder Vertretung bei derselben beschränkt, eine derartige Regelung in Bezug auf die anzustrebende Vereinfachung der Ortsbehörigkeitsbestimmungen keine Vortheile gewähren, da ja die principielle Verpflichtung der Ortsarmenverbände unberührt bliebe; sodann aber wären derartige Organisationen überall viel zu sehr mit den Verwaltungsorganisationen jedes einzelnen Landes verwachsen und es wäre überhaupt die zu berücksichtigende Verschiedenheit der Zustände viel zu groß, als daß von der Aufstellung allgemeiner Rechtsnormen für das gesammte deutsche Reich oder doch das Wirkungsgebiet des Unterstützungswohnsitzgesetzes sich heilsame Wirkungen erkennen ließen; ja es würde in Staaten wie

Preußen zur Zeit selbst eine allgemeine landesgesetzliche Regelung nicht einmal möglich sein, diese Regelung vielmehr in Bezug auf manche Punkte den autonomen Beschlüssen der Provinzen überlassen werden müssen. Nur für Einen Punkt scheint mir, sofern der vorher erörterte unmittelbare Uebergang einzelner Zweige der Armenpflege auf die Landarmenverbände zur Ausführung gelangt, eine reichsgesetzliche Norm unentbehrlich zu sein. Es ist dies soweit es sich um Abgrenzung und allgemeinste Organisation der Landarmenverbände selbst handelt; denn daß diejenigen Verbände, welche Zweige der Armenpflege unmittelbar übernehmen sollen, mit denjenigen, welchen in oberster Instanz — es schließt dies ja die Concurrenz weiterer Mittelstufen nicht aus — eine auf finanzielle Betheiligung gegründete administrative Mitwirkung in anderen Zweigen der Armenpflege zufallen soll, zweckmäßig werden zusammenzufallen haben, wird einem Zweifel nicht unterliegen können.

So radical nun aber auch der Gedanke erscheinen mag, eine Regelung wenigstens der Abgrenzung und allgemeinsten Organisation der Landarmenverbände im reichsgesetzlichen Wege ist diejenige Voraussetzung, durch die eine weitergreifende Reform der öffentlichen Armenpflege überhaupt bedingt ist. Ich habe an einer anderen Stelle darauf hingewiesen, daß bei aller Verschiedenheit der communalen Organisation, wie sie die zum Norddeutschen Bunde vereinigten Staaten characterisirte, die Ortsgemeinde doch das homogene Glied war, welches einer damals nicht aufschiebbaren generellen Regelung der Armenfürsorgepflicht als Grundlage dienen konnte, daß einer directen Heranziehung der größeren Verbände bei deren gänzlich ungleichartiger Abgrenzung und Einrichtung sehr viel größere und zur Zeit völlig unübersteigliche Schwierigkeiten entgegengestanden haben würden. Es ist Adickes großes Verdienst, diese Verschiedenheit inzwischen durch Zusammenstellung des Materials dargelegt und in ihren Consequenzen zur Anschauung gebracht zu haben. Wenn in der Kategorie der Landarmenverbände als gleichartige Glieder die Fürstlich Waldeckschen Kreise und die Großherzoglich Oldenburgischen Aemter, andererseits die Mehrzahl der preußischen Provinzen und das Königreich Sachsen nebeneinander gestellt sind, so liegt schon hierin, daß die Gliederung des Reichs bezw. der Staaten in Landarmenverbände in ihrer heutigen Verfassung die Grundlage für eine auch nur in einem gewissen ausgedehnten Bereich gleichartige Bemessung ihrer Betheiligung an den Aufgaben der öffentlichen Armenpflege und ihres Verhältnisses zu den Ortsarmenverbänden nicht abgeben kann. Es handelt sich darum, die Zusammensetzung und räumliche Ausdehnung der einzelnen Landarmenverbandsgebiete so abzumessen, daß nicht nur volle Erfüllung der Aufgaben gesichert, sondern namentlich auch eine wirthschaftliche Ausgleichung hergestellt und dem Einfluß willkürlichen Aufenthaltswechsels zum Behuf der Verschiebung der Armenlast thunlichst vorgebeugt werde. Insbesondere muß die Abgrenzung auf die Vereinigung städtischer und ländlicher Gebiete Bedacht nehmen, da eine Constituirung der Städte, auch der größten, als gesonderte Verbände vermöge des zahlreichen Zuströmens der Armen zu den mit gut ausgestatteten Instituten versehenen Centren immer zu einer Prägravation jener führt; auf der Basis der preußischen landräthlichen Kreise unter Anderem würde daher die Regelung von Landarmenverbänden, welche den im Vorhergehenden gestellten Anforderungen entspricht, niemals möglich sein. Wird von diesen An=

forderungen ausgegangen, so erscheint die Tendenz der Herstellung größerer Landarmenverbände von der Ausdehnung der preußischen Provinzen oder der mittleren deutschen Staaten als eine durchaus berechtigte, wenn auch unter exceptionell günstigen Verhältnissen — so wenn das betreffende Gebiet vorwiegend ackerbautreibende Bevölkerung und nur kleine Städte in sich begreift —, beträchtlich hinter diesem Maß wird zurückgeblieben werden können. Gerade vermöge der Mannigfaltigkeit der hier in Betracht kommenden Verhältnisse aber würde einer im reichsgesetzlichen Wege zu bewirkenden Formation jener Verbände eine überaus mühsame, auf das genaueste Studium aller die Vertheilung der Armenlast berührenden Verhältnisse gestützte Vorbereitung vorangehen müssen. Immerhin kommt es darauf an, das einem solchen Vorgehen zu Grunde liegende Princip zu fixiren, um von ihm aus solchen Projecten, welche vom Wege abzulenken und die Schwierigkeiten der nachherigen Regelung zu vermehren geeignet wären, entgegenwirken zu können. Von wie entgegengesetzter Auffassung in dieser Frage von den Landesregierungen bezw. den parlamentarischen Körperschaften ausgegangen wird, zeigen die neuerlichen Vorgänge in Baden und Sachsen. In Baden hat die Commission der zweiten Kammer dem Antrage der Regierung, nach welchem der einen bestimmten Steuersatz übersteigende Theil des den Kreisen durch die Landarmenpflege erwachsenden Aufwandes zu neun Zehnteln auf den Staat übernommen und nur zu Einem Zehntel zu Lasten der Kreise verbleiben sollte, den Antrag gegenübergestellt (Gesetzesantrag der Regierung vom 7. November 1879, die Aufbringung des Kreisaufwandes betr., Commissionsbericht vom 12. Juni 1880), die Frage der Fürsorge für die Landarmen einer eingehenden Prüfung zu dem Zwecke der Constituirung eines Landarmenverbandes für das ganze Staatsgebiet zu unterziehen und dem nächsten Landtag wenn irgend thunlich hierüber einen Gesetzesentwurf vorzulegen. Die vorhergehende Erörterung hatte die Commission fast einstimmig zu der Annahme gebracht, daß die Basirung der Vertheilung der Landarmenlast auf die Kreise zu einer gänzlich ungleichen Belastung der einzelnen Gebietstheile geführt und sich nicht bewährt habe; dieser Ansicht hat sich die Regierung inzwischen im Princip angeschlossen und die Vorlegung eines bezüglichen Gesetzentwurfs neuerdings in Aussicht gestellt. Im Gegensatz hierzu ist die Regierung des Königreichs Sachsen, in welchem nach Einführung des Gesetzes über den Unterstützungswohnsitz das ganze Land zu einem Landarmenverbande constituirt war, einer decentralisirenden Richtung gefolgt; schon bald darauf wurde (den 15. Juni 1876) eine Veränderung der Anfangs getroffenen Einrichtung, wonach die Bearbeitung der Angelegenheiten des Landarmenverbandes von einer Centralstelle aus erfolgte, dahin angenommen, daß die 4 Kreishauptmannschaften fortan selbstständig die Landarmensachen verwalten und entscheiden sollten. In noch weiter gehender Richtung hat der sächsische Minister des Innern sich in der letzten Session des sächsischen Landtags geäußert (Sitzung der II. Kammer vom 6. December 1881; Leipziger Zeitung, Landtagsbeilage I Nr. 8), indem er sich zu Gunsten der Idee einer Ersetzung des allgemeinen sächsischen Landarmenverbands durch kleinere Verbände ausgesprochen hat. Wir begegnen daher hier einer Strömung, welche der vorher als durch die Verhältnisse gegeben bezeichneten gerade entgegenläuft. Es liegt aber auf der Hand, daß durch Aenderungen, die in derartiger Richtung vorgenommen würden, die Schwierigkeiten, die einer künftigen reichsgesetzlichen Reorganisation der Landarmenverbände nach den oben angedeuteten Gesichtspunkten entgegenstehen, noch beträchtlich vermehrt werden müßten.

Würden die Zweige der Armenpflege, die ich im Vorhergehenden als zur unmittelbaren Handhabung durch größere Verbände geeignet bezeichnet habe, einschließlich der Krankenpflege in Anstalten, den Landarmenverbänden übertragen, so würde hiermit den Gemeinden eine nicht unbeträchtliche Entlastung gewährt werden; diese Entlastung würde noch durch diejenige vermehrt werden, welche sich mit der Zeit aus der Verallgemeinerung der Versicherung etwa ergeben sollte. Diese Entlastung der Ortsarmenverbände würde aber meines Erachtens benutzt werden können, um eine noch viel weitergreifende Reform der Gesetzgebung über den Unterstützungswohnsitz, als sie mit der anderweitigen Regelung der Fürsorgepflicht für die vorerwähnten Armenpflegezweige schon an sich gegeben wäre, ins Leben treten zu lassen; wenn die bisher nach verschiedenen Richtungen hin gemachten Vorschläge in Betreff der Abänderung der Erwerb und Verlust des Unterstützungswohnsitzes bedingenden Aufenthalts- und Abwesenheitsfristen sich irgendeinen allgemeinen Anklang nicht haben verschaffen können, so beruht dies eben darauf, daß, solange sich die Verpflichtung der Gemeinden auf die Aufgabe der Armenpflege in ihrer Totalität bezieht, es unmöglich ist, eine Normirung jener Fristen zu finden, durch welche den Anforderungen einer angemessenen Vertheilung der Armenlast in Bezug auf die verschiedenen Zweige der Fürsorge Genüge geschehen könnte. Die Theorie des wirthschaftlichen Aequivalents, deren Nichtigkeit schon von anderer Seite genügend dargethan ist, leitet in dieser Beziehung zu keiner befriedigenden Entscheidung; ein zweijähriger Aufenthalt, wie ihn das Gesetz über den Unterstützungswohnsitz für den Erwerb des Unterstützungsrechts erfordert, ist offenbar viel zu lang bemessen, wenn ein Unterstützungsbedürfniß von nur vorübergehender Dauer, als etwa wegen Krankheit, kürzerer Gefängnißstrafe des Familienhaupts in Frage steht, viel zu kurz dagegen, wenn es sich um eine Hilfsbedürftigkeit von langer, vielleicht die ganze Lebenszeit umschließende Dauer handelt; es wird niemals einleuchtend zu machen sein, daß es gerecht sei, eine Gemeinde, in der Jemand sich zwei Jahre aufgehalten, aus diesem Grunde nicht nur mit der Fürsorge für den Genannten, sondern auch für dessen gesammte Familie und zwar bis dahin, daß die einzelnen Familienglieder nach erreichter Großjährigkeit ein Domicil selbst begründen oder das väterliche durch Abwesenheit verlieren, zu belasten. Eine rationelle Lösung würde erst möglich werden, wenn es gelänge die Unterstützungsbedürftigkeit von vorübergehender oder kürzerer Dauer von der dauernden Unterstützungsbedürftigkeit in der Behandlung zu trennen und für beide Arten die Fürsorgepflicht in verschiedener Weise zu regeln; dieselbe würde für die Unterstützungsfälle von vorübergehender Dauer der Gemeinde des Aufenthalts, für die Fälle längerer Dauer dagegen der Hilfsbedürftigkeit der durch Geburt oder langjährigen Wohnsitz sich bestimmenden Heimathsgemeinde aufzuerlegen sein, die Grundsätze der letzteren Fürsorgepflicht jedoch immer erst dann zur Anwendung zu kommen haben, wenn die Dauer der Hilfsbedürftigkeit jenes Zeitmaß überstiege; die Rückgriffe für Fälle, in denen die Hilfsbedürftigkeit eine längere Dauer nicht erreichte, würden damit beseitigt werden. Den Verlust des Unterstützungsrechts gegen diese Heimathsgemeinde für diejenigen Fälle, in denen nicht der Erwerb einer neuen Heimathsberechtigung einträte, aufzuheben, würde ich alsdann für zulässig halten. Beide Elemente, die thatsächliche Aufenthaltsgemeinschaft einerseits und das durch Geburt bezw. langdauernde Wohngemeinschaft begründete Verhältniß andererseits würde hierdurch, jedes in seiner Sphäre, zu seinem Rechte gelangen; es würde so ein grundsätzlich befriedigender Abschluß erreicht werden. Immerhin bliebe eine erhebliche Schwierigkeit zu überwinden: es würde sich fragen, ob nicht insbesondere in Fällen wirthschaftlicher Krisen und Nothstände durch eine solche Aenderung einem zu erheblichen Zudrange der ärmeren Bevölkerung zu den größeren Städten, um hier vorübergehende Beschäftigung zu erlangen, Vorschub geleistet und dadurch die Gefahr einer zu erheblichen Belastung der letzteren begründet werden würde. Meines Erachtens ließe sich dieser Gefahr am Wirksamsten dadurch zuvorkommen, daß unter der Gemeinde des Aufenthalts, welche die Fürsorge in Fällen kürzer andauernder Hilfsbedürftigkeit bezw. während des ersten Zeitraums eines länger andauernden Unterstützungsbedürfnisses zu übernehmen hätte, die Gemeinde des regelmäßigen Aufenthalts verstanden würde; ein regelmäßiger Aufenthalt aber würde entweder durch einen diese Eigenschaft des Aufenthalts constatirenden Act der Ortsbehörde oder durch Eintritt in ein regelmäßiges Erwerbsverhältniß als selbständiger Gewerbebetrieb, Eintritt in das Verhältniß eines Gesellen, Fabrikarbeiters, Dienstboten u. s. w. begründet werden; damit wären erwerblose Personen oder Familien, die in Zeiten eingetretenen Nothstandes anzögen, von der Fürsorgepflicht der Aufenthaltsgemeinde, soweit es sich um definitive Tragung der Kostenlast handelte, ausgeschlossen; dieselben würden, wenigstens was die Kostenlast anlangt, der Heimathsgemeinde zufallen. Angenommen, daß der Zeitraum, bis zu dessen Vollendung die Hilfsbedürftigkeit als eine vorübergehende anzusehen wäre, auf ein Jahr bemessen würde, so ergäbe sich für die Behandlung der einzelnen Fälle folgendes Gesammtbild. Soweit es sich um Fälle handelte, die einem der den größeren Verbänden unmittelbar übertragenen Zweige der Armenpflege angehörten, träte der Landarmenverband ein, in dessen Gebiet der Betreffende innerhalb des letzten Jahres zuletzt seinen regelmäßigen Aufenthalt gehabt, in Ermangelung eines solchen Aufenthalts der Landarmenverband, innerhalb dessen das Bedürfniß hervorträte. Bei anderen Armenfällen wäre zunächst ebenfalls zu unterscheiden, ob der zu Unterstützende einen regelmäßigen Aufenthalt habe oder nicht. Im ersteren Falle hätte die Gemeinde dieses regelmäßigen Aufenthalts die Fürsorge bis zur Dauer eines Jahres zu tragen, von da ab träte die Pflicht der Heimathsgemeinde ein; im zweiten Falle wäre die Fürsorge sogleich zu Lasten der Heimathsgemeinde zu bewirken. Unter Heimathsgemeinde wäre diejenige zu verstehen, wo der Hilfsbedürftige sich nach erreichter Großjährigkeit fünf Jahre aufgehalten, eventuell die Gemeinde, wo seine Eltern den Unterstützungswohnsitz zur Zeit seiner Geburt besessen, soweit nicht von denselben bis zu seiner Großjährigkeit ein anderer Unterstützungswohnsitz erworben worden wäre. Rückgriffe von einer Gemeinde gegen die andere könnten bei dieser Regelung nur noch vorkommen, wenn die Dauer der Hilfsbedürftigkeit ein Jahr überstiege; in Fällen solcher dauernder Hilfsbedürftigkeit würde jedoch regelmäßig die Zurückweisung in die Heimathsgemeinde die Form sein, in welcher sich der Uebergang der Fürsorge an die letztere Gemeinde vollzöge. Einem administrativgerichtlichen Verfahren wäre es vorzubehalten, in Fällen, in denen die Ausführung der Zurückweisung ungewöhnliche Härten mit sich führen würde, von der Zurückweisung zu dispensiren; an den Kosten solcher exceptionellen Fälle würde zweckmäßigerweise neben der Heimathsgemeinde der Landarmenverband sich zu betheiligen haben.

Fasse ich dies Resultat zusammen, so würden aus der Durchführung dieser Reformen sich folgende Wirkungen ergeben: Es würde vermöge der sehr viel ausgedehnteren Betheiligung der größeren Verbände an der Tragung der Armenlast eine erheblich vollkommenere Ausgleichung dieser Last und zugleich eine beträchtliche Entlastung der Gemeinden eintreten; eine gleichheitlichere und intensivere Handhabung der Armenpflege wäre für wichtige Zweige derselben sichergestellt; die Kategorie der Landarmen im bisherigen Sinne verschwände fast ganz; die Fälle von Rückgriffen der Armenverbände gegen einander reducirten sich auf einen geringen Bruchtheil ihrer jetzigen Zahl; der Begriff der Geburtsheimath bezw. des durch lange Wohngemeinschaft begründeten Zugehörigkeits-Verhältnisses zur Gemeinde würde wenigstens für die Fälle dauernden Unterstützungsbedürfnisses in seine Rechte wieder eingesetzt; durch die gesonderte Behandlung der Fälle vorübergehender Hilfsbedürftigkeit würde zugleich dafür gesorgt, daß Zurückschiebungen von Armen wegen nur aus zeitweiligen Umständen herrührender Bedürftigkeitsverhältnisse vermieden würden.

Ich habe gewagt, im Vorstehenden Grundzüge einer Entwickelung zu entwerfen, die günstigen Falles erst im Laufe von Jahrzehnten vollendet werden kann; wenn neuerdings Herr Seyffardt die Reformpläne, welche Herr Adickes dem Congreß des deutschen Vereins für Armenpflege im vorigen Jahre vorlegte, Zukunftsmusik nannte, so acceptire ich gern diese Bezeichnung für die meinigen. Meines Erachtens lassen sich zu sofortiger Ausführung geeignete Vorschläge, mit denen die schwebenden Fragen ihrem vollen Inhalt nach zur Erledigung gebracht werden würden, zur Zeit überhaupt nicht machen. Damit soll nicht etwa das Bestreben des Vereins für Armenpflege getadelt werden, den stärksten Auswüchsen gegenüber schon im jetzigen Zeitpunkt anwendbare Heilmittel zu suchen; ich bezweifle auch nicht, daß innerhalb solcher engeren Begrenzung der Aufgabe in mancher Richtung nützliche Ergebnisse zu erzielen sein werden. Aber mit derartigen, auf Verbesserung der Gesetzgebung im Einzelnen gerichteten Vorschlägen läßt sich ein befriedigender Abschluß der Reform nicht herstellen. Die Durchführung derselben erfordert viel weiter greifende und zwar solche Umgestaltungen, die, weil sie sich von der Frage der Communal-, der Communalsteuer- und Finanz-Reform sowie von den Fragen der administrativen Organisation überhaupt nicht trennen lassen, auch nur im Anschluß an die Lösung, welche diese letzteren Fragen finden, ihre völlige Präcisirung werden gewinnen können. Gerade aber weil die Verhältnisse, welche für die Beantwortung aller dieser Fragen bedingende sind, in den deutschen Staaten vermöge der bisherigen besonderen Entwickelung überall verschieden liegen, ist die Lösung aller dieser Probleme eine so überaus schwierige; zur Zeit ist noch nicht einmal der größere Theil des Materials, der auf jene Verhältnisse Bezug hat, bekannt, bezw. für weitere Kreise in übersichtlicher Form zugänglich; selbst einer wissenschaftlichen Durcharbeitung dieses Materials stehen aus der Unfertigkeit desselben noch erhebliche Schwierigkeiten entgegen. Dasjenige, worauf es nach jetziger Lage der Sache allein ankommen kann, ist, ebensowohl für die Durcharbeitung des Materials als für die Discussion die Gesichtspunkte aufzustellen; indem den Reform-Ideen immer wieder die zur Zeit vorhandenen Verhältnisse gegenüber gestellt werden, wird es möglich sein, jene so abzuklären, daß sie zu bestimmten Plänen für die Reform werden reifen können. So werden wir vermeiden, in ein nur tastendes oder experimentelles Vorgehen zu verfallen, das von der Gefahr, die gethanen Schritte wieder rückwärts thun zu müssen, immer begleitet ist.

Aber nicht hierin erschöpft sich die Aufgabe; nicht blos mit den bestimmten Größen der Verhältnisse, wie sie erkennbar vorliegen, sondern auch mit den noch unbestimmten Größen der künftigen Entwickelung haben wir zu rechnen; von dem Flusse, in dem sich die sociale Gesetzgebung ihrem ganzen Gebiete nach befindet, kann auch die Entwickelung der Armengesetzgebung nicht unberührt bleiben. Zu den Neubildungen, die dieses Gebiet umfaßt, gehört vor Allem jene Organisation des Versicherungswesens, deren Rückwirkung auf den Umfang der Armenlast ich im ersten Abschnitt meines Vortrags zu bestimmen versuchte; wenn ich zu dem Ergebniß gelangte, daß die gegenwärtige Lage des Organisationswerks bestimmte Anhaltspunkte noch nicht gewähre, um von der Voraussetzung einer in naher Zukunft bevorstehenden fühlbaren Entlastung der Armenpflege auszugehen, so bin ich doch keineswegs der Meinung, daß von den Fortschritten, welche die innerhalb jenes Gebiets sich vollziehende Organisation thatsächlich machen wird, die Reform der Armenpflege unberührt bleiben dürfe, vielmehr werden nach den Ergebnissen, welche dort erzielt werden, auch die Pläne für letztere sich modificiren müssen. Denn daß die Thätigkeiten auf beiden Gebieten in einander zu greifen, sich gegenseitig zu bedingen und zu ergänzen haben werden, ist eine Forderung, welche aus dem engen Zusammenhange der Aufgaben sich von selbst ergiebt; diesem Gesichtspunkt ist daher bei Abgrenzung der Wirkungsgebiete wie bei Aufstellung der materiellen Grundsätze Rechnung zu tragen; wo die Befähigung für die Erfüllung der Aufgaben auf der einen Seite eine geringere ist, wird innerhalb der anderen Organisation die Ausgleichung zu suchen sein. So würde, wenn es bei der Organisation der Invalidenversicherung etwa nicht gelingen sollte, in dieselbe eine so vollständige Fürsorge für die Wittwen und Waisen, wie sie vorher gefordert, aufzunehmen, hieraus für die Gesetzgebung über das Armenwesen die Aufgabe erwachsen, sich der Ausbildung insbesondere der Waisenpflege mit vermehrter Sorgfalt anzunehmen, damit die bei der Organisation der Versicherung verbleibenden Lücken hier ihre Ausfüllung finden. Diese Forderung materiellen Ineinandergreifens führt aber nothwendig auch zu der des formellen Anschlusses; der Wirkungskreis der für beide Gebiete zu bestellenden behördlichen Organe wird so abzumessen sein, daß die Uebersicht über beide Gebiete erhalten und die Möglichkeit, den amtlichen Einfluß zu Gunsten des Ineinandergreifens und der Ausgleichung innerhalb beider Verwaltungszweige geltend zu machen, gesichert werde. Es werden daher vor Allem in den großen localen Bezirken die Fäden der obersten Aufsicht und Leitung für beide administrative Gebiete bei Einer Behörde zusammenzulaufen haben; es wird ferner der Wirkungskreis auch der übrigen Behörden so zu gestalten sein, daß er sich für beide Gebiete räumlich und sachlich thunlichst decke. So wurde vorher empfohlen, daß die zur Leitung des Krankenanstaltswesens berufenen größeren Städte- und Landarmenverbände auch mit der Leitung und Organisation des Krankenversicherungswesens betraut würden; es wurde ferner davon ausgegangen, daß die Organisation der Unfallversicherungsverbände in ihrer obersten Gliederung auf großen territorialen, etwa an die Preußische Provinzialeintheilung und die Gebietsabgrenzung der deutschen Mittelstaaten sich anlehnenden Bezirken ruhen solle; an dieselbe Eintheilung könnte vielleicht auch die Organisation der Invalidenversicherung, soweit eine solche ins Leben gerufen werden sollte, sich anlehnen.

So ragen auch diese Fragen in die der allgemeinen administrativen und politischen Organisation hinein. Hiermit ist die Erörterung an einen Punkt gelangt, welchen sie an dieser Stelle nicht überschreiten darf; die Seite der Sache, welche soeben angeregt worden ist, würde hier nicht erschöpft werden können. Es wird indessen die Gelegenheit nicht fehlen, auf diese, wie auf andere in meinem Vortrage nur angedeutete wichtige Beziehungen des Gegenstandes zurückzukommen; der Zeitpunkt ist noch fern, in welchem über die hier behandelten Fragen die Discussion wird geschlossen werden können. Offenbar werden meine Vorschläge, da sie sich von den herrschenden Meinungen bezüglich der Reform der Armenpflege vielfach entfernen, mannigfachem Widerspruch begegnen; auch dieser Widerspruch wird mir Anlaß geben, meine Ansichten weiter zu prüfen und zu präcisiren. Daß die Fragen, welche den Gegenstand meines Vortrages ausmachten, von der Tagesordnung nicht sobald verschwinden werden, dafür bürgt, im Verein mit der Anregung, welche die Regierungen des Reichs und einzelner deutscher Staaten der Behandlung mancher derselben gegeben haben, am meisten das Interesse, das sich diesen Fragen immer allgemeiner zuwendet und in welchem auch dieser Verein und der deutsche Verein für Armenpflege sich begegnen. Möge dies in so weiten Kreisen vorhandene Interesse, möge das Bewußtsein von dem Ernst der Aufgabe sich erhalten! Dieses Bewußtsein würde, wenn es sich behauptete, schon an sich eine Verheißung des Gelingens in sich tragen; wenn der menschliche Geist mit Beharrlichkeit nach Zielen ringt, welche die Erkenntniß einer großen sittlichen Aufgabe ihm setzt, dann hat er Theil an jenem höheren Segen, welcher Erfolge verleiht und es erschließen sich ihm die Wege, auf denen er die unvollkommenen Zustände der Gegenwart in bessere verwandelt.

Correferat

von Redacteur A. Lammers (Bremen)

über

Versicherungszwang und Armenverbände.

Meine Herren! Dieser Verein ist so anerkannt wegen der Gründlichkeit und Gediegenheit der Arbeiten, mit denen er seine öffentlichen Verhandlungen stützt und einleitet, daß ich, der ich zum ersten Male unter Ihnen zu sein die Ehre habe, das Bedürfniß fühle, ausdrücklich vorher zu constatiren, daß und weshalb ich nicht in der Lage bin, zu diesem Vereinsschatze auch nur eine Kleinigkeit hinzuzufügen. Ich habe zwar der Aufforderung Ihres verehrten Herrn Vorsitzenden, das Correferat zu übernehmen, entsprochen, obschon ich wußte, daß mir der Verlauf des Sommers viele Arbeiten bringen würde, theils der Sache wegen, die er mir speciell anzuvertrauen die Güte hatte, theils auch des Mannes wegen, den ich ersetzen sollte, Herrn Professor Brentano, der über diesen Gegenstand bereits Alles gesagt zu haben glaubt, was er sagen könnte, und der nun doch zu meinem lebhaften Bedauern verhindert ist zu erscheinen und folglich ohnehin einen Lückenbüßer nothwendig gemacht haben würde. Seit ich dieses Correferat übernahm, ist mir noch etwas mehr Arbeit dadurch zugewachsen, daß ich nicht blos den Sparkassentag fast allein, sondern großentheils auch die Versammlung vom Sonntag Abend vorzubereiten hatte, was sich nicht so voraussehen ließ. Es hat mir deshalb an aller Ruhe und Zeit gefehlt, um neue Studien zu machen. Betrachten Sie deshalb, ich bitte Sie darum, das, was ich vorzubringen habe, nur als ein simples Votum für den später folgenden improvisirten Theil der Debatte.

In dieser Beziehung ist mir nun durch den Herrn Referenten mein Geschäft außerordentlich erleichtert worden. Ich kann mich in der Hauptsache seinen Schlüssen vollständig anschließen. Er hat constatirt, daß von einer Verallgemeinerung der Zwangsversicherung durch das Gesetz nur eine sehr geringe Erleichterung der öffentlichen Armenlast zu erwarten sein würde. Dies ist der Gesichtspunkt gewesen, von dem aus wir im vorigen Jahre auf dem ersten Congreß deutscher Armenpfleger den Gegenstand behandelt haben. Wir sind gleichzeitig mit der öffentlich hervortretenden Intention der Reichsregierung, Versicherungszwang der

Arbeiter einzuführen, auf den Gedanken gekommen, die Reform der Armenpflege als eine besondere Aufgabe der Zeit in die Hand zu nehmen durch eine Vereinigung der öffentlichen und der privaten Armenpfleger; und wir mußten annehmen, daß, nachdem von so maßgebender Stelle der Gedanke an Zwangsversicherung in die Nation geworfen worden war, dies ein Hemmniß zu werden drohe für die Arbeit an der Besserung und Hebung der practischen Armenpflege. Deshalb hatten wir auf unserer Tagesordnung das Thema: „Versicherung und Armenpflege.“ Ich habe damals als Referent, soviel bei der vorliegenden sehr dürftigen und fragmentarischen Statistik möglich war, und zum Theil aus den Erfahrungen anderer Länder, nachzuweisen gesucht, daß von der Verwirklichung des Gedankens der allgemeinen Zwangsversicherung der Arbeiter in Deutschland die Armenpflege überhaupt, auch wenn jener ganz durchgeführt würde, wenig Erleichterung zu hoffen habe. Das ist ja nun durch den Herrn Referenten nach allen Seiten hin bestätigt worden, und insofern schließe ich mich ihm völlig an. Wenn also von dieser Seite her, aus dem Interesse der bestehenden Armenpflege heraus, die Idee der Zwangsversicherung keine große Eile hat, dann wird sie doch wesentlich unter den Gesichtspunkt der politischen und socialen Erziehung des Arbeiterstandes zu stellen sein, oder vielmehr — denn als bloßes pädagogisches Object werden wir sie hier ja nicht ansehen wollen — ihres Heranwachsens zu völliger Reife und Mündigkeit — ein Gesichtspunkt, der für uns Alle, nicht blos für den Arbeiterstand von der größten Bedeutung ist, seitdem er durch das allgemeine Stimmrecht einen Theil an der Macht im Reiche bekommen hat. Wenn man unter diesem Gesichtspunkt die verschiedenen Vorschläge für eine Zwangsversicherung betrachtet, so werden sie sich noch etwas anders ausnehmen, als wenn man blos ins Auge faßt die Wohlthat einerseits, welche man dem Versicherten direct verschaffen will, die bestimmte materielle Sicherheit, und andererseits die Erleichterung sonstiger Verpflichteten, die ihm beistehen müßten, wenn er in Noth geräth. Daß dies aber der herrschende Gesichtspunkt ist, halte ich für ausgemacht, und daß von diesem aus die Sache sich wirklich anders ausnimmt, steht für mich wenigstens völlig fest.

Wenn wir einen Blick zurückwerfen auf die letzten 20 Jahre der Entwickelung unseres deutschen Arbeiterstandes, so hat er ungefähr die zwei Perioden hintereinander durchgemacht, die man in der Geschichte der Pädagogik als mit einander regelmäßig abwechselnd anzunehmen pflegt, wenn man sagt, daß auf eine verhätschelte Generation eine geprügelte folge, d. h. daß, wenn aus dem Extrem der milden Behandlung, der Verziehung, der Verwöhnung, sich Unzuträglichkeiten ergeben, die nicht länger geduldet werden können, dann wieder die strengere und härtere Behandlung folgt, bis diese dann auch wieder ihre Unzuträglichkeiten ergiebt und dann aufs Neue die mildere Behandlung anfängt. Man kann wohl sagen, daß in Deutschland in den 15 Jahren von 1863 bis 1878 eine Verwöhnung und Verhätschelung des Arbeiterstandes stattgefunden hat, an der mehr oder weniger Alle theilgenommen haben. (Sehr richtig!) Ueber seine Stellung im Staate, über seine Ansprüche auf Gerechtigkeit und Wohlwollen ist ihm damals viel zu viel weiß gemacht worden. Er wurde hervorgezogen vor allen anderen Ständen, nicht etwa blos vor den höheren und mittleren, sondern auch vor den Ständen, die noch unter ihm stehen, vor der eigentlichen Armuth. Es ist kein Zweifel, daß die Arbeiterfrage mindestens sechs oder acht Jahre lang den Blick auf den Pauperismus so gut wie völlig abgeschnitten hat, und daß man sich in weiteren Kreisen kaum bekümmerte um die allerunglücklichsten unserer Landsleute — im Gegensatz zu den ja immerhin auch nicht in sehr befriedigender Lage sich befindenden industriellen Arbeitern. Nachdem nun diese Behandlungsweise das Resultat hervorgebracht hatte, welches sie nothwendig früher oder später hervorbringen mußte, eine gewisse Wildheit und Unbändigkeit in den stärker hervortretenden Schichten des Arbeiterstandes, trat mit dem Jahre 1878 bei einer sehr traurigen Veranlassung bekanntlich die Repression ein, die nun ihrerseits wieder, wie das sehr natürlich und unvermeidlich ist, um einige Schritte zu weit geht, — ich will nicht von dem augenblicklichen Bedürfniß sprechen, das haben wir hier nicht zu erörtern — wohl aber zu weit für die gesunde Einwirkung auf den Arbeiterstand selbst. Nun wird auch ohne Zweifel — darüber wird in diesem Kreise Niemand im Zweifel sein — sobald als möglich mit dieser übermäßigen Strenge, mit dieser ausnahmsweisen Behandlung eines Standes in den meisten derjenigen Vertretungen nach außen hin, die er sich selbst gegeben hat, wieder aufgehört werden müssen; es wird wieder zurückgekommen werden müssen von dem Socialistengesetz zur völligen Gleichstellung, zur völligen Freigebung aller Agitation, nachdem man sich versichert hat, daß die Agitationen nicht wieder jenen revolutionären Character, jene friedensstörende Natur annehmen werden, welche sie damals allerdings erreicht hatten, aber, wie ich glaube, unter Mitschuld der bis dahin geübten Connivenz von verschiedenen Seiten.

Wenn dieser Zustand der Niederschmetterung des Arbeiterstandes nun also vier Jahre bestanden hat, so daß auch die berechtigtsten Bestrebungen nach einer höheren Stellung in ihm fast ganz zurückgedrängt worden sind, und wenn gleichzeitig oder sehr bald nachher von der Reichsregierung die Absicht verkündet worden ist, in einem weiten Umfange sich der materiellen Hauptanliegen des Arbeiterstandes anzunehmen, dann begreift es sich, daß die Mittel, welche in verschiedenen Nachbarländern sich erfolgreich erwiesen haben, den Arbeiterstand vorwärts zu bringen, in England und einigermaßen auch in Frankreich, von dem deutschen Arbeiterstande noch wenig benutzt worden sind. Ich kann deswegen für die Hilfskassen, welche der Herr Referent erwähnt hat, nicht so trübe Aussichten wie er annehmen. Ich glaube, unter allgemeine geschichtliche Gesichtspunkte gestellt, nimmt sich die Entwickelung des Hilfskassenwesens etwas anders aus, als der Herr Referent sie betrachtet hat. Ich glaube, man kann noch nicht mit Sicherheit heute sagen, daß, weil in den seit dem neuen Hilfskassengesetz verstrichenen sechs Jahren die Zahl der Hilfskassen sich nicht vermehrt hat, nach dieser Richtung hin gar keine Aussicht wäre, und aus demselben Grunde kann ich auch nicht annehmen, daß, weil die deutschen Gewerkvereine noch nicht die Bedeutung der englischen und französischen gewonnen haben, für sie überhaupt keine gute Aussicht bestände. Wir haben doch factisch einen oder anderthalb Gewerkvereine, die sich vollkommen sehen lassen können neben den englischen und französischen: den Buchdrucker- und den Hutmacherverein. Das sind Fingerzeige, daß unter günstigen Verhältnissen des einzelnen Gewerbes oder der Persönlichkeiten, die sich der Sache annehmen, aber auch schon einfach unter allgemein besseren Verhältnissen eine ähnliche Entwickelung sich ergeben wird. Die wenigen Jahre, welche seit dem neuen Hilfskassengesetz verstrichen sind, berechtigen uns noch nicht, abzusprechen über die Chancen, die auf diesem Wege liegen. Deshalb komme ich nicht zu der Forderung der Zwangskassen, sondern ich begnüge mich principiell mit dem, was erreicht ist. Allerdings bedarf das Hilfskassengesetz einer Reform, die von allen Seiten in Aussicht genommen und zugestanden wird, und wir werden auch vielleicht in Bezug auf den Zwang uns den Anhängern desselben einige Schritte nähern können, das will ich heute nicht in Abrede stellen; vorläufig bin ich nicht der Meinung, daß die Erfahrungen, die in dieser Beziehung gemacht worden sind, schon ausschlaggebend sind. Der Krankenversicherungszwang ist der einzige, den ich für practisch erheblich halte. In Bezug auf den Unfallversicherungszwang stimme ich mit dem Herrn Referenten insofern völlig überein, als er den Gesetzentwurf der Liberalen nicht für ganz ausreichend hält, andererseits aber auch in dem Vorschlage der Regierung und in Allem, was anderweitig aufgetaucht ist, keine völlig befriedigende Lösung der Frage gefunden hat. In dieser Sachlage bleibe ich vorläufig noch bei dem Gesetzentwurf der Liberalen stehen. In Bezug auf den Krankenversicherungszwang aber möchte ich noch auf eines hinweisen, das vielleicht gerade in diesem Kreise einige Gefahr läuft, übersehen zu werden, weil der Verein, und ich glaube an sich nicht mit Unrecht, gewöhnt ist, alle Fragen unter dem Gesichtspunkt der Staatsthätigkeit zu behandeln — ich sage nicht, der Staatseinmischung, sondern der Staatsthätigkeit, die man ja dann immer noch negiren kann und auch schon oft negirt hat; aber man hat doch vorzugsweise oder ausschließlich das im Auge, was der Staat thun soll, und sagt dann entweder, er thue es, oder, er lasse es. Dagegen wird in diesem Kreise im Allgemeinen weniger beachtet, was von anderen socialen Institutionen alter und mächtiger Art unternommen wird, und deshalb erlaube ich mir, mit einem Worte darauf aufmerksam zu machen, daß jetzt von den Kirchengemeinden aus, die ja in neuerer Zeit selbst in der katholischen Kirche, noch mehr aber in der evangelischen zu mehr Selbstthätigkeit und mehr Selbstbewußtsein gelangt sind, immer mehr versucht wird, etwas Wirksames für die Krankenpflege der ärmeren Gemeindemitglieder zu thun, was, wenn es durchgeführt werden kann, an sich jedenfalls noch viel werthvoller ist, als jede Art der Versicherung; denn es wird damit nicht blos eine Unterstützung für die Zeit der Erwerbslosigkeit durch Krankheit gewährt, sondern es wird Krankenpflege geleistet. In verschiedenen Städten — gegenwärtig soll es auch in Berlin in großem Maßstabe unternommen werden — haben die kirchlichen Gemeinden Gemeindeschwestern angestellt, d. h. Krankenpflegerinnen aus irgend einer der drei großen Kategorieen, die sich für die verschiedenen kirchlichen Standpunkte und Bedürfnisse darbieten und die jetzt, nachdem wir auch die Schwestern vom rothen Kreuz haben, allen Standpunkten und Bedürfnissen gerecht werden. Eine solche Pflegerin wird von Gemeindewegen angestellt mit dem einzigen Auftrage, in die armen Familien der Gemeindemitglieder hineinzugehen, sobald ernste Krankheiten vorkommen. Das geht auf der einen Seite noch weit hinaus über das, was wir mit der Krankenversicherung anstreben, und es kann diese großentheils auch ersetzen. Freilich wird nicht unmittelbar und in jedem Falle Unterstützung gewährt, aber doch jetzt schon in ziemlich vielen Fällen die Abhilfe der materiellen Noth damit verbunden. Das hat auch nach meiner Ueberzeugung geringe Bedenken. Gegen eine Ausdehnung oder Neugestaltung der kirchlichen Armenpflege bin ich aufs äußerste eingenommen, denn damit würden nur alte fehlgeschlagene Versuche wieder aufgenommen, die zu nichts führen können;

damit würde die örtliche Einheit gestört und vielleicht unterbrochen, die eine der wichtigsten Bedingungen erfolgreicher Armenpflege ist. Aber ein ganz sicher abgrenzbares Gebiet wie dieses herauszugreifen — abgrenzbar sowohl der Zahl der davon Betroffenen nach, wo es sich blos um kirchliche Gemeindegenossen handelt, als auch dem Ursprunge der Noth nach, wo es sich um Kranke handelt —, scheint mir nichts oder wenig gegen sich zu haben, und auch da, wo eine vorgeschrittene reformirte Armenpflege besteht, hat dieselbe keinen Grund, sich gegen diese Art von kirchlicher Armenpflege zu erklären. Andererseits aber besteht in den Vertretern der Kirche, in denen, die das kirchliche Leben tragen, ein lebhaftes Bedürfniß, sich nach dieser Seite hin auszudehnen — deshalb immer wieder neue Anläufe zu kirchlicher Armenpflege oder überhaupt zum Eingreifen in die öffentliche Armenpflege einer Stadt oder Gegend. Wenn man also diesen kirchlichen Trieb nach Eroberungen auf dem Gebiet der Armenpflege richten könnte auf das Kapitel der Armenkrankenpflege, so würde man damit, glaube ich, auf der einen Seite etwas sehr Gutes durch die Beschränkung thun, aber andererseits auch Aussicht haben, daß eine wirklich großartige Wirkung allmählich hervorgebracht wird. Dann, glaube ich, wird sich auch die Frage der Zwangsversicherung gegen Krankheit, mit der Zeit wenigstens, anders stellen, als sie heute steht. Wie es jetzt steht, kann ich mich noch nicht ganz dem Herrn Referenten anschließen. Ich stehe mehr auf dem Standpunkt, den der gestrige Herr Referent in seiner ausgezeichneten Schrift „über das Krankenversicherungswesen der Stadt Basel" entwickelt hat. Ich glaube, daß die Krankenversicherung überall mehr oder weniger in dieser Art geregelt werden müßte.

Meine Herren! Ich bitte Sie, mit diesen wenigen Bemerkungen vorlieb zu nehmen; ich hoffe, daß es mir noch öfter vergönnt sein wird, in Ihrem Kreise zu erscheinen und dann vielleicht besser vorbereitet zu sprechen. (Bravo!)

Correferat

von Bürgermeister Adickes (Altona)

über

Versicherungszwang und Armenverbände.

Meine Herren! Die beiden Herren Referenten, welche bisher gesprochen, haben insbesondere den Einfluß der Versicherung auf die Armenlast besprochen und sind beide zu dem Resultat gekommen, daß die Erleichterung keine sehr große sein würde. Ich kann mich im Allgemeinen zustimmend dazu erklären, indem auch ich der Meinuug bin, daß die Ausdehnung, welche die Versicherung in der nächsten Zeit haben wird, nicht sehr erheblich auf die Armenlast einwirken wird.

Der Herr Referent hat dann auch die Details der vorliegenden Gesetzentwürfe über Unfallversicherung und Krankenpflege im Einzelnen durchgesprochen; er hat ferner die Schwierigkeiten, welche eine Durchführung des Versicherungszwanges in Bezug auf die übrigen Zweige der Arbeiterversicherung finden würde, hervorgehoben und dabei bemerkt, daß seiner Meinung nach die bisherigen Vorschläge nicht ausreichten, um irgendwie auf diesem Gebiet etwas schaffen zu können, und er hat durchblicken lassen, daß er auch nicht daran glaube, daß andere Vorschläge so leicht zu machen wären. Er hat dann endlich noch ausgeführt, was der Staat auf dem Wege der freiwilligen Versicherung thun könne. Dabei hat er indessen die principielle Zulässigkeit des Versicherungszwanges gar nicht bestritten, während der Herr Correferent, der im übrigen ja den Anschauungen in Bezug auf die Einflüsse der Versicherung auf die Armenlast vollständig beigestimmt hat, in diesem *einen* Punkte abweichender Meinung war. Die Gründe, welche der Herr Correferent geltend gemacht hat, waren, wenn ich recht verstanden habe, allgemein socialpolitischer Natur. Er nahm an, daß die zeitweilige Verhätschelung und die dann folgende Repression der Arbeiter keine Möglichkeit ruhiger Entwickelung gelassen habe, so daß man jetzt noch nicht darüber urtheilen könne, ob die Freiwilligkeit überhaupt ein gedeihliches Resultat erzielen könne oder nicht. Er hat deshalb geglaubt, die Frage sei noch nicht reif; bei der Krankenversicherung hat er jedoch nicht abgelehnt, einige Schritte weiter nach der Seite des Zwanges zu thun.

Meine Herren! Ich gedenke nun eine abweichende Behandlung gegenüber dem Verfahren der beiden Herren Referenten eintreten zu lassen. Ich habe, als ich das Referat übernahm, mich mit dem Herrn Präsidenten vorher darüber verständigt, daß ich nur über die principielle Seite des Versicherungszwanges sprechen würde. Ich verkenne nicht die großen Bedenken, die dies hat; sie liegen darin, daß augenblicklich gesetzgeberische Entwürfe vorliegen und die eigentliche und entscheidende Aufgabe der Situation darin liegt, diese Gesetzesvorschläge gedeihlich zu gestalten. Die Bedenken liegen außerdem darin, daß alle solche allgemeinen Discussionen sehr leicht resultatlos verlaufen, und daß man kaum glauben kann, etwas Neues zu bieten. Aber ich bin doch dazu gekommen, die Bedenken, die ich hatte, zu überwinden, weil ich glaube, daß in diesem Falle die allgemeine principielle Behandlung des Versicherungszwanges und seines Verhältnisses zu dem jetzt bestehenden System der Armenpflege doch wohl geeignet ist, auf Gesichtspunkte hinzuführen, welche auch für die Behandlung der einzelnen vorliegenden practischen Fragen von Belang sind. Ich glaube, daß die Beleuchtung, in welcher in Folge dieser principiellen Behandlung die Detailfragen zum Theil erscheinen, gerade dazu führen kann, daß die Verständigung über das zu Erstrebende erleichtert wird, und in diesem Sinne, um, wenn möglich, einen kleinen Beitrag zu einer Verständigung zu liefern, habe ich das Referat übernommen, und ich bitte, mir zu gestatten, in thunlichster Kürze meinen Standpunkt darzulegen.

Mein fundamentaler Ausgangspunkt ist, daß das öffentliche Unterstützungswesen, wie es bei uns augenblicklich besteht, dringend reformbedürftig ist. Die Höhe der Armenlast ist ja jetzt eine ganz gewaltige, und wenn wir dieselbe auch nicht genau kennen, so können wir sie doch auf mindestens 50 bis 60 Millionen Mark im deutschen Reiche mit ziemlicher Zuverlässigkeit schätzen. Die Zahl der Unterstützten wissen wir auch nicht, aber sie ist, wie man aus den einzelnen Berichten ersieht, eine außerordentlich hohe; — 18 bis 20 per Tausend ist ja ein Verhältniß, welches beinahe noch gut ist, und es bedeutet das, daß dieser Bruchtheil der Bevölkerung mit 50 bis 60 Millionen Mark auf Kosten der Allgemeinheit ernährt wird. Es ist unverkennbar, daß dies ein Verhältniß ist, das man gewöhnlich communistisch nennt, und zwar ist es das Staatsgesetz, welches befiehlt, daß ein Bruchtheil der Bevölkerung auf Kosten der Anderen ernährt, verpflegt und auferzogen wird. Nun ist es sehr eigenthümlich, daß dieses bisherige System der obligatorischen Armenpflege in Deutschland überhaupt nur hat eingeführt werden können unter fortgesetztem Widerspruch; und auch in den letzten 20 bis 30 Jahren sind von den verschiedensten Seiten Einsprüche erhoben gegen dieses System. Nachdem bereits früher Männer von der Richtung wie Stüve oder Kries sich gegen das obligatorische System erklärt haben, haben nachher sowohl der volkswirthschaftliche Congreß 1869 in seinen Hauptvertretern, als auch die Gesellschaft der Steuer- und Wirthschaftsreformer, letztere im Jahre 1877, sich entschieden ablehnend gegen das jetzige System der obligatorischen Armenpflege verhalten. Also es ist ein entschiedener Widerstand gegen das ganze System vorhanden, und trotzdem besteht es und hat sich in den letzten Jahren fortgesetzt weiter ausgedehnt und hat Städte ergriffen wie Leipzig und Bremen, die sich früher davon freigehalten hatten. Wie ist das zu erklären? und warum ist es nicht möglich, daß man einfach, wie auf dem volkswirthschaftlichen Congreß von vielen Seiten gefordert wurde, aus dem irrationellen Character dieses Systems der Armenpflege die Consequenz zieht, daß man es aufhebt? Um hier zur Klarheit zu gelangen, muß man nothwendiger Weise die verschiedenen Kategorieen der Hilfsbedürftigen unterscheiden, da die öffentliche Gewalt zu jeder von ihnen ganz verschieden steht.

Da sind nun zunächst die armen, verlassenen und verwahrlosenden Kinder und ich meine, daß die Unterstützungspflicht gegenüber den Kindern entspringt aus der Erziehungspflicht des Staates. Früher war es selbstverständlich, daß die Familie, der Vater und die Mutter die Kinder nach eigenem Recht und Willen erzog; erst im Preußischen Landrecht finden wir den Gedanken, daß der Staat zu controlliren hat, ob die Eltern gut erziehen, und wenn sie das nicht thun, ihnen die Erziehung abnehmen und Anderen anvertrauen kann. Diesen Gedanken weiter auszubilden, sind eine Reihe von Gesetzen in neuester Zeit ergangen. Meine Herren! Insoweit die Armenpflege die Erziehung armer Kinder ist und dieser Erziehungspflicht entspringt, ist sie dadurch gerechtfertigt, und es ist auch darüber wohl eigentlich kein Zweifel vorhanden. Ich gehe nicht darauf ein, wieweit diese staatliche Erziehungspflicht auszudehnen ist und welche Gefahren sie hat. Es kam mir hier nur auf die Hervorhebung des principiellen Punktes an.

Eine ganz andere Kategorie bilden sodann diejenigen, welche nicht sowohl ihretwegen, als aus Rücksicht für Andere unterstützt werden, weil sie der öffentlichen Sicherheit, der Gesundheit, dem Gemeinwohl gefährlich sind: Leute mit ansteckenden Krankheiten, Vagabunden, Arbeitsscheue, Declassirte aller Stände. Diese Leute sind irgendwie gefährlich, wenn der Staat nicht Anstalten trifft, daß sie abgesondert und aus öffentlichen Mitteln unterstützt werden. In diesem Falle also tritt die Armenpflege ein aus polizeilichen Gründen. Auch hiergegen ist meines Wissens nie Widerspruch erhoben worden, und insbesondere auch von den Herren auf dem volkswirthschaftlichen Congreß, die sich gegen die obligatorische Armenpflege erklärt haben, ist diese polizeiliche Seite derselben als berechtigt anerkannt worden. Ich glaube also, daß auch diese Seite ausscheidet aus dem Streit über die obligatorische Armenpflege. Ich gehe auch nicht weiter darauf ein, inwieweit der Staat Repressiv- und Präventivmaßregeln zu treffen hat; es würde mich das hier zu weit führen.

Zwischen diesen beiden Gebieten, der Kinderunterstützung und der polizeilichen Armenunterstützung, liegt nun ein ungeheuer großes Gebiet. In vielfach abgestufter Verschiedenheit reihen sich da aneinander der Arme, welcher lediglich durch unverschuldete Unglücksfälle arm geworden ist, und derjenige, der lediglich durch eigene Schuld verarmt ist; der eine hatte Fürsorge nicht geübt, obwohl er konnte, der andere nicht, weil die bestehenden Einrichtungen ihm nicht die Handhabe gaben, für sich zu sorgen; große Krisen der Production und ähnliche Umstände kommen hinzu, welche den Einzelnen mehr oder weniger wehrlos treffen.

Auf diesem Gebiete nun, mit zahlreichen Uebergängen und Abstufungen, erheben sich die großen Bedenken gegen das System der obligatorischen Armenpflege. Diese Bedenken kann man theilen: erstens in wirthschaftliche und zweitens in social-ethische. Das wirthschaftliche Bedenken ist ja das, was in neuester Zeit wiederholt hervorgehoben worden ist, daß nämlich ein staatlich erzwungenes Almosen im weiten Umfange, wenn derselbe auch nicht ziffernmäßig festzustellen ist, einen öffentlichen Zuschuß zu den Productionskosten aller derjenigen Gewerbe darstellt, deren Angehörige in regelmäßiger Wiederkehr diese Armenpflege in Anspruch nehmen. Nun ist es aber ein neuerdings viel betonter Grundsatz der Nationalöconomie, daß, wie die Productionskosten einer Waare durch den Preis ersetzt werden müssen, so auch bei den Selbstkosten der Arbeitskraft es der Fall sein muß; also der Arbeitsertrag, der Preis, der Lohn muß ein solcher sein, daß die Selbstkosten daraus gedeckt werden können, und dazu gehören sowohl die Unterhaltung des Vaters und seiner Familie in gesunden und kranken Tagen, sowie in Zeiten der Arbeitslosigkeit, als auch seine Beerdigung, die Unterhaltung seiner Familie, seiner Wittwe und Kinder nach seinem Tode. Diesem wirthschaftlichen Princip der Deckung der Selbstkosten durch die Arbeit widerspricht das jetzt geltende System der Armenpflege auf das Entschiedenste, denn jetzt übernimmt die Gesammtheit der Steuerzahler für ganze große Kreise der Bevölkerung die Verpflegung bei Krankheiten, die Beerdigung der Verstorbenen, die Unterhaltung der Wittwen und Kinder und was sonst noch von der öffentlichen Armenpflege beansprucht wird. Das ist ein völlig anomales Verhältniß; aber es ist das nicht das einzige Bedenken. Es kommen die großen sittlichen und socialen Gefahren hinzu, welche dieses System erzeugt. Zunächst fälscht das ganze System des staatlich erzwungenen Almosens alles, was die Wohlthätigkeit Schönes und Ideales hat. Der Geber, der aus dem allgemeinen Beutel giebt, steht ganz anders da, als derjenige, welcher aus dem eigenen giebt; der Empfänger der Wohlthat aber nimmt sie nicht als solche entgegen, sondern in der Ueberzeugung, daß es ein ihm zukommendes Recht ist. Es entsteht also Unzufriedenheit auf Seiten des Empfängers und Unbefriedigtheit auf Seiten des Gebers. Es kommt dann noch weiter hinzu, daß das Bewußtsein des Armen, daß, wenn er auch nicht für sich sorgt, er doch von der Allgemeinheit unterhalten wird, auf die Selbstfürsorge, auf das Gefühl der Verantwortlichkeit lähmend und zerstörend wirkt. Das sind Bedenken, die in unserer Zeit des allgemeinen Stimmrechts außerordentlich groß sind, und wenn ich auch in die Gefahr gerathe, zu denjenigen gerechnet zu werden, welche den Arbeiter verhätscheln wollen, so kann ich doch nur aussprechen, daß dieses System ein ungerechtes und ungesundes ist. Herr Professor Cohn hat neuerdings darauf hingewiesen, daß schon Hoffmann dieses Sachverhältniß klar erkannt, es aber damit gerechtfertigt hat, daß die besitzenden Kreise als Vormünder der Aermeren verpflichtet wären, in dieser Weise Zuschüsse zu dem Lohn zu geben, von dessen niedrigem Stand sie eben Vortheile hätten. Dies System ist aber heute nicht mehr haltbar, wir können es nicht mehr rechtfertigen damit, daß wir den Arbeiter bevormunden und in dieser Weise die Mittel aufbringen müßten, die einen Zuschuß zu seinem Lohne bedeuten.

Alle diese Bedenken scheinen mir so schwerwiegend, daß man ernstlich die Frage aufwerfen muß: Ist es nicht möglich, dieses System zu beseitigen? Nun sage ich mit größter Entschiedenheit: Ich bin nicht der Ansicht, daß es möglich ist, dieses System ohne Weiteres zu beseitigen; ich bin der Ansicht, daß der Staat dieses System schon deshalb nicht einfach aufheben kann, weil er unter seine Culturaufgaben jetzt auch die Fürsorge für die Bedürftigen von der Kirche übernommen hat und sich dem nicht ohne Weiteres entziehen kann, den Bevölkerungskreis, der eventuell sonst der Noth und dem Tode verfallen würde, zu unterstützen. Es kommt aber noch hinzu, daß einer der Hauptgründe dieser Armenunterstützung in allgemeinen gesellschaftlichen Verhältnissen liegt: der Einzelne ist sehr oft gar nicht in der Lage, Fürsorge für sich zu treffen, und verfällt der öffentlichen Armenpflege, weil gesellschaftliche Zustände ihn dahin gebracht haben. Ein Eintreten der organisirten Gesellschaft mit Fürsorgemaßregeln ist deshalb durchaus berechtigt.

Nun sind wir in einem argen Dilemma: wir können die obligatorische Armenpflege nicht einfach aufheben, und doch birgt sie die gedachten großen wirthschaftlichen und sittlichen Gefahren in sich; was sollen wir nun thun?

Es ist gesagt worden, wir könnten die Armenpflege reformiren. Meine Herren, ich gebe zu, man kann in gewissen Grenzen reformiren; man kann z. B. in gewissem Umfange das Bedenken beseitigen, daß der Einzelne, der jetzt die Armenunterstützung in Anspruch nimmt, seiner politischen Rechte verlustig geht; man kann etwa in denjenigen Fällen, wo Jemand idiotische Kinder oder irre Angehörige zu unterhalten hat, die Sache so organisiren, daß die größeren Verbände Freistellen gründen und der schimpfliche Character der Armenpflege insoweit beseitigt würde. Das ist aber nur in wenigen Fällen möglich, denn wenn wir überhaupt die Ausübung der Armenpflege ihres abschreckenden Characters entkleiden wollen, so würden wir die größten Gefahren hervorrufen; dann würde das Gefühl der Selbstverantwortlichkeit außerordentlich geschwächt werden, wenn Jeder weiß, daß er unter ehrenvollen Bedingungen sich an die öffentliche Kasse wenden kann.

Es ist dann weiter wiederholt gesagt worden, daß das System der Individualisirung, welches insbesondere durch das System der Elberfelder Armenpflege repräsentirt wird, ein großes Heilmittel sei. Nun bekenne ich mich gern als größten Verehrer dieser individualisirenden Armenpflege und ich habe sie in meiner Stellung in Dortmund bereits 1874 eingeführt und lange verwaltet. Aber gerade während ich diese individuelle Behandlung der einzelnen Armen vorgenommen habe, bin ich zu der Ueberzeugung gekommen, daß in einem ganz großen Bruchtheil — ich kann den Procentsatz nicht angeben, weil keine Statistik da ist — die Leute nicht aus individuellen Gründen, sondern aus gesellschaftlichen Gründen verarmen, und da hilft keine individuelle Behandlung. Es sind das Verhältnisse, die man nur mit allgemeineren socialpolitischen Maßnahmen bekämpfen kann und muß.

Gerade die individualisirende Behandlung führt also auf die weitere Frage: was sollen wir denn nun thun? Man ist darin einig, daß ein Ersatz für die öffentliche Armenpflege, die sie überflüssig macht, gesucht werden muß. Und man sagt dann wohl weiter: dieser Ersatz wird auch kommen, indem die Leute nach und nach lernen, für sich Sorge zu treffen. Auch fügt man oft und gern hinzu, daß der Staat neutral als Zuschauer zusehen solle. Ich halte das indessen für ganz unmöglich, denn der Staat ist ja derjenige, der durch sein obligatorisches System der Armenpflege die vorher skizzirten Uebelstände gerade herbeiführt. Man kann also doch dem Staat nicht mehr die Stelle des neutralen Zuschauers anweisen, nachdem er einmal diese Rolle aufgegeben hat und thatsächlich fortgesetzt durch Aufrechterhaltung des obligatorischen Almosensystems Einwirkung ausübt. Nun scheint es mir, als ob insbesondere alle Diejenigen, welche gegen jeden, auch vorübergehenden Staatszuschuß zu Zwecken der Arbeiter- und speciell der Unfallversicherung so entschieden eingenommen sind, die dringendste Verpflichtung hätten zu erwägen, wie es möglich ist, daß diese dauernden öffentlichen Zuschüsse aus der Armenkasse zu den Productionskosten der einzelnen Gewerbe beseitigt werden. Man liebt solche Untersuchungen allerdings als neue und phantastische Versuche zu bezeichnen, allein die Bemühungen des Staates, auf anderen Wegen als dem der Armenunterstützung eine Sicherung des Arbeiters herbeizuführen, sind bereits recht alt und ohne Unterbrechung in verschiedener Weise fortgeführt. Einer der Wege ist z. B. der, daß gewisse Kosten, besonders für Krankheit, gesetzlich dem Arbeitgeber auferlegt sind, so noch jetzt bei den Dienstboten und im großen Umfange bei den Seeleuten. Es ist ferner der Weg beschritten, daß man die Betriebseigenthümer civilrechtlich verantwortlich gemacht hat für den Unterhalt der Leute, die hilfsbedürftig geworden sind, indem sie in ihrem Betriebe verunglückt sind. Das ist ein Weg, der neuerdings bei uns bekanntlich besonders verfolgt worden ist.

Es ist drittens auch der Weg beschritten worden, daß man einen gesetzlichen Zwang ausgeübt hat zur Gründung und Betheiligung an Kranken-, Wittwen- und Waisenkassen. Das ist bei Beamten, Lehrern, Bergarbeitern und bei Bauten für Eisenbahnzwecke durch Gesetz geschehen. Es ist aber auch auf administrativem Wege ein solcher Zwang geübt worden, indem regelmäßig bei der Concessionirung von Eisenbahngesellschaften den letzteren die Verflichtung auferlegt ist, Anstalten zu errichten, damit für die Beamten aus eigenen und Gesellschaftsmitteln eine Vorsorge organisirt wird.

Neuerdings endlich ist von manchen Seiten auch der Weg empfohlen worden, daß man den Arbeitgebern besondere Steuern auferlegen soll, woraus Fonds gebildet werden, um die Arbeiter in Nothfällen zu unterstützen.

Wenn man dieses alles zusammenfaßt, so kann man diese bisherigen Versuche auf drei Wege zurückführen, nämlich einmal darauf, daß den einzelnen Arbeitgebern eine directe civilrechtliche Verpflichtung zu gewissen Leistungen in Fällen von Krankheit, Unfällen und dergl. ihrer Arbeiter auferlegt wird, zweitens darauf, daß von Staatswegen Versicherungseinrichtungen erzwungen oder organisirt werden, und drittens auf die Einführung von Arbeitgebersteuern für Armenzwecke. *Der Versicherungszwang characterisirt sich hiernach als einer dieser eben besprochenen Wege zur Zurückdrängung der Armenpflege oder, genauer gesagt, als eines der vorher gesuchten Mittel, um die öffentlichen Zuschüsse zu den Productionskosten der einzelnen Gewerbe in einem gewissen Umfange unnöthig zu machen und den Arbeitern eine ihnen kraft guten Rechtes und nicht als Almosen zukommende Fürsorge in Nothfällen zu sichern.*

Nun entsteht natürlich zunächst die Frage: wenn der Versicherungszwang dazu führen soll, eine Versicherung allgemein zu machen, ist der Zwang dazu nöthig? wird die Freiwilligkeit nicht genügen? Und dann die weitere Frage: in welchem Umfange ist überhaupt die Versicherung zweckmäßig und den anderen Wegen, die der Staat jetzt schon eingeschlagen hat, vorzuziehen? Mir scheint, daß man die Fragen nur beantworten kann, wenn man auf die einzelnen Zweige der Versicherung eingeht. Ich habe indessen, wie gesagt, nicht die Absicht, auf die Details derselben einzugehen, sondern werde nur die mehr principiellen Gesichtspunkte hervorheben und insbesondere bemüht sein, die einigenden Gesichtspunkte hervorzukehren, weil ich glaube, daß diese einigenden Gesichtspunkte schon einen großen Umfang erreicht haben, und weil ich vor Allem die Gefahr fürchte, daß wie so oft im Parteitreiben jetzt Nebenpunkte hervorgekehrt und darüber die großen Gesichtspunkte zurückgedrängt werden, über welche schon Einigung vorhanden ist.

In diesem Sinne wende ich mich zunächst zur

Unfallversicherung.

Gerade hier schweben nun eine Reihe der wichtigsten und zum Theil schwierigsten Detailfragen: inwieweit größere und kleinere Unfälle getrennt zu behandeln, wie die Prämien aufzubringen, wie der Versicherungszwang durchzuführen, ob und wie eventuell von Staatswegen Versicherungsverbände gebildet werden sollen u. s. w. Auch hier will ich indessen auf alle diese Fragen nicht eingehen, da sie mit Erfolg jetzt wohl nur in eingehenden Commissionsberathungen, besonders in den gesetzgebenden Körpern, behandelt werden können. Aber eine principielle Erörterung führt auf folgende sehr bedeutsame Gesichtspunkte.

Wenn wir das gegenwärtige Recht betrachten, so ist ja dessen Standpunkt einfach der — in großen Zügen gesehen —, daß, abgesehen von den doch im Ganzen vereinzelten Fällen civilrechtlicher Haftung und freiwilliger genereller Versicherung des Arbeitgebers, im Großen und Ganzen bei Hilfsbedürftigkeit in Folge von Unfällen die öffentliche Kasse eintritt. Nun hat man lange darüber verhandelt, wie man das bessern soll. Man hat gesagt, das Haftpflichtgesetz muß erweitert werden, sei es durch eine Aenderung der Beweislast oder auch, indem der Kreis der Industrieen, für die es gilt, erweitert wird. Nur wenige erklärten sich für einen Unfallversicherungszwang, und auch in der Versammlung, die dieser Verein im Jahre 1874 gehalten, waren die Vertreter des Unfallversicherungszwanges, wie mir schien, nur eine Minorität. Nun vergleichen Sie einmal das Bild, das sich jetzt zeigt, nachdem seit ganz kurzer Zeit, seit etwa zwei Jahren der Unfallversicherungszwang mit Ernst und Nachdruck in die öffentliche Debatte hinein gezogen ist! Da sehen Sie, daß man, wie dies eine Vergleichung des Entwurfes der liberalen Parteien mit den Regierungsentwürfen und den Beschlüssen des Reichstages zeigt, auf allen Seiten über zahlreiche wesentliche Punkte schon jetzt zu einer Einigung gelangt ist. Und zwar ist man zunächst einig darüber, daß an Stelle einer individuell bemessenen, nur in gewissen Fällen und nach civilrechtlichen Grundsätzen zu leistenden Entschädigung in allen Fällen, außer in den selbstverschuldeten, eine nach generellen Normen festzusetzende Versorgung eintritt. Ein zweiter Punkt, über den man einig ist, ist der, daß diese Versorgung in Form von Renten zu leisten ist, welche ähnlich wie bei Soldaten und Beamten nach dem Arbeitslohn zu normiren ist. Man ist ferner darüber einig, daß durch Staatsgesetz eine Sicherstellung dieser Rente erzwungen wird. Man ist ferner darüber einig, daß ein besonderes Verfahren, das den concurrirenden öffentlichen Interessen Rechnung trägt, zur Feststellung dieser Renten eingerichtet wird. Endlich ist man sich auch darüber einig, daß gegen die Arbeiter so gut wie die Arbeitgeber ein Zwang ausgeübt werden soll. Es ist das ein Punkt, der übersehen zu werden pflegt. Man sagt, die Unfallversicherung hat mit der allgemeinen Versicherung nichts zu thun, sie ist eine Consequenz des Haftpflichtgesetzes. Deshalb wird die Sache nicht aus dem Lohn der Arbeiter bezahlt und der Arbeiter hat nicht hinein zu reden. Ich darf aber daran erinnern, daß dies völlig unrichtig ist. Es ist zunächst eine petitio principii, wenn man sagt: es ist eine Consequenz des Haftpflichtgesetzes; und man könnte auf diesem Wege die ganze Pensionsversicherung von dem Arbeiter loslösen, wenn man nur gesetzlich feststellt, daß der Arbeitgeber auch für die Schäden haftet, welche z. B. die dauernden gesundheitsschädlichen Einwirkungen des Gewerbebetriebes auf die Gesundheit der Arbeiter verursachen. Man brauchte in der That nur das Haftpflichtgesetz auszudehnen, so hätte man auch die Consequenz, daß in entsprechendem Umfang auch die Versicherung den Arbeiter nichts mehr angeht. Es steht indessen fest, und ich kann mich hier lediglich auf Herrn Geheimrath Engel beziehen, der dies im Jahre 1874 in dieser Versammlung ausgeführt hat, daß ebenso wie die Prämien für die Kranken-, Invaliden-, Wittwen- und Waisenkassen so auch die Prämien der Unfallversicherung aus dem Lohn der Arbeiter zu zahlen sind. Also die Herren, die der Unfallversicherung eine besondere Stelle einräumen wollen, indem sie sagen, sie wird nicht aus dem Lohn des Arbeiters bezahlt, irren sich. Die Unfallversicherung ist in diesem Punkt nichts anderes als jede andere Versicherung; es handelt sich immer um die Productionskosten der Waare, bezw. um die Productionskosten der Arbeitskraft, und da ist es ganz irrelevant, ob es sich um chronisch wirkende Krankheitsursachen handelt oder um acute Unfälle. Ich halte es aber für wesentlich, diese principielle Einigung darüber zu constatiren, daß gesetzlicher Zwang ausgeübt werden soll, einen Theil des Arbeitsertrages des Arbeiters zur Zahlung von Versicherungsbeiträgen zu verwenden. Außerdem ist eine weitere Einigung unter den Parteien, wenn auch noch nicht mit der Reichsregierung, vorhanden, daß kein Staatszuschuß gegeben werden soll, sondern daß die Industrie die Last selbst tragen soll.

Wenn ich nun alle diese Gesichtspunkte zusammenfasse, dann ist man in einer Frist von kaum zwei Jahren darüber einig geworden, daß an Stelle privatrechtlicher Entschädigungsansprüche und eventuellen Eintretens der Armenkasse eine nach öffentlich-rechtlichen Gesichtspunkten und Analogieen geregelte, von der Industrie selbst zu bestreitende Fürsorge für Arbeiter und deren Hinterbliebene bei Unfällen staatlich zu organisiren sei. Und ich halte es für die weitere Behandlung der ganzen Arbeiterversicherung für sehr wichtig, diese Einigung zu constatiren, und werde noch mehrfach hierauf zurückkommen.

Aehnlich günstig liegen die Verhältnisse bei der

Krankenversicherung.

Auch hier hat die Einigung große Fortschritte gemacht. Wir sehen dies am Deutlichsten, wenn wir uns an die Debatten erinnern, die im Jahre 1869 und auch noch 1876 im Reichstage und an anderen Orten stattgefunden haben, wo der Krankenversicherungszwang mit großer Energie bekämpft und gesagt wurde, daß er gleichbedeutend sei mit der Forderung des Rechtes auf Arbeit, mit einem Eingriff in das Eigenthum u. s. w., und wenn wir damit die letzte Debatte darüber im Reichstage vergleichen, wo von keiner Seite der Zwang überhaupt in Zweifel gestellt wurde — es mag sein, daß manche der Redner dagegen gewesen sind, z. B. Herr Dr. Hirsch —, aber gesprochen hat Niemand gegen den Krankenversicherungszwang. Diese Wendung ist sehr groß.

Ich möchte nun noch hervorheben, was der Herr Referent nicht so sehr hervorgehoben hat: die Wirkungen des jetzigen Systems der Armenpflege in Bezug auf die Krankenversorgung, wobei die Seßhaften und Nichtseßhaften scharf von einander zu scheiden sind. Bei dem ersteren wirkt das jetzige System der Armenpflege so, daß er die Hülfe erst bekommt, nachdem seine Sachen verkauft sind und sein Haushalt derangirt ist. Die Familien, die soweit gekommen sind, kommen selten wieder empor. Dagegen bei den Wandernden, den nicht Seßhaften, ist die Wirkung die, daß die herumstreichenden Handwerksburschen und Arbeiter in jeder Stadt ein Krankenhaus finden, wo sie kostenlos verpflegt werden. Die Vagabondage ist dadurch theilweise mit herbeigeführt und erleichtert, daß Jeder weiß, daß er, so oft er will, auf öffentliche Kosten und ohne daß an ihn und seine Selbstverantwortlichkeit Ansprüche gemacht werden, verpflegt werden kann. Ich halte es für ein wesentliches Mittel, der Vagabondage entgegenzutreten, daß Kranken- und daneben Reisekassen gegründet werden, welche die Unterstützung von den einzelnen Gewerben aus organisiren und handhaben, und deshalb halte ich gerade auch von diesem Gesichtspunkt aus den Krankenversicherungszwang für nothwendig, welcher indirect auch auf Errichtung von Reisekassen wirken wird. Ich habe hier die kleine Broschüre „Zur Arbeiterversicherung" von dem Unterstützungsverein der Buchdrucker, in welcher diese Verhältnisse und Beziehungen klar erörtert sind, und ich will Ihnen nur einige Zahlen nennen, um Ihnen den Umfang solcher gewerbsgenossenschaftlicher Thätigkeit zu zeigen. Bei diesem Gewerbe, welches doch nicht so außerordentlich zahlreich ist, haben die Ausgaben allein der Reisekasse in den Jahren 1879, 1880 und 1881 rund 62 000, 52 000 und 64 000 Mark betragen. Diese Unterstützung ist den Leuten, die in diesem Verbande sind, kraft guten Rechtes zugeflossen, und die Leute, die so unterstützt werden, fühlen sich, so wie der freie Bürger sich fühlt, während in den anderen, die auf Grund des Almosenpflegegesetzes unterstützt werden, naturgemäß das Gefühl der eigenen Kraft und Selbstverantwortlichkeit, sowie jedes Ehrgefühl immer in Gefahr sind, erstickt zu werden.

Nun, meine Herren, ist aber ferner unbestritten, es ist dies gerade von Herrn Rickert und von verschiedenen Seiten, die sehr gegen den Zwang sind, im Jahre 1876 schon im Reichstage ganz ausdrücklich hervorgehoben worden, daß es die sittliche und wirthschaftliche Pflicht eines Jeden ist, für den Krankheitsfall selbst sich fürsorgend zu sichern, damit die Armenpflege nicht einzutreten braucht. Wenn er also Vorsorge treffen muß, und wenn ferner unbestritten ist, daß die Versicherung im Großen und Ganzen das einzige Mittel ist, um diese Vorsorge zu beschaffen, dann fragt es sich: soll der Staat darauf achten und eventuell Zwang ausüben, daß der Einzelne diese sittliche und wirthschaftliche Pflicht erfüllt, oder soll man das ganz seiner Willkür überlassen? Herr Lammers hat auf die kirchliche Armenpflege hingewiesen, daß die ergänzend eintreten kann. Das glaube ich auch, aber diese doch immer nur vereinzelt gehandhabte Krankenpflege kann für den Arbeiterstand als solchen keine Bedeutung haben. Es sind locale Einwirkungen, die ich lebhaft begrüße und, soweit mein Einfluß reicht, in meinem Kreise befördere, aber es hat das mit der Hebung und Sicherung des Standes für alle Krankheitsfälle nichts zu thun. Vielmehr ist dies, abgesehen von Dienstboten, Seeleuten u. a. m., nur durch Versicherung zu erreichen. Und da fragt es sich nun, ob man die Erfüllung dieser Pflicht der Fürsorge durch Versicherung dem Einzelnen trotz der großen concurrirenden öffentlichen Interessen überlassen kann. Herr Lammers hat gemeint, man kann doch nicht wissen, ob sich die Leute nicht alle versichern werden. Ich glaube aber, man kann schon jetzt mit vollkommener Sicherheit sagen: ohne Zwang geht es nicht. Eine allgemeine Statistik ist ja leider nicht möglich, ich bin aber in der Lage, über Altona, meine jetzige Heimathsstadt, Ihnen einige Zahlen zu geben, die, wie ich glaube, recht concludent sind. Es bestand dort nämlich bis 1868 ein Zwang zur Versicherung für alle Gesellen im Anschluß an die dort noch bestehenden Zünfte und Innungen. Im Jahre 1868 wurde der Zwang aufgehoben und die freien Kassen traten ein, dagegen wurde im Mai 1880 dann wieder der Versicherungszwang eingeführt. Wir können also ganz genau verfolgen, wie der Zwang eingewirkt hat, wie dann die Freiwilligkeit und wie jetzt wieder der Zwang gewirkt hat. Es waren nun in den Jahren vor 1868 immer ungefähr 600 Kranke in dem Krankenhause auf Kosten der Krankenkassen verpflegt; diese Zahl fiel im Jahre 1869 auf 488 und dann bis 1873 rapide auf 152 und betrug im Jahre 1877 nur noch 229. Mir scheint ganz evident zu sein, daß die Aufhebung des Zwanges dieses Resultat hervorgerufen hat, denn andere Momente können nicht in Frage kommen, da namentlich der Gesundheitszustand im Durchschnitt etwa der gleiche gewesen ist. Aber noch mehr: alsbald nach Aufhebung des Zwanges, in den Jahren 1870/71, wurden — was vorher nie vorgekommen — mehrere Gesellenkrankenkassen insolvent, weil zahlreiche Mitglieder austraten. Betrachten wir andererseits nun die Folgen der Neueinführung des Zwanges: Als die kassenpflichtigen Personen aufgefordert wurden, sich zu melden, wurden 7196 kassenpflichtige Personen constatirt. Von diesen waren bereits versichert resp. vor Veröffentlichung der den Kassenzwang einführenden Vorschriften eingetreten 3329, also nicht einmal die Hälfte. Obwohl also in Altona der Versicherungszwang fortgesetzt bis 1868 bestanden hat und die Gewöhnung der Bevölkerung, in die Kasse einzutreten, eine große war, war die Hälfte der pflichtigen Personen nicht versichert! Wie groß aber im Allgemeinen die Gewöhnung der Bevölkerung an Kassenmitgliedschaft und wie groß die Zahl der Personen ist, welche in Altona Kassen angehören, wird erläutert durch folgende Zahlen. Im Jahre 1880 betrug die Gesammtzahl der Mitglieder der Kassen in Altona bei einer Einwohnerschaft von ungefähr 90 000 nicht weniger als 56 947 Personen! Meine Herren! Diese Zahl illustrirt außerordentlich die Zahlen über England, wo immer gesagt wird, wie riesig viele Personen dort in den Kassen sind. Es kommt das einfach daher, daß viele Leute in drei oder vier Kassen sind, insbesondere diejenigen, die zu simuliren pflegen, und daß andererseits viele Kassen nur Sterbekassen sind und Männer und Frauen zugleich umfassen. Man wird nun gewiß annehmen dürfen, daß die großen englischen Zahlen sich wenigstens zum Theil ebenso erklären. Also in Altona besteht eine so große Betheiligung an den Kassen, ein alter Kassenzwang hat die Gewöhnung weit verbreitet, und dennoch waren im Jahre 1880 die Hälfte der Personen des kassenpflichtigen Arbeiterstandes nicht versichert. Für mich persönlich sind diese Zahlen vollständig beweisend. Jetzt, meine Herren, im Jahre 1881, hat die von der Stadt eingerichtete Kasse, die übrigens neben 44 anderen eingeschriebenen Hilfskassen wirkt, allein 449 Kranke in das Krankenhaus hineingeschickt.

Ich will Sie nun aber mit den weiteren Details nicht aufhalten. Aehnliche Erfahrungen sind auch in Basel gemacht worden und ich bin nur erstaunt gewesen, daß Herr Lammers gerade Basel für sich angeführt hat, denn aus den neuesten Publicationen von Herrn von Miaskowski geht doch hervor, daß man auch dort ohne Zwang nicht hat auskommen können.

Wenn nun aber der Staat sowohl für Seßhafte als Wandernde an einer prompten auf Selbsthilfe beruhenden Krankenversorgung, welche an Stelle der jetzigen schlechten und gefährlichen Armenpflege eintritt, ein großes Interesse hat, und wenn ferner auf eine freiwillige Erfüllung der sittlichen und wirthschaftlichen Pflicht der Selbstfürsorge und Krankenversicherung nicht gerechnet werden kann, so ist die staatliche Erzwingung der Erfüllung dieser Pflicht wohl berechtigt. Auch sind gerade diejenigen, welche, aus dem Arbeiterstand hervorgegangen, seine Vertretung besonders sich angelegen sein lassen, alle für den Zwang und zwar gerade im Standesinteresse. Sie sagen, wir haben viele Leute, die nicht freiwillig beitreten, wir wollen, damit diese Leute nicht der Gemeinde zur Last fallen, sondern als freie Bürger leben können, den Zwang. Auch ist in Altona gar kein Widerstand gewesen gegen die Einführung desselben, obwohl gerade dort die Leute, die ja heute hier und morgen in Ottensen oder Hamburg wohnen können, sich dem Zwang sehr leicht entziehen könnten. Trotzdem umfaßt die erst erwähnte von der Stadt errichtete Kasse 1850 Mitglieder, darunter sogar fast $1/3$ freiwillige, und eine Jahreseinnahme von 22 000 Mark.

Zu allen bisher besprochenen Gründen für allgemeinen Krankenversicherungszwang kommt aber endlich noch hinzu, daß der jetzt in einzelnen Städten bereits bestehende facultative Zwang mancherlei Schattenseiten, Aufhören der Versicherung beim Ortswechsel oder doch neue Carenzzeit und neues Eintrittsgeld, bedingt und die locale Durchführung der Versicherung dadurch sehr erschwert wird. Alle diese Mängel werden aber beseitigt, wenn man den Zwang verallgemeinert.

Allerdings sind nun gegen die beabsichtigte Ausdehnung des Zwanges auch neuerdings noch von verschiedenen Seiten Bedenken erhoben worden. Es ist einmal gesagt worden, daß der Zwang gegen einzelne Klassen unberechtigt sei. Aber, meine Herren, der staatliche Zwang soll nur eingreifen, insoweit eine Nothwendigkeit und ein Staatsinteresse vorhanden ist. Die bessergestellten Stände sorgen erfahrungsmäßig jetzt schon selbst für sich und der Staat hat deshalb weder Interesse noch Beruf, gegen sie einen immerhin mit vielen Lasten, Kosten und Schwierigkeiten verbundenen Zwang zu organisiren. Mit dem abstracten Gleichheitsprincip allein kann man aber einen allgemeinen Zwang natürlich nicht begründen.

Dann sagt man zu meiner großen Ueberraschung, daß diese Kassenvorsorge nur eine andere Form der Armenpflege sei. Aber wer Mitglied einer

Hilfskasse ist und krank wird, bekommt doch seine Unterstützuug, weil er seine Beiträge bezahlt hat, und dieses Verhältniß, welches vor Einführung des Zwanges bestand, bleibt doch offenbar ganz dasselbe, auch wenn Versicherungszwang eingeführt wird. Ebenso besteht aber auch offenbar kein Unterschied zwischen den Zahlungen, welche die Kasse leistet an die Leute, welche gezwungen sind, und an diejenigen, welche freiwillig beigetreten sind. Vielmehr handelt es sich in allen Fällen nur darum, daß vertragsmäßig erkaufte Leistungen den Leuten zufließen, und es ist ja insbesondere von Herrn v. Miaskowski hervorgehoben, welche große sanitäre und sociale Bedeutung es hat, daß gerade in dem ersten Stadium der Kranke sofort die Hilfe bekommt.

Dann ist noch der Einwurf gemacht worden, daß keine vollständige Versicherung dadurch erreicht werden könne. Es ist inzwischen schon durch den Gesetzentwurf eine Möglichkeit gegeben worden, sich wenigstens für bestimmte Zeit vollständig zu versichern, und der Herr Referent hat schon gesagt, daß das besser wäre als gar nichts, und ich glaube, die Sache ist damit schon soweit erledigt, daß ich nicht weiter darauf einzugehen brauche. Ich wende mich vielmehr, zumal die Zeit drängt, sofort zu der

Invaliditäts-, Wittwen- und Waisenversicherung,

als zu demjenigen Gebiete, wo jetzt noch der principielle Streit am lebhaftesten ist. Hier hört man denn auch jetzt wohl noch Einwendungen wie: ein solcher Zwang sei socialistisch, ein Eingriff in das Eigenthum, in die Freiheit und Selbstbestimmung u. s. w. Ich gehe aber auch hier nicht weiter darauf ein; denn nachdem sie bei der Unfall- und Krankenversicherung nach dem Stand der gewonnenen Einigung der Anschauungen als überwunden gelten müssen, sind sie eo ipso auch hier bedeutunglos geworden. Allerdings behauptet man dem gegenüber immer wieder, daß die Unfall- und Krankenversicherung auf der einen Seite und die Invaliditäts-, Wittwen- und Waisenversorgung auf der anderen Seite ganz verschieden seien. Diese Behauptung ist indessen absolut unbegründet. Daß zunächst die Unfallversicherung sich mit der Invaliditätsversicherung sehr nahe berührt und principiell eines Wesens ist, habe ich bereits vorher angedeutet. Es ist in der That socialpolitisch und wirthschaftlich ganz gleichgültig, ob Jemand dadurch krank wird, daß ihn an der Maschine ein acuter Unfall betrifft, oder ob er durch eine chronische Einwirkung des Betriebes Invalide wird. Wenn das Gewerbe verpflichtet ist, die einen Kosten zu tragen, so ist es auch verpflichtet, die anderen Kosten zu tragen. Man erkennt auch diesen engen Zusammenhang sofort ganz evident, wenn man einmal einzelne Berufszweige herausgreift. Mir ist es da besonders interessant gewesen, die mir persönlich durch meine Heimath naheliegenden Verhältnisse des Seemannsstandes zu betrachten. Es wird Ihnen bekannt sein, daß der Vorsitzende des nautischen Vereins, Herr Commerzienrath Gibsone aus Danzig, den Vorschlag gemacht hat, eine allgemeine deutsche Seemannskasse zu gründen. Es wurde das angeregt durch die Verhandlungen über die Unfallversicherung. Nun sagt Herr Gibsone darüber:

„Es wird sich die Aufgabe einer Seemannskasse über diejenigen Ziele hinaus erstrecken müssen, welche sich ein Unfallversicherungsgesetz für Arbeiter auf dem Lande stellt, indem es kaum möglich sein wird, einen Unterschied zu machen zwischen Unfällen beim Betriebe des Gewerbes und solchen, die dem angemusterten Seemann passiren, während er unbeschäftigt ist . . . Es würde nicht gut angehen, demjenigen Matrosen, welcher durch Herunterfallen einer Raa während der Arbeit beschädigt wird, die Wohlthaten der Kasse zukommen zu lassen, demjenigen aber sie vorzuenthalten, der, ohne gerade Schiffsarbeit zu thun, über Bord fällt oder am gelben Fieber stirbt. Nach meiner Ansicht müßte selbst derjenige unterstützungsberechtigt sein, welcher sich, während er im Dienste des Schiffes ist, eine innerliche Krankheit zuzieht oder am Lande ohne seine Schuld verwundet oder getödtet wird."

Sie können hier an einem concreten Gewerbe sehen, wie die Grenzen vollständig flüssig sind, es ist gar kein Gegensatz zwischen der Unfall- und Invaliditäts, Wittwen- und Waisenversicherung; sie laufen vielmehr vollständig in einander über.

Genau so liegt es beim Uebergang von der Krankheit zur Invalidität. Jetzt ist es gewöhnlich so, daß die Krankenkassen höchstens 2 Jahre lang Unterstützungen geben. Also Jemand ist erkrankt und hat ein oder zwei Jahre lang Unterstützung bekommen, dann sagt die Krankenkasse: nun ist die Sache zu Ende — dann fällt er der Armenkasse anheim. Da ist es doch nur ein Schritt weiter, eine Einrichtung zu treffen, daß der Mann auch im dritten, vierten und fünften Jahre Unterstützung in seiner Krankheit oder seinem Siechthum aus der Kasse bekommt. Also auch da ist kein Gegensatz, sondern nur ein allmählicher Uebergang. Zugleich erhellt aus diesen Ausführungen, daß man keineswegs die ganze Invaliditäts-, Wittwen- und Waisenversicherung auf ein Mal zu regeln braucht, sondern schrittweise dazu kommen kann, die Leistungen der Kassen nach und nach zu vergrößern und dadurch die Arbeiter immer mehr von der Armenpflege loszulösen.

Nun würde ich sehr gern zur Gewinnung eines unbefangenen Ueberblickes über diese Invaliditäts-, Wittwen- und Waisenversicherung die früheren Verhandlungen seit 1848 eingehend verfolgen. Ich glaube gerade, daß die Anknüpfung unserer socialen Bestrebungen an die Verhandlungen von 1848 viel dazu beitragen würde, uns eine unbefangene Stellung einnehmen zu lassen. Man würde dann insbesondere sehen, daß nur das Ueberwiegen einer ganz extrem individualistischen Richtung in einer Reihe von Jahren dazu geführt hat, daß diejenigen Parteien, die im Jahre 1848 in der Fürsorge für den Arbeiter mit Staatszwang voranstanden, jetzt in so vielen ihrer Mitglieder auf einer ganz anderen Seite stehen. Zu meinem Bedauern muß ich indessen darauf verzichten, im Einzelnen nachzuweisen, wie es sich auch hier nur darum handelt, Bestrebungen von 1848 wieder aufzunehmen, und ich muß um Entschuldigung bitten, daß meine durch Berufsgeschäfte stark in Anspruch genommene Zeit mir nicht gestattet hat, näher darauf einzugehen. Indessen will ich wenigstens auf Folgendes hinweisen: Im Jahre 1848 brachten Lette und Genossen — Lette's Stellung ist Ihnen ja Allen bekannt — im Parlament hier in Frankfurt einen Gesetzentwurf ein zur Regelung des Gewerbewesens, und in diesem Gewerbeordnungsentwurf wurde bereits die zwangsweise Errichtung von Arbeiter-pensionskassen mit Zwangsbeiträgen sowohl der Arbeitgeber, als der Arbeiter vorgeschlagen und zur Motivirung dabei gesagt, daß der Zwang sich damit rechtfertige, daß es sich hier um das allgemeine Interesse und um das Wohl ganzer Volksklassen handle.

Dann hat der Centralverein für das Wohl der arbeitenden Klassen sich Jahre lang speciell mit den Altersversorgungskassen beschäftigt, und es ist im Jahre 1849 die Errichtung einer solchen mit Staatsgarantie von Lette und verschiedenen Anderen, deren Namen guten Klang haben, befürwortet und bei der Staatsregierung beantragt worden.

Ferner hat im Jahre 1853 der damalige Regierungsrath Jacobi eine gesetzliche Regelung der allgemeinen obligatorischen Theilnahme der Arbeiter an Pensionskassen und der obligatorischen Arbeitgeberbeiträge empfohlen und Fritz Harkort im Jahre 1856 in seiner Schrift über Armenwesen, Kranken- und Invalidenkassen sich gleichfalls für Anwendung gesetzlichen Zwanges in dieser Richtung ausgesprochen. Parallel mit diesen Bestrebungen erfahrener und nüchterner Männer gehen die Verhandlungen der gesetzgebenden Körperschaften, welche namentlich 1854 bei Gelegenheit mehrerer Gesetzesvorlagen zu sehr eingehenden und heute noch bedeutsamen Erörterungen über Kassenzwang und Arbeitgeberbeiträge führten, und parallel damit gehen ferner die consequent fortgesetzten Bestrebungen, für einzelne Klassen, wie die Lehrer, Eisenbahnbeamten und Bergarbeiter bessere Pensionseinrichtungen zu organisiren.

Diesen Gang der Verhandlungen muß man sich gegenwärtig halten, wenn man wieder darüber beräth, wie man von Staatswegen ein besseres System organisirter Fürsorge an Stelle des jetzigen der Armenpflege setzen kann. Und es handelt sich demnach nicht um unerhört neue Gedanken, sondern um Gedanken, die schon seit 1848 von den besonnensten Leuten als Ziel hingestellt wurden.

Wenn wir aber nunmehr auf die Sache selbst eingehen, so ist zunächst noch einmal an den Ausgangspunkt zu erinnern, und dieser ist, daß politische, wirthschaftliche und sittliche Gründe dringlichster Art die Nothwendigkeit begründen, daß das jetzige System der obligatorischen Armenpflege, d. h. der öffentlichen Zuschüsse zu den Productionskosten der einzelnen Gewerbe, soweit erreichbar, beseitigt wird und auch die Selbstkosten der Arbeitskraft aus den Erträgen der einzelnen Gewerbe gedeckt werden, um dem Arbeiter an Stelle eines demoralisirenden und verbitternden Almosens ein Recht auf Versorgung zu geben, wie er es wirthschaftlich verdient.

Nun ist es unzweifelhaft, daß die Arbeiter diese Sicherstellung nur durch zeitige Fürsorge erreichen können und ebenso wie bei der Krankenversicherung ist es auch hier von den schärfsten Gegnern des Zwanges nie bestritten, daß diese Fürsorge eine Pflicht des einzelnen Arbeiters ist.

In der „Perle der deutschen Gewerkvereine“ von Herrn Dr. Hirsch heißt es z. B. von dieser Pflicht der Invalidenversicherung für den Arbeiter:

> „Ja, seine Pflicht! Zunächst die Pflicht der Selbsterhaltung, des eigenen Wohles und der eigenen Ehre — und schon dies müßte genügen. Dann aber auch die heilige Pflicht gegen die Angehörigen, gegen Weib und Kind, denen ja die Pension mit zu Gute kommt, gegen Eltern und Ge-

schwister . . . endlich aber auch die Pflicht gegen die Genossen des Berufes und Standes . . ., deren Interessen solidarisch untrennbar verbunden sind."

Meine Herren! Es ist also kein Act der freien Willkür, ob der Arbeiter Fürsorge treffen will oder nicht, sondern es ist seine Pflicht. Nun fragt es sich also auch hier wieder, ob diese sittliche und wirthschaftliche Pflicht unter Staatszwang gestellt und in eine staatliche Pflicht verwandelt werden soll? Die Antwort hierauf braucht keineswegs, wie von vornherein wieder zu betonen ist, für alle Staatsbürger übereinstimmend zu lauten. Eine solche Verpflichtung muß sich keineswegs auf alle Staatsbürger gleichmäßig erstrecken, entscheidend ist vielmehr lediglich das Staatsinteresse. Da, wo der Zwang nothwendig ist, mag man ihn üben, und wo er nicht nothwendig ist, verschone man uns auch mit staatlichem Eingreifen und staatlicher Organisation. Auch hat man ja bereits keinen Anstand genommen, für gewisse Berufsklassen, wie Lehrer und Eisenbahnbeamte, also Leute besserer Stellung, sowie für Bergarbeiter den Zwang einzuführen, und fast jedes Jahr tritt ein Fortschritt auf dieser Bahn in Preußen, wie in anderen Staaten ein. Und warum sollte nun nicht eine beschränkte Ausdehnung eines solchen Zwanges auf die Berufsklassen der gelernten und eventuell auch ungelernten gewerblichen Arbeiter an sich statthaft sein? Denn gerade bei ihnen sehen wir, daß regelmäßig und massenhaft ihre Angehörigen der Armenkasse anheimfallen und dadurch die Selbstkosten der Arbeit zum Theil aus öffentlichen Mitteln gedeckt werden. Ferner liegen ganz deutliche Zeichen dafür vor, daß diese Arbeiterklassen zu dem Bewußtsein gekommen sind, daß das Almosen, das ihnen gewährt wird, etwas Unwürdiges ist. Es entsteht dadurch Klassenhaß und deshalb sehen wir gerade hier uns vor die Aufgabe gestellt, an Stelle des jetzigen wirklich gemeingefährlichen Systems der öffentlichen Fürsorge ein besseres zu setzen. Und da der Staat, wie bereits wiederholt betont ist, aber gar nicht genug betont werden kann, selbst das Almosensystem eingeführt und organisirt hat und fortgesetzt die Bürger zwingt, Steuern zu zahlen, damit das System durchgeführt wird, so kann der Staat sich auch jener Aufgabe gar nicht entziehen, und er würde pflichtwidrig handeln, wenn er hier auch jetzt noch einfach zusehen wollte.

Nachdem ich dies über die Zulässigkeit einer Begrenzung des Zwanges vorausgeschickt, komme ich wieder auf die Frage, wird der Arbeiter nicht selbst die erforderliche Fürsorge organisiren können und wollen? Ich bin nun fest davon überzeugt und glaube auch, daß absolut zwingende Gründe dafür sprechen, daß der Arbeiter selbst weder will noch kann. Ein exacter Beweis ist hierfür ja freilich nicht möglich, und ich sehe ganz davon ab, die Zahlen zu wiederholen, welche so oft angezogen werden, namentlich aus England, aber für uns und diese Frage meines Erachtens nichts beweisen.

Zwingend sind dagegen die psychologischen Gründe. Den Beamten, den Lehrer, den Eisenbahnbeamten zwingen Sie, Fürsorge zu treffen für die Kinder, für die Wittwen und das eigne Alter. Warum? Weil Sie zu diesen Leuten nicht das Vertrauen haben, daß sie freiwillig die Fürsorge treffen. Sie glauben, daß in diesem Stande der Leichtsinn, der Mangel an Fürsorge so groß sind, daß dieser Zwang nothwendig ist. Glauben denn nun die Gegner des Zwanges, wenn sie auch geneigt sein sollten, den Arbeiter zu verhätscheln, daß er soviel intelligenter ist, als die bezeichneten anderen Klassen? (Sehr richtig!) Ich könnte Ihnen eine Blumenlese machen aus den Schriften von Herrn Dr. Hirsch über die Gewerkvereine, wo er klagt, daß die jugendlichen Arbeiter nicht kommen wollen und die Anderen so oft aus Leichtsinn oder anderen schlechten Motiven wieder austreten u. s. w. — Und das vor Allem bestätigt das Gesagte, daß die Leute freiwillig sich nicht sichern werden.

Nun gebe ich zu, daraus folgt noch nicht unmittelbar die Nothwendigkeit staatlichen Zwanges; es giebt andere Arten von Zwang, und zwar zunächst den genossenschaftlichen Zwang, und der wird bekanntlich gerade besonders von Vielen verlangt. Ich will auch zugeben, daß auf diesem Wege viel geleistet ist. Die englischen Zahlen sind insoweit wirklich beweiskräftig. Auch haben bei uns die Buchdrucker von 12 000 Gehülfen 8000 versichert. Allein unter allen Umständen bleibt trotz solchen Zwanges ein großer Theil Gleichgültiger immer übrig und die erschreckend große Zahl der Wiederausgetretenen, welche auch Dr. Hirsch selbst anführt, beweist das. Vor Allem aber: wie steht es denn eigentlich um diesen Zwang? Es ist mir interessant gewesen, in dem Buch von Herrn Dr. Hirsch über die deutschen Gewerkvereine von 1879 einen Brief von einem Schneidermeister Ebeling zu finden, der erzählt, wie es käme, daß in Deutschland die Gewerkvereine nicht aufkommen. Er sagt:

> „Man hebe die Zwangskassen auf und gestatte den Gewerkvereinlern den Kassenzwang, so wie es in England ist, und wir werden die Engländer mit ihren Gewerkvereinen noch übertreffen... Der Kassenzwang in England besteht in Folgendem: Tritt ein Arbeiter in eine Fabrik, auf einen Bauplatz oder in eine Werkstatt, um arbeiten zu wollen, so wird derselbe gefragt: „Gehörst Du unserm Gewerkverein an?" „Nein", ist die Antwort. „So gehe hin und lasse Dich einschreiben und dann komme wieder, dann kannst Du hier arbeiten, sonst nicht!" Wohl oder übel muß man es wohl, wenn man arbeiten will oder muß."

Ich kann nicht finden, daß dieser genossenschaftliche Zwang vor dem Staatszwang Vortheile hat, im Gegentheil, ich finde, daß er große Nachtheile hat. Das Recht auf Unterstützung seitens der Kassen erscheint dann als ein Annex von Vereinsbestrebungen für ganz andere Dinge, die aus Gründen des öffentlichen Wohles zu organisirende Fürsorge wird damit zu einem Spielball der Lohnkämpfe und eventuell auch politischer Parteiungen. Diese Verquickung scheint mir außerordentlich ungesund und gefährlich zu sein, und das Schlagendste hierfür hat Herr Professor Brentano gesagt, indem er ausführte, das jetzige System der Verquickung der Invaliditäts- u. s. w. Versorgung mit den Gewerkvereinen sei nicht mehr haltbar, es sei einfach unsittlich, die Leute dadurch beim Verein festzuhalten, daß ihre Ansprüche auf die Angehörigkeit zum Gewerkverein basirt sind. Eine anderweite Organisation ausgedehnter Arbeiterversicherung durch genossenschaftlichen Zwang ohne solche Verquickung ist aber bislang nach nicht als möglich erwiesen, während jene Verquickung mit anderen Dingen viel schlimmer ist, als staatlicher Zwang.

Es kommt aber hinzu, was der Herr Referent schon angeführt hat und ich daher nur andeute, daß die gesammten freiwilligen Kassen sehr unsicher sind. Wer bürgt dafür, daß ein junger Nachwuchs kommt, oder dafür, daß nicht politische Parteiungen kommen, wodurch der ganze Verein auseinander geht, oder dafür, daß nicht die Mitglieder massenhaft austreten, wenn die bei der Unsicherheit der rechnerischen Unterlagen so leicht nothwendig werdenden Beitragserhöhungen eintreten? In allen diesen Fällen steht nur zu leicht alles in der Luft.

Außer dem genossenschaftlichen Zwang ist indessen auch noch ein Zwang der Arbeitgeber denkbar, und auch diesen Zwang haben wir in Deutschland in großem Umfange. Ich bin entschieden der Ansicht, daß der Zwang nach dieser Richtung außerordentlich segensreich gewirkt hat. Aber trotzdem dürfen wir nicht verkennen, daß er große Bedenken hat. Er gefährdet die Freizügigkeit und Dispositionsfreiheit des Arbeiters und die Kassen ermangeln der so nothwendigen absoluten Sicherheit. Diese beiden Bedenken sind meiner Meinung nach erheblich groß.

Für die Frage des staatlichen Versicherungszwanges kommt indessen als fernerer Gesichtspunkt noch hinzu, daß ein großer Theil des Arbeiterstandes ohne Staatshilfe und aus eigenen Mitteln die Selbstfürsorge garnicht üben kann, weil sein Lohn zur Zahlung der Versicherungsbeiträge nicht ausreicht.

Man verweist hier allerdings auf die Gewerkvereine und sagt, die Leute könnten durch Strikes und andere Mittel allmählich die Löhne auf eine solche Höhe bringen, daß sie daraus die Prämien bezahlen könnten. Ja, dieser Weg ist aber außerordentlich lang, und die Herren, die speciell das Gebiet bearbeitet haben, wie z. B. Herr Professor Thun bei Besprechung der Lage der Krefelder Weber, sagen, daß der Weg so lang wäre, daß in absehbarer Zeit auf ihm nicht an Erreichung von Resultaten zu denken wäre. Vergegenwärtigt man sich aber, daß die Sache außerordentlich dringlich ist, dann muß man doch fragen, ob denn kein anderer Weg möglich ist, und da bietet uns die Unfallversicherung einen bedeutsamen Fingerzeig. Nach dem, was ich über die Ausführungen des Herrn Geheimraths Engel bezüglich der Zahlung auch der Unfallversicherungsprämien aus dem Lohn gesagt habe, wären die Arbeiter an sich auch wohl in der Lage gewesen, die Löhne so in die Höhe zu bringen, daß sie die Unfallprämien selbst hätten bezahlen können. Dort aber hat der Staat eingegriffen und wir sind jetzt in Kurzem soweit gekommen, daß die Realisation der Unfallversicherung in naher Aussicht steht. Der Staatseingriff aber besteht darin, daß man die Prämien als Element der Productionskosten direct auf die Gewerbetreibenden, die Arbeitgeber wälzt. Man kann also nicht von vornherein sagen bei dem nahen Zusammenhang zwischen der Invalidität, dem Unfall und der Krankheit, daß dieser Weg für die Invaliden-, Wittwen- und Waisenversorgung vollständig ausgeschlossen ist.

Ein Gesichtspunkt kommt endlich noch hinzu, daß die Vertreter der Freiwilligkeit selbst sagen, ohne Zwang gehe es nicht, nur müsse dies ein indirecter sein: die Armenversorgung müsse so abschreckend, das Armenhaus müsse so unangenehm sein, daß die Leute nicht hineinmögen und deshalb selbst Fürsorge treffen. Da muß ich nun sagen, diese Art nachträglich wirkenden, aufhetzenden und demoralisirenden Zwanges scheint mir weit inhumaner zu sein, als der hier vertretene vorsorgende Zwang.

Ich komme also aus allen diesen Gründen zu dem Satz:

Der Staat ist berechtigt und verpflichtet zu dem Versuche — und mehr sage ich nicht —, durch eine staatliche Organisation dieses Fürsorgezwanges für den Arbeiterstand die Fürsorge zu sichern und dadurch die bei den jetzigen Einrichtungen unvermeidlichen Uebelstände zu beseitigen.

Dieser Zwang besteht freilich nicht in England und Frankreich, und das ist in vielen Augen ein großer Vorwurf; aber vor 10 Jahren war in England und Frankreich der Schulzwang auch nicht bekannt, und jetzt arbeiten sie schwer daran, ihn nach unserm Vorgang einzuführen!

Wenn Sie nun fragen, wie dieser Fürsorgezwang organisirt werden soll, so muß ich erst noch ein Wort über das Verhältniß des Zwanges zur Selbsthilfe voraufschicken. Herrn Lammers' Aeußerungen klangen so als ob das Gegensätze wären. Ich glaube nicht, daß er wirklich dieser Meinung ist, da gerade er aus vielfacher Erfahrung weiß, daß der Zwang und die Selbsthilfe sich nicht ausschließen. Und auch ich bin entschieden der Meinung, daß dieselben zur gegenseitigen Ergänzung berufen sind. Es giebt auch classische Zeugen hierfür. Im Beamten- und Lehrer-Stande haben wir eine staatlich organisirte Fürsorge. Wir haben aber dabei eine große Entwickelung des Vereinswesens mit Kassen. Ihnen werden die Zahlen des preußischen Beamtenvereins durch die Hände gelaufen sein. Es sind da viele Millionen, die neben der Pension in wenigen Jahren an Lebensversicherungen versichert sind. Ein zweiter Zeuge ist der Unterstützungsverein der Buchdrucker, der ausdrücklich ausspricht, daß, obschon er auf dem Standpunkt der Selbsthilfe steht, er dennoch für die staatliche Einführung des Zwanges eintritt, weil er glaubt, daß sich das gegenseitig fördert und trägt. Nur so fasse ich den Zwang auf: als Ergänzung der Selbstfürsorge, und die Selbstfürsorge als Ergänzung des Zwanges. Keiner von Beiden wird ausreichen, allein etwas Vollkommenes zu schaffen. Beide zusammen aber werden sowohl den Standes- als den individuellen Bedürfnissen volle Befriedigung schaffen können.

Wie soll nun aber der Zwang organisirt werden? Hier sind wir in einer großen Schwierigkeit, die wir bei der Krankenversicherung nicht haben. Bei der Krankenversicherung ist es allgemein anerkannt, daß die Krankenversicherung das einzige Mittel ist, die Fürsorge für die Zeiten der Krankheit zu treffen; dies ist aber nicht anerkannt für die Pensionsversicherung, und es ist ganz evident, daß, wenn man nicht nachweisen kann, daß die Pensionsversicherung der einzige Weg der Fürsorge ist, man dann auch nicht berechtigt ist, staatlich gerade diese einzelne Art der Fürsorge zu erzwingen. Nun glaube ich aber allerdings, daß der Beweis zu führen ist, daß die Versicherung der einzige Weg ist.

Man verweist auf das Sparen als das geeignetste System. Ich gebe dessen Wichtigkeit rückhaltslos zu. Ich bin ein großer Freund der Pfennigsparkassen u. s. w. Ich bin überzeugt, daß das Sparen außerordentlich wohlthätig ist, um in einzelnen geeigneten individuellen Fällen zu helfen, aber, meine Herren, Sparen giebt keine Sicherheit, am wenigsten einem ganzen Stande. Wenn man aber sagt, der Mann, der seine Prämie bezahlt hat, verzichtet damit auf die Benutzung der Prämie, er könnte sich ein Haus kaufen, ein Geschäft gründen u. s. w., so vergißt man, daß das ja nur natürlich ist. Denn wenn er die Sicherheit kauft, so muß er auch den Preis dafür zahlen und das ist eben die Prämie, die er weggiebt. Diesen Preis bezahlt aber der Beamte und Lehrer und alle diejenigen, die Selbstfürsorge üben, auch. Wenn nun auch für den Arbeiter die Selbstfürsorge und die Sicherung der Zukunft Pflicht ist, und gerade diese Sicherheit durch Sparen nicht erreicht werden kann, so steht fest, daß das Sparen nicht das geeignete System der Fürsorge für den Arbeiterstand ist. Es kann den Stand als solchen offenbar nicht sicherstellen.

Aber welche Art der Versicherung soll es denn sein? Es ist oft hervorgehoben, daß Kapitalversicherung besser sei als die Rentenversicherung, und für einzelne Fälle gebe ich das vollkommen zu, aber für die Versicherung eines ganzen Standes, zumal wenn Arbeitgeberbeiträge concurriren, empfiehlt sich die Kapitalversicherung durchaus nicht. Wenn die Arbeitgeber Beiträge dazu zahlen, dann ergiebt sich in vielen Fällen die Wirkung, daß beim Tode des Arbeiters ganz entfernte Verwandte das wesentlich vom Arbeitgeber mit beschaffte Kapital bekommen können. Welches Interesse hat nun der Staat, durch Erzwingung von Arbeitgeberbeiträgen zu bewirken, daß eventuell Leute ein Kapital bekommen, welche dem Staate völlig gleichgültig sind. Dadurch aber, daß das Kapital in allen Fällen aufgebracht werden muß, ist es nicht möglich, für diejenigen Fälle ausreichend Fürsorge zu treffen, für die man eigentlich sorgen will, für die Wittwen und Waisen; die Einen bekommen zuviel, die es nicht brauchen, und die Anderen, die es brauchen, bekommen nicht genug.

Außerdem giebt es auch keine Sicherheit, daß das Kapital in den Händen der Leute bleibt. Die Lehrer und Beamten gelten nicht für so intelligent, daß sie ein Kapital sicher verwalten können. Warum sollen die Arbeiter so intelligent sein? Ich bin der Ansicht, daß die Kapitalversicherung bei den Arbeitern so wenig ausreicht, wie bei den Beamten, also muß nothwendigerweise die Sicherheit durch eine Rentenversicherung hergestellt werden und deshalb ist auch der Zwang für die Rentenversicherung berechtigt, weil er der einzige Weg ist, die Fürsorge in wirklich sicher stellender Weise zu organisiren. Die anderen Wege des Sparens und der Kapitalversicherung sind außerordentlich angebracht für alle diejenigen, für welche bereits Renten versichert sind, als höchst zweckmäßige Ergänzung; aber auch nichts weiter. Auch ist ja das Rentenprincip für Unfall- und Krankenversicherung bereits allgemein als allein richtig anerkannt.

Die Berechtigung eines staatlichen Versicherungszwanges für Arbeiter in Bezug auf Invaliditäts-, Wittwen- und Waisen-Rente scheint mir nach allen diesem ebenso erwiesen, wie seine Verträglichkeit mit Selbsthilfe und weitergehender Selbstthätigkeit.

Eine ganz andere Frage ist indessen die Frage der Durchführbarkeit des Zwanges, eine Frage, deren Bejahung auch Herrn von Reitzenstein kaum möglich erscheint. Allein für die Art ihrer Behandlung ist es von vornherein geradezu entscheidend, ob man auf dem Standpunkt steht, den ich bezeichnet habe, daß man nämlich die Reform der Armenpflege für eine dringliche Aufgabe und als Ideal einen Ersatz des bisherigen Systems der öffentlichen obligatorischen Armenpflege durch ein System obligatorischer Selbsthilfe ansieht, wie wir einen solchen Ersatz bei der Unfallversicherung bereits allgemein acceptirt gefunden haben. Denn wenn man die Sachlage wirklich so ansieht, so giebt es ja keine dringlichere Aufgabe, als auf alle mögliche Weise zu untersuchen, wie man Schritt für Schritt jenem Ideal näher kommen kann. Ich gebe Alles zu, was Herr v. Reitzenstein gesagt hat über die Unmöglichkeit, jetzt auf einmal die Pensions-Versicherung allgemein durchzuführen; ich glaube indessen auch nicht, daß das nothwendig ist. Ich bin sogar der Ansicht, daß wir in den nächsten Jahren reichlich zu thun haben werden mit der Kranken- und Unfallversicherung. Das sind bereits große und schwere Aufgaben, und ich werde mich freuen, wenn es gelingt, sie gut durchzuführen; im Gegentheil fürchte ich, daß durch Ungeschicklichkeiten der Ausführung bei der Unfall- und Krankenversicherung leicht eine Reaction herbeigeführt werden könnte, die der weiteren Ausdehnung der Versicherung sehr schädlich sein müßte. Ich bin deshalb sehr dafür, vorsichtig vorzugehen und nicht eher anzufangen, als bis fester Boden unter unseren Füßen ist. Immerhin aber können uns alle diese Erwägungen nicht der Beantwortung der Frage entziehen, wie denn der Rentenversicherungszwang durchgeführt werden kann? Und wenn das Ideal, das uns vor Augen steht und dem wir nachjagen, naturgemäß einstweilen, weil es fern liegt, noch verschwommene Züge zeigt, so bleibt uns doch die Aufgabe, schrittweise und unablässig den Pfaden nachzuspüren, auf denen man ihm näher kommt.

Ich gehe nun zunächst auf den principiellen Einwand gegen die Durchführbarkeit des Zwanges ein, daß man sagt, weil die Prämien auch während der Arbeitslosigkeit gezahlt werden müssen, eine Garantie für die Zahlungsfähigkeit in solcher Zeit aber nur durch freie, den Zwang nicht zulassende Gewerkvereine gegeben sei, so schwebe der Zwang in der Luft und die Versicherung stehe immer in Gefahr, unwirksam zu werden, und lieber gar keine Versicherung, als eine unwirksame.

Indessen ist zunächst das letztere durchaus unrichtig, denn eine in gewissen Fällen unwirksame Versicherung ist noch keineswegs absolut verwerflich. Die ganze Beamten- und Lehrer-Versicherung ist eine durchaus unvollkommene und vielfach unwirksame. Wenn der Lehrer seinen Beruf aufgiebt, oder entlassen wird, oder wenn der Beamte, der vielfach auch nur auf Kündigung angestellt ist, aus dem Dienst scheidet, was hat er dann? Er hat die Prämien fortgesetzt bezahlt und hat nun in Folge seines Austritts doch garnichts. Die bezüglich der Arbeiter so viel ventilirte Frage über die Möglichkeit, daß Einzelne in gewissen Fällen keinen Vortheil von ihren gezahlten Beiträgen haben, besteht also auch bei den Lehrern und Beamten, und trotzdem ist man überzeugt, daß im Großen und Ganzen der Zwang dort segensreich gewirkt hat. Wir müssen also die einzelnen Fälle der Unwirksamkeit der Versicherung durchaus zunächst untersuchen und zusehen, ob diese Mängel stärker sind als die Mängel des bisherigen Zustandes. Erst dann wird man abwägen und entscheiden können, ob gar keine Versicherung wirklich besser ist als eine in gewissen Fällen unwirksame. Außerdem aber sind bereits mancherlei Vorschläge gemacht, welche darauf hinweisen, wie man Vorkehrungen treffen kann, daß, obgleich Jemand zeitweilig nicht im Stande ist, Prämien zu zahlen, er seine Rechte trotzdem nicht verliert. Es ist unter Anderem bereits gesagt, daß man etwas erhöhte Prämien im Allgemeinen nehmen, oder einen Reservefond zur vorschußweisen Zahlung solcher Prämien gründen oder auch eine Stundung eintreten lassen kann u. s. w. — Ich kann indessen bei der sehr vorgerückten Zeit auf dieses Alles hier nicht näher eingehen, muß aber doch darauf noch hinweisen, daß außerdem auch eine von Gewerkvereinen unternommene Versicherung gegen Arbeitslosigkeit in einzelnen Berufsklassen heute schon besteht. Der Unterstützungsverein der deutschen Buchdrucker hat z. B. die Versicherung gegen Arbeitslosigkeit bereits organisirt. Und der ganze Einwurf hat auch deshalb schon gar keine principielle Bedeutung mehr, denn es steht danach doch wenigstens dem nichts entgegen, z. B. für das Gewerbe der Buchdrucker den Zwang einzuführen.

Endlich aber gestatten Sie mir, einige Punkte, die ich hinsichtlich der Frage der Durchführung für sehr bedeutungsvoll halte, wenigstens noch ganz kurz anzudeuten. Zunächst scheint es mir äußerst wichtig zu sein, die Bedeutung der schon vorhandenen Keime und Ansätze zur Invaliden-, Wittwen- und Waisenversicherung richtig zu erkennen und zu verwerthen. Es sind zweierlei Ansätze da. Einmal der Unterstützungsverein der Buchdrucker und die Hirsch-Dunckerschen Gewerkvereine, welche eine Invalidenversicherung jetzt schon geben, als der eine Typus. Auf der anderen Seite stehen die Einrichtungen, welche die einzelnen Eigenthümer für ihre Betriebe haben, und zwar nicht blos die industriellen, sondern auch landwirthschaftliche Arbeitgeber, z. B. viele der großen Forsteigenthümer. — Nun finden wir ja, wie gewöhnlich, daß jede dieser beiden Einrichtungen von gewissen Seiten als die allein selig machende gepriesen wird. Mir scheint aber, daß beide gut sind, soweit sie zum Ziele führen und das scheint mir davon abzuhängen, wie die Verhältnisse des einzelnen Gewerbszweiges liegen. Die Gewerkvereine sind z. B. kaum möglich bei Seeleuten u. m. a. Da empfiehlt es sich nicht, die Keime, die jetzt vorhanden sind in den einzelnen Werkskassen zu zerstören, sondern fortzuentwickeln. Es wird auch jetzt schon durch das neue Krankenversicherungsgesetz eine gewisse Fortentwickelung herbeigeführt werden. Das Krankenversicherungsgesetz wird ja voraussichtlich nur eine Maximalleistung von etwa zwei Jahren in Aussicht nehmen. Wir haben aber schon Kassen, welche eine größere Leistung haben, und es müssen deshalb die einzelnen Werkskassen auf anderer Grundlage zum Theil zu reinen Krankenkassen und zum anderen Theil zu besonderen Pensionskassen umgeformt werden.

Besonders bedeutungsvoll für die Art der Durchführung des Zwanges ist sodann ferner der Einwand, der Versicherungszwang untergrübe die Freiheit der Arbeiter. Ich glaube indessen, daß schon meine bisherigen Erörterungen dahin geführt haben, das Material zu geben dafür, daß dieser Vorwurf vollständig unrichtig ist. Zunächst befreit die staatliche Durchführung des Versicherungszwanges die Arbeiter von dem genossenschaftlichen Zwange, dessen Härten ich bereits angedeutet habe. Der staatliche Versicherungszwang befreit die Arbeiter ferner von dem Zwange der Arbeitgeber, dessen Freiheit schädigende Einwirkungen ich gleichfalls schon betont habe. Also eine Verstaatlichung des Zwanges ist für den Arbeiter geradezu eine Befreiung. Allerdings ist ein Cartell oder sonstiges Band nöthig zwischen den einzelnen Kassen, die sich bilden werden, aber auch darauf kann ich in dieser Stunde leider nicht mehr eingehen. Ich will nur noch erwähnen, daß die Buchdrucker bereits ein Cartell erzielt haben zwischen der Centralkasse der Buchdrucker und 15 Localkassen von deutschen Buchdruckern, in Folge dessen jetzt schon 8000 Gehilfen nach einheitlichen Grundsätzen gegen Invalidität versichert sind.

Sodann kommt noch ein sehr wichtiger Punkt, nämlich die Frage der Arbeitgeberbeiträge. Diese haben in dem System des Versicherungszwanges eine ganz umfassende Bedeutung, die meines Wissens nach gar nicht genug gewürdigt ist. Man liebt sehr oft, im Ton überlegener Weisheit zu sagen: der Arbeiter kann die Prämie nicht bezahlen; wie können wir da einen Versicherungszwang einführen? Die meisten Leute haben dazu einen zu ungenügenden Lohn! Nun glauben Viele, daß damit die Sache erledigt ist, aber das scheint mir eine große Kurzsichtigkeit zu sein. Das beweist eben nur, daß der jetzige Lohn nicht ausreicht zur Selbstfürsorge. Wer sich aber damit befriedigt erklärt, erklärt damit, daß es ihm gleichgültig ist, ob das jetzige System der öffentlichen Zuschüsse zu den Löhnen fortgesetzt, weitergeführt und dauernd conservirt wird.

Wir müssen aber weiter fragen, ob denn nicht auf andere Weise die Mittel für die Fürsorge aufzubringen sind? Die principielle Berechtigung der Arbeitgeber-Beiträge, glaube ich, braucht nicht erörtert zu werden, nachdem, wie früher schon betont, die Parteien darüber einig geworden sind, daß zur Unfallversicherung von den Arbeitgebern Beiträge gezahlt werden sollen. Der Einwurf, daß das eine unzulässige Lohnerhöhung wäre, kann als überwunden angesehen werden. Es ist nur ein Eingriff der Gesetzgebung in die Form der Zahlung des Arbeitslohnes, welcher indirect allerdings wohl zu Lohnerhöhungen führen kann. Wie negativ durch das Truckverbot gesetzgeberisch vorgeschrieben ist, wie der Lohn nicht gezahlt werden darf, so erscheint die Erzwingung von Arbeitgeberbeiträgen als eine ganz analoge positive Vorschrift, daß ein Theil des Lohnes in der Form von Versicherungsbeiträgen gezahlt werden soll.

Entscheidend aber für die Beantwortung der Frage der Arbeitgeberbeiträge ist vor Allem die Tragfähigkeit der einzelnen Industrieen, und hier trifft Alles das zu, was wir gestern bei der Fabrikgesetzgebung erörtert haben, es handelt sich hier immer um die Auffindung des richtigen Maßes, das in fast allen Fragen der Socialpolitik immer das Entscheidende ist, und dies kann nur im Einzelnen erörtert werden. Ich gehe darauf hier also nicht näher ein. Soweit aber die Löhne zu niedrig und die Arbeitgeberbeiträge in genügender Höhe unmöglich sind, ohne die Industrieen zu zerstören, wird dann die weitere Frage kommen: Ist das jetzige System der öffentlichen Zuschüsse zu den Löhnen aus der Armenkasse besser, als eventuelle öffentliche Zuschüsse zu den Versicherungsbeiträgen in einzelnen Industrieen? Und auch diese Frage muß man im Einzelnen erwägen, man kann darüber nicht generell absprechen.

Sodann kommt der Umfang der Arbeitgeberbeiträge in Erwägung, und da darf ich wohl noch auf Zweierlei aufmerksam machen. Diese Arbeitgeberbeiträge bestehen bereits in ganz großen Unternehmungen, sowohl bei industriellen wie bei andern, z. B. forstwirthschaftlichen Unternehmungen. Nun, meine Herren, jetzt sind ja diejenigen Fabrikanten, die human oder intelligent genug sind, solche Arbeitgeberbeiträge zu zahlen, gegen ihre Concurrenten ungünstig gestellt. Eine generelle Regelung der Arbeitgeberbeiträge würde also nur dahin führen, daß eine Gleichheit der Productionskosten herbeigeführt würde. Eine weitere Seite der Frage bietet das Kleingewerbe und die Hausindustrie dar. Ich glaube, daß vielleicht der schwerste Kampf augenblicklich in einer Anzahl von Handwerken gekämpft wird, in denen die Leute daran sind, auf das Niveau der Lohnarbeiter hinunterzusinken. Sie erscheinen zwar noch als Arbeitgeber und halten daran fest, dem Wesen nach aber sind es schon

Lohnarbeiter. Diese scheinbaren Arbeitgeber, in Wahrheit Lohnarbeiter, werden heruntergedrückt durch die Fabrikanten und durch die Magazinbesitzer, welche der Sache nach die Arbeitgeber dieser Lohnarbeiter sind. Es entsteht also die Frage, ob es möglich ist, diese Leute als Arbeitgeber heranzuziehen zu Pensionsbeiträgen für diese lohnarbeitenden Handwerker. Es ist das eine ungemein schwere Frage, und ich glaube, sie ist bisher kaum angeregt worden. Sie ist aber höchst wichtig für die ganze fernere Entwickelung der kleineren Handwerker, und es fragt sich, ob nicht auf diese Weise die Möglichkeit gegeben ist, die kleinen Handwerker, die jetzt regelmäßig der Armenkasse zur Last fallen, wieder zu Leuten zu machen, die ihr Alter und die Ihren sicher stellen können und das Verdiente erhalten nicht als Almosen, sondern kraft guten, durch lebenslängliche Arbeit erworbenen Rechtes. Aehnlich steht es mit der Hausindustrie, worauf ich hier jedoch nicht mehr eingehen kann.

Höchst bedeutsam sind ferner die Consequenzen der staatlich erzwungenen Arbeitgeberbeiträge nach vielen Richtungen hin. Wenn nämlich dieser Zwang eintritt, dann ist es nicht mehr allein der dem Arbeiter abgeknappte Groschen, den die Versicherungsprämie darstellt, sondern es liegt darin auch der staatlich erzwungene Arbeitgeberbeitrag; und wenn der Staat im Interesse des ganzen Standes solche Beiträge erzwingt, so kann er zum einzelnen Arbeiter auch sagen: wenn Du das Gewerbe später wieder verlässest, so hast Du keinen Nutzen mehr davon, sondern die für Dich gezahlten Beiträge fließen anderen Gewerbsgenossen zu. Also auch dieser vorher schon berührte Einwand des Verlustes der Prämien bei Berufswechsel verliert zum Theil seine Bedeutung, wenn man sich die staatlich erzwungenen Arbeitgeberbeiträge in ihren Consequenzen vorstellt. Auch die Frage des Reservefonds erscheint alsdann als eine ganz Andere. Man kann dann mit vollem Recht anfangen, zunächst viel weniger an Pensionen zu geben, und dafür Dasjenige, was nicht die Arbeiter zahlen, sondern was die Arbeitgeber beitragen, vorweg zu einem Reservefond verwenden. Die Buchdrucker haben 5 oder 10 Jahre Carenzzeit eingeführt. Aehnlich könnte man auch hierbei vorgehen, indem man für eine Reihe von Jahren die Arbeitgeberbeiträge ganz für den Reservefond bestimmt.

Ferner wird die Frage der Arbeitgeberbeiträge voraussichtlich entscheidend sein für die ganze Frage des Umfangs, in welchem der Zwang durchführbar ist. Wir haben Leute, die heute bei Hinz und morgen bei Kunz arbeiten und also gar keinen regelmäßigen Arbeitgeber haben, und wenn es hier nicht gelingt, trotzdem Einrichtungen zu treffen, welche auch hier Arbeitgeberbeiträge organisiren, so wird es schwerlich möglich sein, für solche Leute eine Arbeiterversicherung durchzuführen. Ob es aber hier möglich ist, eine solche Organisation zu treffen und etwa Beitrag zahlende Arbeitgeberverbände zu bilden, ist eine außerordentlich schwere Frage und kann hier nicht näher entwickelt werden.

Endlich komme ich noch zur Andeutung der großen Eigenthümlichkeiten, welche der berufsgenossenschaftlichen Versicherung mit Versicherungszwang anhaften. Wir Communalbeamten waren in letzterer Zeit viel damit beschäftigt, wie dem Beamten geholfen werden könne durch Versicherung und Wittwenkassen, und dabei sind die Unterschiede zwischen erzwungener und nicht erzwungener Versicherung sehr eingehend discutirt worden. Neuerdings aber ist diese Frage von Herrn Dr. Schaeffle bekanntlich vorzüglich erörtert worden. Die Unterschiede sind sehr groß. Das Deckungskapital, die Prämienreserve muß eine ganz andere sein bei der freiwilligen Versicherung, wie bei der erzwungenen. Denn es ist mit Recht gesagt worden, daß bei letzterer die kommende Generation die Reserve darstellt. Ferner können beim Versicherungszwang die Mitglieder niedrigere Beiträge zahlen, weil ja die jüngeren Arbeiter auch dabei sind, welche freiwillig nicht eingetreten wären. Die Schriften des Herrn Dr. Hirsch klagen ja lebhaft gerade darüber. Die jugendlichen Arbeiter kommen aber bei dem Zwang, und dadurch wird die staatliche Zwangsversicherung billiger, als wenn nur berufsgenossenschaftlicher Zwang geübt wird. Sodann, meine Herren, ist die Möglichkeit vorhanden, bei dem Zwange tastend vorzugehen. Man kann auch, wenn man keine statistischen Unterlagen hat, die es ja hier nicht giebt, mit Vorsicht anfangen, wie es die Communen gemacht haben und der Staat bei den Lehrern und Beamtenkassen. Man kann dann später Correcturen eintreten lassen, indem man nach und nach die Beiträge anders abstuft, ohne daß man wie die freien Kassen alsdann die Gefahr massenhaften Austrittes läuft. Ich habe schon in dem bisher Gesagten wiederholt auf die Möglichkeit eines schrittweisen Vorgehens hingewiesen. Ich habe auch schon gesagt, daß die jetzt zu schaffende Organisirung der Unfallversicherung und ebenso der Krankenversicherung sehr wichtig ist für die Modalitäten und die Möglichkeit dieses schrittweisen Vorgehens. Ich habe auch bereits gesagt, daß ich ein schrittweises Vorgehen auch für vollständig statthaft halte und daß ich nicht glaube, daß man durchaus das ganze Volk mit dem Zwange beglücken muß. Nun kann man dieses schrittweise Vorgehen nach zwei Richtungen vornehmen, zunächst nach der Richtung der sachlichen Ausdehnung. Wir können, wenn die Verbände zweckmäßig gebildet werden, einem oder dem anderen Verband allmählich größere Aufgaben zuweisen. Ich habe mir erlaubt, Ihnen die Stelle aus dem Seemannskassenentwurf vorzulesen, wonach dort an die Unfallversicherung sich von vornherein zweckmäßiger Weise weitere Versicherungen anschließen. Und wie hier, so wird man auch in anderen Gewerben früher oder später den Kreis der Versicherung erweitern können. Man wird z. B. vielleicht hie und da bald zu einer vier-, fünf- und sechsjährigen oder noch längeren Krankenversicherung kommen, und wenn man so schrittweise vorgeht, so ist die Gefahr der Simulation von vornherein ausgeschlossen. Ebenso wird es vielleicht unschwer möglich sein, die Sicherung gegen acute Unfälle auszudehnen auf die aus gewissen chronischen Gewerbseinflüssen entstehenden speciellen gewerblichen Krankheiten. Das ist nun bei allen einzelnen Industrieen verschieden, und deshalb sollte man hier nur mit Specialgesetzen vorgehen.

Man kann aber auch in anderer Weise ausdehnen, nämlich in Bezug auf die Personen und die Berufe, und dazu giebt die Krankenversicherung einen außerordentlich werthvollen Fingerzeig. Der Entwurf der Reichsregierung, den ich in diesem Punkt für ganz zutreffend halte, beruht darauf, daß von Reichswegen der Zwang auf gewisse Kategorieen von Arbeitern ausgedehnt wird, während die einzelnen Communalverbände berechtigt sind, den Zwang auch noch auf andere Kategorieen je nach den örtlichen Bedürfnissen auszudehnen. Das lasse man sich nun in Jahren und Jahrzehnten langsam weiter entwickeln, dann zweifle ich nicht, daß wir dann finden werden, inwieweit es möglich ist, den Zwang auf alle Arbeiter und eventuell auch andere Personen auszudehnen.

Nun zwei Worte endlich noch über die

Versicherung gegen Arbeitslosigkeit.

Der Herr Referent war der Ansicht, daß diese vom Zwange und von staatlicher Einwirkung vollständig ausgeschlossen wäre. Ich kann das jedoch nicht völlig zugeben. Ich unterscheide da die Arbeitslosigkeit in Folge von Krisen und in Folge von Lohnstreitigkeiten. Die Armenpflege, wenn sie eingreift bei Conjuncturen und Krisen, unterscheidet sich in keiner Weise von der Armenpflege aus anderen Gründen, und nach den Principien, die bei der Unfallversicherung befolgt sind, müssen die Kosten, die durch Conjuncturen und Krisen hervorgerufen werden, auch principiell von den einzelnen Gewerben getragen werden, und es sind auch für einzelne Gewerbe schon Vorschläge gemacht worden, durch sog. Warten nach Analogie der Seewarten eine bessere Ausgleichung von Production und Consumtion anzubahnen. Wie dem aber auch sei, das Ziel, die thunlichste Beseitigung der öffentlichen Armenpflege, ist wie überall so auch hier das gleiche. Ob wir freilich den hier wohl besonders schwierigen Weg dazu finden werden, das lasse ich zunächst dahin gestellt; aber es kam mir darauf an, noch darauf hinzuweisen, daß der Uebergang von der Armenpflege zu der Versicherung gegen Krisen und Conjuncturen aus den Mitteln der einzelnen Gewerbe an sich ebenso geboten ist, als die Beseitigung des Almosensystems überhaupt.

Was aber weiter die Wirkung des jetzigen Systems der Armenpflege bei Arbeitslosigkeit in Folge von Lohnstreitigkeiten anlangt, so ist sie offenbar einfach die, daß der eine streitende Theil von Staatswegen unterstützt wird. Die Arbeiter, die streiken und nichts haben, gehen zur Armenkasse und sagen: ernährt uns so lange. Das ist aber ein ungesunder Zustand. Und unbestreitbar müssen diejenigen Arbeiterkreise, die in Lohnstreiks begriffen sind, sich selbst während der Zeit unterhalten können. Wie dies durchzuführen ist, muß ich an dieser Stelle jetzt dahingestellt sein lassen. Ich will nur wenigstens darauf hinweisen, daß das jetzige System der öffentlichen Fürsorge auch auf diesem Gebiet unheilvoll wirkt, und daß Mittel gesucht werden müssen, diesem System Abbruch zu thun.

Faßt man nun Alles, was ich gesagt habe, zusammen, so mag daraus allerdings wohl hervorgehen, daß man in allen diesen Dingen nicht mehr eigentlich von Versicherung sprechen kann, jedenfalls ist es keine technische Versicherung; aber das scheint mir auch gleichgültig zu sein. In der Debatte im preußischen Abgeordnetenhause in diesem Jahre über das neue Wittwen- und Waisenpensionsgesetz für die Beamten sagte der Berichterstatter, wie mir scheint, sehr treffend:

> „Es ist nicht eigentlich Zwangsversicherung, sondern der Beamtenstand wird genossenschaftlich organisirt dahin, daß er als Genossenschaft die Verpflichtung übernehmen soll, für die Relicten der einzelnen Beamten aufzukommen."

Das ist auch hier bei der Arbeiterversicherung die eigentliche Aufgabe, die uns vorliegt. Es ist die Frage, ob das jetzige schlechte, unheilvolle System der öffentlichen Armenpflege schrittweise dadurch zurückgedrängt werden kann, daß es uns gelingt, durch staatlichen Zwang gewerbsgenossenschaftliche Organisationen zu schaffen, die nach und nach so viel Fürsorge für den einzelnen Genossen üben, daß das obligatorische Almosengeben überflüssig wird. Und daß der Staat in dieser Weise eintrete, das wünsche ich dringend, nicht damit die Armenverbände entlastet werden — das ist eine secundäre Frage —, sondern die Pointe ist, wie gesagt, lediglich die, daß die unwirthschaftliche und demoralisirende Gestaltung der jetzigen öffentlichen Fürsorge ersetzt wird durch ein besseres System staatlich organisirter Fürsorge.

Wie gesagt, für die nächsten Jahre und vielleicht für längere Zeit wird die Durchführung der Kranken- und Unfallversicherung alle Kräfte in Anspruch nehmen; aber die Erkenntniß des Zusammenhangs der übrigen Genossenschaftsversicherungen mit der Kranken- und Unfallversicherung ist dennoch gerade im jetzigen Augenblick außerordentlich wichtig, nicht nur für die richtige principielle Auffassung der ganzen Arbeiterversicherung, sondern ganz besonders gerade für die gedeihliche Gestaltung der Unfall- und Krankenversicherung mit entwickelungsfähigen Einrichtungen.

Allerdings fürchte ich, daß dasjenige, womit ich Ihre Geduld vielleicht zu lange in Anspruch genommen habe, auch wenn es wirklich etwas zur allseitigeren Kenntniß der Sache beitragen sollte, doch nur wenig nützen wird, denn überall, wo es sich um Schaffen und Organisiren handelt, geht es wie in der Blumen- und in der Baumzucht; man kann alles theoretisch untersucht und construirt und den Boden auf das Sorgfältigste vorbereitet haben, und zum Schluß kommt doch Alles auf das an, was man eine glückliche Hand nennt. Und daß nun unsere gesetzgebenden Körperschaften in der Behandlung der Kranken- und Unfallversicherung eine glückliche Hand zeigen mögen, mit diesem Wunsche schließe ich. (Lebhaftes Bravo.)

(Es tritt eine $^3/_4$stündige Pause ein.)

(Die Discussion wird eröffnet.)

Professor Schmoller (Berlin): Meine Herren! Ich habe mich zum Wort gemeldet, als Herr Lammers gegen den Kassenzwang überhaupt sprach und nachdem Herr v. Reitzenstein die Schwierigkeiten des Kassenzwangs in einer Weise betont hatte, die meinen Ansichten wenigstens theilweise widerspricht. Wenn Herr Adickes da schon gesprochen hätte, würde ich mich nicht zum Worte gemeldet haben, denn ich bin im Großen und Ganzen mit seinen Ausführungen durchaus einverstanden. Da ich aber einmal das Wort habe, so möchte ich doch gleichsam, da wir nicht abstimmen, meine Abstimmung, wenn ich eine abzugeben hätte, motiviren (Heiterkeit) und möchte mich für einen möglichst weitgehenden Versicherungszwang aussprechen; ich möchte dann ferner gegenüber den Zweifeln, ob das Versicherungs- und Hilfskassenwesen überhaupt die Armenlast erleichtere, zwar zugeben, daß es dies nicht schnell thut und daß deßhalb und an sich die Bestrebungen, die Armenpflege zu reformiren, äußerst berechtigte und heilsame sind, aber daneben möchte ich ebenso sehr betonen, daß der Schwerpunkt der Frage, im Großen aufgefaßt, doch in der Ausdehnung der Versicherung liegt. Die Versicherung ist nach meiner Ueberzeugung diejenige höhere Form des Unterstützungswesens, die im Großen und Ganzen und in der Zukunft berufen ist, das heutige Armenwesen als eine, wenn ich so sagen darf, rohere Form der Humanität nach und nach abzulösen. Und ich meine, gerade diejenigen Herren, die so sehr den Standpunkt der individuellen Freiheit voranstellen, hätten eigentlich am allermeisten den Beruf, für die Versicherung einzutreten, denn der Schritt vom Armenwesen zum Versicherungswesen ist die Hebung des Unterstützungswesens auf den Standpunkt individueller Verantwortlichkeit, auf den Standpunkt einer genaueren Anpassung von Leistung an Gegenleistung. Leistung und Gegenleistung ist beim Armenwesen entweder gar nicht vorhanden oder in der allerrohesten Form. Beim Versicherungswesen hat man sich diesem Princip von Leistung und Gegenleistung genähert. Es ist auf die individuelle Verantwortlichkeit des Einzelnen Gewicht gelegt, die beim Armenwesen wegfällt, und deshalb hätten die Manchesterleute, die Vertreter des Individualismus, die liberalen Parteien am Meisten den Beruf, für die Ausdehnung des Versicherungswesens einzutreten.

Was nun die Ausführung des Versicherungszwanges betrifft, so möchte ich da nur noch ein Wort für einen Gedanken einlegen, der, wie ich gern gestehe, ursprünglich gar nicht von mir herstammt, sondern von Freund Held, den ich aber aufgenommen und für den ich weithin Propaganda gemacht habe, nämlich den Gedanken, daß man möglichst den Versicherungszwang verbinden muß mit der genossenschaftlichen Berufsorganisation der Arbeiter und Arbeitgeber, und daß man in dem Maße den Versicherungszwang durchführen könne nach allen Seiten und vor allem auch für das Invalidenwesen, die Wittwen- und Waisenversorgung — in dem Maße, wie es gelingt, Berufsgenossenschaften zu organisiren. Ich möchte dabei plädiren für Berufsgenossenschaften der Arbeiter, die von unseren preußischen Knappschaften ebenso weit entfernt sind wie von den englischen Gewerkvereinen, die ein Mittelding von beiden sind. Ich glaube auch, der Fortschritt in unserm preußischen Knappschaftswesen wird darin liegen, daß wir diese Knappschaften, die jetzt mehr von oben herab geleitete Verbände sind, mehr und mehr zu einer Art von Arbeitervereinen gestalten, die alle Interessen der Arbeiter vertreten. Und andererseits meine ich, daß da, wo wir Gewerkvereine haben, diese Gewerkvereine aus bloßen Kampfgenossenschaften gemacht werden sollten zu einer Art von genossenschaftlichen Berufsverbänden, die etwas von der Natur unserer Knappschaften haben, die nicht ausschließlich des Lohnkampfes wegen existiren, obgleich sie auch diesen in ihren Bereich ziehen müssen, sondern existiren, um genossenschaftliche Zucht in den Arbeiterstand zu bringen, dem Arbeiterstand einen festlichen, sittlichen Halt zu geben, und dann, um gewisse Functionen, vor allem das Hilfskassenwesen zu übernehmen.

Deswegen, meine Herren, bin ich nun auch der Ueberzeugung, daß seiner Zeit der Antrag im Reichstag, der, wenn ich mich recht erinnere, von Stumm ausging und die Ausdehnung des Knappschaftsinstituts auf den ganzen Arbeiterstand bezweckte, nicht so ganz falsch war, obgleich ich selbst die Knappschaften früher einmal bekämpft habe und auch heute noch glaube, daß sie eine volle Berechtigung und Zukunft nur haben, wenn man sie wesentlich reformirt, ihnen die nöthige Freiheit giebt, die gesammten Arbeiterinteressen zu vertreten; darin aber glaube ich, hatte Stumm Recht, daß in vielen Branchen unserer heutigen Großindustrie — ich erinnere z. B. an die heutige Maschinenindustrie — das Gleiche möglich ist, was in der Bergindustrie möglich ist. Die Arbeiter jeder derartigen großen in sich geschlossenen Industriegruppe, wie z. B. der Maschinenindustrie oder der chemischen Industrie, bilden für sich einen Kreis von Personen, ganz ähnlich zusammenhängend und gegen Außen abgeschlossen wie die Bergarbeiter; sie können ganz ähnlich organisirt werden wie die Knappschaften; und was bei den Knappschaften möglich ist in Bezug auf Krankenwesen, Waisen-, Wittwen- und Invalidenversorgung und Unfallversicherungswesen, das ist auch da möglich und damit komme ich auf den Gedanken, den ich früher ausgesprochen habe: Man sollte alles Hilfskassenwesen möglichst angliedern an die berufsgenossenschaftliche Organisation der Arbeitgeber und -Nehmer mit einem nationalen Verband der betreffenden Industrie für das Unfallversicherungswesen, mit provinciellen für das Altersversicherungswesen, mit localen für das Krankenwesen. Hält man an diesem Gedanken fest, dann ist allerdings eines klar: für viele Industrieen ist das zur Zeit nicht möglich; es bleibt ein großer Rest von Unternehmungen und Arbeiten, für den man anderweit sorgen muß, resp. für den man im Moment die verschiedenen Versicherungsbranchen, besonders die Altersversicherung nicht durchführen kann. Für diesen von mir eingenommenen Standpunkt ist überhaupt die Durchführung des Versicherungszwanges in der jetzt von der Reichsregierung beabsichtigten Weise, daß man ihn, sei es für das

Krankenkassenwesen oder irgend eine andere Branche plötzlich schlechthin für alle deutschen Arbeiter vom Datum eines Gesetzes an verhängen will, ein Unding; resp. es ist die Verhängung eines solchen Zwangs nur ein Wechsel auf die Zukunft; und ich glaube, wie wir auch organisiren, wir werden diesen Versicherungszwang so wenig auf einmal durchführen als den Schulzwang oder die allgemeine Militärpflicht, die wir beide bis heute noch nicht ganz ausgeführt haben. Deshalb wäre ich für einen Zwang, der nach und nach eintritt: es muß das Ziel sein, Berufsgenossenschaften der Arbeitgeber und Arbeiter und zwar zunächst in der Großindustrie und in den geschlossenen Gruppen des alten Handwerkes, weil es da zunächst am Leichtesten ist, zu organisiren, und in dem Maße, wie diese Berufsgenossenschaften organisirt sind, in dem Maße wie z. B. in der Maschinenindustrie, in der Buchdruckerei, im Zimmereigewerbe Verbände bestehen, die das Kassenwesen, die Unfallversicherung, dann endlich das Altersunterstützungswesen übernehmen können — in dem Maße, wie solche Verbände vorhanden sind, kann dann auf Grund eines Gesetzes, das dem Bundesrath die Befugniß hierzu ertheilt, von diesem der Zwang verhängt werden.

Ich komme damit auf einen Gesichtspunkt, den Herr Adickes freilich nach anderer Seite hin angedeutet hat: niemals kann etwas Derartiges anders ausgeführt werden als schrittweise, in langsamer, ehrlicher, jahrelanger Arbeit, die sich durch mißlungene Versuche nicht verdrießen läßt. Auch der Versicherungszwang kann nur langsam, nach und nach sich ausdehnen. Wenn er auf einmal plötzlich verhängt wird, so ist die Gefahr, daß er dann für ein gut Theil zunächst nur auf dem Papier steht. Da mir aber unausgeführte Gesetze nicht angenehm sind, so würde ich für eine Ausdehnung des Zwanges in dem Maße sein, als tragfähige genossenschaftliche Körper vorhanden sind. Außerdem glaube ich, meine Herren, wir würden für die sociale Entwickelung im Allgemeinen heilsam wirken, wenn wir diese ganze Bewegung in Verbindung brächten mit der berufsgenossenschaftlichen Organisation. Für rein geographische Verbände irgendwelcher Art im Krankenwesen, Invalidenwesen, Unfallversicherungswesen kann ich mich nicht begeistern; da werden Personen, Unternehmungen, Arbeiter zusammengefaßt, die genossenschaftlichen Geist nie erhalten. Sobald wir uns auf diesen Standpunkt geographisch abgegrenzter und bureaukratisch geleiteter Verbände stellen, sind wir im Ganzen wieder auf dem Standpunkt der alten Armenpflege. Wenn man mir sagt, all das sei zunächst nur möglich in einzelnen Industrieen, so gebe ich das vollständig zu; aber ich lege auch gar keinen so großen Werth darauf, daß so etwas sofort für alle durchgeführt werde. Es kommt in allen diesen Dingen zunächst darauf an, daß wir an irgend einem einzelnen Punkt ein gelungenes Beispiel hinstellen. Alle neuen großen Institutionen müssen zunächst an Einem Punkt ansetzen. Die Genossenschaften eines Schultze-Delitzsch, Raiffeisen, die englischen Gewerkvereine zeigen das; nicht auf die große Zahl kommt es zunächst an, sondern daß an bestimmter Stelle einmal das Exempel gelöst ist. — Um Mißverständnisse auszuschließen, füge ich noch bei, daß ich keineswegs meine, die Regierung hätte, so wie sie ihre Pläne gestaltete, gleich das Invalidenwesen mit in Angriff nehmen sollen; das bleibt stets das Schwierigste und Letzte. Was ich betonen wollte ist nur, daß der Versicherungszwang bei der Vorstellung, die ich mir von der Organisation des Kassenwesens gemacht, auch für die Altersversorgung nicht ausgeschlossen ist, und daß alle die neueren Berathungen über die Projecte der Reichsregierung mich stets aufs Neue davon überzeugt haben, daß die Verbindung alles Arbeitsversicherungswesens mit berufsgenossenschaftlicher Organisation das Richtige wäre. (Bravo.)

Generalsecretär Bueck (Düsseldorf): Meine Herren! Nachdem der Herr Vorredner Ihnen gewissermaßen einen anderen Plan für die Organisation des Versicherungswesens aufgestellt hat, möchte ich anknüpfen an das, was uns jetzt in den Gesetzesvorlagen geboten ist, denn das ganze Gebiet dieser Gesetzesvorlagen ist ja von dem ersten Herrn Referenten auch behandelt worden. Ihm auf dieses ganze Gebiet zu folgen, ist ja unmöglich, man würde dann eine ähnliche Zeit wie er in Anspruch nehmen müssen. Ich werde mir daher nur gestatten, einige Gesichtspunkte herauszugreifen, denn ich glaube, für die heutige Versammlung ist es auch nicht ganz unwichtig, sich über die realen Verhältnisse, wie sie augenblicklich vorliegen, zu unterhalten. Ich werde auf das Referat des letzten Herrn Correferenten nur bezüglich eines Punktes eingehen. Ich hätte Veranlassung, sehr viel über den Versicherungszwang in Bezug auf die Alters- und Invalidenversicherung und über die Wittwen- und Waisenversorgung zu sagen; aber von allen Rednern, die bisher dieses Gebiet berührt haben, sind diese Ziele als solche hingestellt, welche doch erst in weiter Zukunft erreicht werden können. Als Ideal betrachte ich diese Art des Versicherungswesens auch, bestreite freilich mit den Herren Referenten die augenblickliche Durchführbarkeit. Aber, meine Herren, bezüglich der jetzt geplanten Unfall- und Krankenversicherung hat der erste Herr Referent gesagt, daß der Gesetzgeber eine gewisse organische Verbindung dieser beiden Gesetzentwürfe herstellte und daß sich Gründe für eine solche Verbindung eigentlich nicht auffinden lassen. Ich bin nun entgegengesetzter Ansicht. Ich glaube, daß sehr wesentliche Gründe vorhanden sind, welche diese organische Verbindung befürworten könnten. Es läßt sich nicht leugnen, daß wir bezüglich dieser Gesetzentwürfe sehr im Dunklen tappen, namentlich mit Rücksicht auf die Statistik; es ist ein großer Fehler, daß man sich dieser Statistik weniger zugewendet hat. Dieser Fehler ist, soweit es irgend möglich war, in allerneuester Zeit corrigirt worden und man hat mit großen Anstrengungen etwas Statistik gesammelt; es bleibt dabei jedem überlassen, wie viel Werth er den gewonnenen Zahlen beilegen will.

Ich will noch vorausschicken, daß alle Diejenigen, welche sich bisher mit den Gesetzentwürfen bezüglich der Unfallversicherung beschäftigt haben, gewisse Arten der Unfälle aus dem Rahmen der Unfallversicherung ausscheiden wollten. Der erste Gesetzentwurf, der dem Reichstage vorgelegt war, that das, sowie der Gesetzentwurf der liberalen Partei und auch der neue Gesetzentwurf; nur bezüglich der Zeitdauer oder des Umfangs gingen die Ansichten sehr wesentlich auseinander. Der erste Gesetzentwurf wollte 4 Wochen ausscheiden, der Reichstag beschränkte sich auf 14 Tage; der Gesetzentwurf der liberalen Partei nahm auch 4 Wochen an, verfiel aber nicht ganz in den Fehler des ersten Gesetzentwurfes, denn er sagte wenigstens im Allgemeinen, für diese 4 Wochen soll durch eine andere Art der Versicherung gesorgt werden, während der erste Gesetzentwurf gar nichts darüber sagte, was bei Unfällen während der ersten 4 Wochen geschehen sollte. Der jetzige Gesetzentwurf nimmt, auf die neugewonnene Statistik gestützt, an, daß Unfälle bis zur vollendeten 13. Woche aus dem Rahmen der Unfallversicherung ausgeschieden und der Krankenkasse überwiesen werden sollen.

Nun, meine Herren, die Statistik, auf die man sich da stützt, ist Ihnen ja allen bekannt. Ich will nur ganz flüchtig anführen, daß man glaubt ermittelt zu haben, daß 90—95% der in den ersten 13 Wochen überwundenen kleineren Unfälle nur ungefähr 11% der Kosten aller Unfälle in Anspruch nehmen, während die übrig bleibende geringe Zahl der schwereren Unfälle die übrigen 89% der Kosten verursachen. Auf diese Angaben gestützt glaubt man nun, die Unfälle bis zur vollendeten 13. Woche den Krankenkassen überweisen zu sollen, weil die meisten dieser Unfälle doch einen vorübergehenden Character haben und eigentlich mehr den Krankenkassen angehören. Nun, meine Herren, ein Grund für solche Scheidung, und zwar der nächstliegende, würde ja darin bestehen, daß meiner Ueberzeugung nach die Unfallversicherungskassen, sie mögen so zweckmäßig eingerichtet sein, wie sie wollen, immer einen großen, schwerbeweglichen Apparat in Anspruch nehmen werden, der erliegen müßte, wenn er mit dieser großen Anzahl kleiner Unfälle belastet werden sollte. Ich bemerke übrigens, daß, soweit mir das Krankenkassenwesen bekannt ist, für die Krankenkassen auch nicht etwas wesentlich Neues darin geschaffen werden würde, denn auch jetzt müssen die Kranken die Verunglückten ja während dieser Zeit unterhalten, ja noch viel länger. Von dem zweiten Herrn Referenten haben wir gehört, daß es vereinzelte Kassen giebt, die ihre Kranken bis zum zweiten Jahre verpflegen, und von den Krankenkassen ist auch, soweit mir bekannt, sehr wenig Recurs auf Grund des Haftpflichtgesetzes an die Betriebsunternehmer erhoben worden, sondern die Krankenkassen haben sich wohl mit Rücksicht auf den Umstand, daß die Betriebsunternehmer bedeutende Beiträge geleistet haben, begnügt, ihre Kranken, die durch Verunglückung krank geworden sind, zu verpflegen.

Ich habe aber noch einen anderen Gesichtspunkt, der für mich in noch prägnanterer Weise für die Verbindung der Unfall- und Krankenversicherung spricht. Meine Herrn, der größte Feind der Durchführung beider Gesetze ist die Simulation. Es mag das vielleicht etwas hart klingen, ich glaube aber, meine Herren, durch ein paar kleine Zahlen beweisen zu können, daß das wirklich nicht ein Phantom ist, gegen das ich kämpfe, sondern daß die Simulation einen sehr wesentlichen Factor bei dieser Art der Versicherung bildet. Meine Herren, ich habe hier die Statistik von fünf Werken und bitte mir zu erlauben, ein paar Zahlen daraus mitzutheilen. Erstens habe ich die Zahlen von zwei Werken, die keine Unfallversicherung irgendwelcher Art abgeschlossen haben. Das erste Werk hat in den Jahren 1878, 1879 und 1880 die ziemlich gleiche Arbeiterzahl gehabt, nämlich 1878—1924, 1879—1701 und 1880—2003. Die Zahl der Unfälle war im Jahre 1878—335, 1879—240 und 1880—355 und die Zahl derjenigen Unfälle, die in den ersten 4 Wochen geheilt wurden, betrug im Jahre 1878—299, im Jahre 1879—212 und 1880—232. Bei dem zweiten Werk, welches gleichfalls keine Unfallsversicherung irgend welcher Art abgeschlossen hatte, hat die Arbeiterzahl in dieser Periode etwas mehr zugenommen; sie betrug 1878—4281, 1879—4041 und 1880—4746. Dem entsprechend hat sich auch die Zahl der Unfälle etwas vermehrt; sie betrug 1878—330, 1879—302 und 1880—343 und die Zahl der in 4 Wochen geheilten Unfälle betrug 243, 215 und 253. Also es war ein stabiles Verhältniß im Großen und Ganzen vorhanden. Nun kommen zwei Werke, die gegen Unfälle aller Art versichert hatten. Das erste Werk hatte 1878—677, 1879—760, im Jahre 1880—996 Arbeiter, also ca. $^1/_3$ mehr. Die Zahl der Unfälle vermehrte sich aber von 121 im Jahre 1878 auf 260 im Jahre 1880. Aber, meine Herren, die Zahl der kleinen Unfälle, die in 4 Wochen geheilt waren, vermehrte sich in den drei Jahren von 91 auf 115 resp. 232. Nun das zweite Werk, bei dem sich die Arbeiterzahl nur ca. um $^1/_4$ vermehrt hat. Da hat die Zahl der Unfälle sich mehr als um das Doppelte gesteigert, in 3 Jahren von 529 auf 1101 und die Zahl der kleineren Unfälle hatte in noch größerem Maßstabe zugenommen, von 467 auf 779 resp. 1013. Dann habe ich noch ein Werk, welches 1878 nur gegen Haftpflicht versichert hatte und am Schluß des Jahres 1878 zu der Versicherung gegen Unfälle aller Art überging. Die Zahl der Arbeiter hat nicht sehr zugenommen; im Jahre 1878 betrug sie 505, 1879—515 und im Jahre 1880 585. Die Unfälle aber stiegen von 5 im Jahre 1878 auf 53 in 1879 und 77 in 1880 und die Zahl der kleinen Unfälle von 2 auf 32 resp. 49.

Meine Herrn, ich bin nun weit entfernt zu behaupten, daß ein Arbeiter — es sind ja nachgewiesene Fälle vorgekommen, die aber so vereinzelt sind, daß sie nicht mitzählen — sich geflissentlich einen Unfall zuzieht; aber daß die Unfallversicherung ausgenutzt wird, um kleinere Unfälle, die sonst nicht berücksichtigt werden, kleine Verletzungen, die ihrer Natur nach eine Arbeitsbehinderung nicht mit sich führen, aufzubauschen, sie zu benutzen, um einige Tage auf Kosten der Unfallversicherungskasse zu ruhen oder eine Entschädigung in Anspruch zu nehmen, das ist bei mir außer Zweifel. Es mag auch der fernere Umstand dazu beitragen, daß die Arbeiter, wenn sie versichert sind, wenn sie die Gewißheit haben, entschädigt zu werden, weniger Vorsicht gegen Gefahren üben, als es sonst der Fall gewesen wäre.

Nun, meine Herren, tritt für mich die Erwägung ein, daß, wenn solche Ansprüche bei einer großen, einen Regierungsbezirk oder eine Provinz oder gar das Reich umfassenden Kasse anzubringen sind, das eintritt, was wir thatsächlich z. B. auf dem Gebiet der Feuerversicherung zu erleben Gelegenheit haben. Die meisten Beschädigten glauben eine gewisse Schlauheit zu üben und kein Unrecht zu begehen, wenn sie ihre Ansprüche so hoch wie möglich steigern und so viel als möglich aus dem Schaden herauszuschlagen suchen: es ist ja die große Kasse, die viel Geld hat und zahlen kann. Daß der Einzelne selbst die Prämie zahlen und daß diese Prämie in ihrer Gesammtheit schließlich die Kosten decken muß, das Bewußtsein geht bei solchen großen Kassen verloren. Und wenn der Arbeiter diese kleine Entschädigung aus solcher großen Kasse zu ziehen haben wird, dann wird sich im Arbeiterstande wahrscheinlich auch ein ähnliches Gefühl herausbilden, daß derjenige, der es versteht, sich diese Kasse, wenn auch unberechtigt, zu Nutze zu machen, von seinen Berufsgenossen gewissermaßen als ein schlauer Mensch betrachtet wird. Wenn dieses Verfahren sich jedoch abspielt in dem engen Rahmen der Krankenkasse, so ist es natürlich, daß das Bewußtsein des Zusammenhanges von Leistung und Gegenleistung sich sehr bald bei dem Arbeiter, der ja sehr intensiv an der Verwaltung mitarbeiten soll, herausbilden wird. Er wird erkennen, daß ein unberechtigter Anspruch seines

Mitarbeiters die Kasse und ihn selbst in empfindlicher Weise schädigt, und so werden die Arbeiter dahin geführt werden, selbst Controlle zu üben, und meiner Ueberzeugung nach ist das die einzig wirksame Controlle, die gegen Simulation überhaupt geübt werden kann.

Dies sind zwei Gründe für mich, die so intensiv im practischen Leben wurzeln, daß sie für mich überzeugend sind und daß ich, soweit ich kann, für die organische Verbindung dieser beiden Gesetzentwürfe auf das Entschiedenste eintreten werde.

Nun wird freilich gesagt: durch diese Verbindung mit der Krankenkasse wird der Arbeiterbeitrag auf einem Umwege wieder eingeführt, wovon das Gesetz absehen will. Da muß ich Ihnen nun ganz offen gestehen, meine Herren, daß ich zu denjenigen gehöre, welche unbedingt die Forderung stellen, daß der Arbeiter auch einen Theil der Prämie zahlen soll. Es ist von einem der Herren Referenten ausgeführt worden, daß dem Arbeiter ein Almosen nicht gegeben werden soll, und wenn ich hinzufüge, daß ich das ganze Gesetz in seinem Princip anders auffasse als der erste Herr Referent, so komme ich zu der Ueberzeugung, daß die Unfallversicherung im eigenen Interesse der Arbeiter liegt und daß es ein Geschenk an den Arbeiter sein würde, wenn wir ihn nicht zu irgendeiner Leistung dafür verpflichteten. Aber ich verlange auch, daß man dahin streben muß, den Arbeiter an der Verwaltung zu betheiligen, und diese Betheiligung ist nicht gut möglich, wie auch der Gesetzgeber in den Motiven ausgesprochen hat, wenn der Arbeiter nicht auch Beiträge zahlt. Meine Herren! Es ist ja sehr leicht zu decretiren, der Arbeitgeber soll die ganze Prämie zahlen; der zweite Herr Correferent hat ja gesagt, man kann durch Gesetz feststellen, wie der Lohn *nicht* gezahlt werden soll — er hat dabei auf das Trucksystem hingewiesen —; also kann man auch durch Gesetz feststellen, *wie* er gezahlt werden soll. Man setzt einfach fest: der Lohn wird zu einem Theil in der Versicherungsprämie gezahlt. Das ist sehr leicht festzustellen, aber ob sich das in der Praxis wird ausführen lassen, ist eine andere Frage. Wenn der Arbeiter von vornherein einen geringen Theil der Prämie zahlt, der dann eine nothwendige Ausgabe des Arbeiters wird, so wird nach dem Gesetz, welches ich als berechtigt anerkenne, daß die nothwendigen Lebensbedürfnisse des Arbeiters mit der Zeit durch den Lohn gedeckt werden müssen, sich der Lohn um diesen Betrag erhöhen, und der Arbeitgeber wird seinen Theil so lange tragen, wie er kann. Wenn er es nicht kann, so wird er es auf den Arbeiter abwälzen, denn, wenn sich die Productionskosten so herausstellen, daß der Arbeitgeber nicht bestehen kann — solche Zeiten sind ja auch gewesen —, so wird er danach streben, seine Productionskosten zu verringern. Die Productionskosten setzen sich aus vielen Factoren zusammen, auf welche der Arbeitgeber keinen Einfluß hat, wie beispielsweise auf die Transportkosten, auf die Preise der Rohmaterialien und viele andere Factoren; aber auf den Arbeitslohn hat er, soweit es die Concurrenz gestattet, einen sehr bedeutenden Einfluß, und wenn er es nicht ändern kann, so wird er seine Prämie auf den Arbeiter abwälzen. Ich frage Sie nun, wenn die Conjunctur sich so stellt, daß dieser Fall eintreten muß, was wird dann für den Arbeiter schlimmer sein: wenn er bisher nichts gezahlt hat und er nun gezwungen wird, die ganze Prämie in dem Lohnabzug auf sich zu nehmen, oder wenn sein natürlicher Lohn durch einen geringen Theil der Prämie, der ihm von Hause aus auferlegt ist, so allmählich aufgebessert wird und nur der andere Theil ihm in dem vorerwähnten Falle aufgewälzt wird? Ich glaube, das Letztere wird doch für den Arbeiter eher zu tragen sein, als wenn er den ganzen Theil später übernehmen muß. Aber in erster Reihe maßgebend sind für mich die ethischen Gründe. Ich betrachte das Verhältniß überhaupt als ein ganz anderes; ich nehme nicht an, daß der Arbeiter blos arbeitet im Interesse der Industrie und des Industriellen, sondern daß er in seinem eigenen Interesse arbeitet und daß er wie Jeder einen Theil der Gefahr tragen muß, die in seinem Beruf liegt, den er gewählt hat, um sein Leben zu machen. Ich gehe also immer von der Ansicht aus, daß die Unfallversicherung im eigenen Interesse des Arbeiters liegt, und daß ihm ein Geschenk gegeben wird, wenn ihm die ganze Prämienzahlung abgenommen wird. Ich stehe also auf dem Standpunkte, daß der Arbeiter auch einen Theil der Prämie zahlen muß und daß daher der Einwand, daß auf einem Umwege die Arbeiterbeiträge wieder durch die organische Verbindung der beiden Gesetze eingeführt werden, hinfällig ist.

Fabrikbesitzer F. Kalle (Wiesbaden): Meine Herren, ich glaube kurz sein zu können. Wenn ich auch, als ich in den Saal trat, und noch, als ich den ersten Herrn Referenten gehört hatte, glaubte, ich würde vielleicht genöthigt sein, für einen weitgehenden Versicherungszwang einzutreten, so habe ich meine Absicht ganz aufgegeben, nachdem ich den zweiten Herrn Referenten gehört hatte. Herr Adickes hat alles, was sich nach dieser Richtung sagen läßt, so vortrefflich ausgeführt, daß ich es nicht annähernd so gut vermöchte wie er und nur das abschwächen würde, was er gesagt hat. Ich verzichte also auf jedes theoretische Eingehen auf die Frage und will nur einige kurze Bemerkungen zu den Ausführungen des ersten Herrn Referenten machen.

Ich schicke vorweg, daß mich die Einwendungen meines verehrten Freundes Lammers gegen den Krankenkassenzwang in keiner Weise gewundert haben. Ich habe erwartet, daß er sich auch diesem beschränkten Zwange gegenüber ablehnend verhalten würde. Nur eines ist mir aufgefallen, nämlich daß er hingewiesen hat auf die kirchlichen Genossenschaften als Trägerinnen des Krankenunterstützungswesens. Er hat das allerdings motivirt damit, daß er sagt, die Pflege würde dabei jedenfalls in ganz vortrefflicher Weise ausgeführt, besser als durch die Gemeinden. Letzteres will ich gern zugeben, aber bei den Krankenkassen handelt es sich nicht lediglich um Fragen der Pflege — da mögen die Kirchengenossenschaften ganz am Platze sein —, sondern es handelt sich um eine Unterstützung der Krankgewordenen, welche nicht den Charakter eines Almosens hat, und da meine ich, daß es Herrn Lammers nach seiner sonstigen Auffassung fern liegt, vielleicht noch ferner als mir, die Kirchengenossenschaften als einen passenden Ersatz für die Einführung eines Zwanges zu betrachten.

Der erste Herr Referent hat sich gewendet gegen die Uebernahme der 13 ersten Wochen bei Unfällen auf die Krankenkasse. Es hat der Herr Vorredner bereits auf diesen Einwand des Weiteren geantwortet, und bin ich im Ganzen mit diesem einverstanden, müßte aber doch bemerken, daß die Zahlen, die Herr Bueck genannt hat, mir nicht ganz concludent scheinen für das, was er ausführen wollte. Ich bin vollständig mit ihm der Ueberzeugung, daß der Vorschlag betreffs der 13 ersten Wochen zum Theil darin begründet ist, daß man der

Simulation entgegenzutreten wünscht. Es kommt in der That häufig vor, daß weniger gewissenhafte Arbeiter sich einige Tage von dem Werke drücken, unter dem Vorwande, sie hätten sich überhoben oder sonstwie innerlich verletzt, ohne daß der Arzt die Simulation nachzuweisen vermag; da ist die schärfere Controlle der wesentlich auf Arbeiterbeiträgen beruhenden Krankenkassen sehr am Platze; seinen Mitarbeiter kann man so leicht nicht hintergehen. Die Zahlen aber, die Herr Bueck angeführt hat, beweisen nichts für seine an sich richtige Behauptung; denn, wenn in Folge der Vermehrung der Arbeiterzahl im Ganzen die Zahl der Unfälle bedeutend zugenommen hat und zwar mehr bei den Werken, wo gegen alle Unfälle versichert ist, so heißt das weiter nichts, als daß, wenn viele Arbeiter neu in einen Betrieb hineinkommen, sie viel mehr Unfällen ausgesetzt sind, als altgeübte Leute, und es ist durchaus begreiflich, daß dies zum großen Theil Unfälle sind, die nicht unter das Haftpflichtgesetz fallen, Unfälle, an denen die Arbeiter selbst Schuld sind.

In Bezug auf die Unfallversicherung hält nun Herr v. Reitzenstein meines Erachtens noch ein Bischen viel an der alten juristischen Auffassung fest; er bemängelt es an den Vorlagen, daß man nicht bis zu einem gewissen Grade die Frage des Verschuldens in Berücksichtigung gezogen hat. Ja, ich muß sagen, diesem Gesetz gegenüber stehe ich durchaus auf dem Standpunkt des Herrn Adickes. Ich wünsche diese Materie nicht juristisch behandelt zu sehen, sondern lediglich als eine socialpolitische; ich wünsche, daß die Frage des Verschuldens nicht berührt werde, vorwiegend, damit die Prozesse vermieden werden. Letzteres ist für mich eins der durchschlagendsten Momente bei Beurtheilung der Unfallversicherungsvorlagen. Herr v. Reitzenstein hat nun, wie mir scheint, nicht ganz in Uebereinstimmung mit seiner Ansicht, daß es eigentlich nicht recht sei, daß man das Verschulden nicht berücksichtigt habe, nachher bemängelt, daß Arbeiterbeiträge gezahlt werden sollen. Ich meine, gerade aus der Anschauung des Herrn v. Reitzenstein heraus, daß eigentlich das Verschulden zu berücksichtigen wäre, ließe sich motiviren, daß die Arbeiter Beiträge zu leisten haben. Es hat auch Herr Bueck hier schon ausgeführt, welche Gründe dazu geführt haben, die Beiträge der Arbeiter beizubehalten. Ich war ja a priori kein Freund davon, ich habe mich im Volkswirthschaftsrath Anfangs dagegen erklärt, aber ich muß eingestehen, die Gründe, die von Seiten der Freunde der Arbeiterbeiträge angeführt wurden, waren für mich geradezu überzeugend. Man will, und zwar mit vollem Recht, um eine bessere Controlle auszuüben, die Arbeiter mitrathen lassen. Will man das aber, so muß man sie auch mitthaten, d. h. mitzahlen lassen; das scheint mir eine einfache, naturgemäße Consequenz zu sein.

Es hat dann der erste Herr Referent sich im Allgemeinen dahin ausgesprochen, daß die Zwangsverbände, die Gefahrenklasseneintheilung, kurz die ganze Gestaltung, wie sie in der neuesten Gesetzesvorlage vorgesehen sei, nicht seinen vollen Beifall habe. Er sagt, wenn ich ihn recht verstanden habe, die Staatsanstalt der ersten Vorlage scheine ihm verhältnißmäßig noch logischer construirt — oder habe ich ihn vielleicht mißverstanden? —, jedenfalls stimme ich ihm in dem ersten Punkte vollkommen bei; ich bin auch der Ansicht, daß die jetzigen Vorschläge der Eintheilung nach Gefahrenklassen und Bezirksgenossenschaften durchaus unzweckmäßig sind. Die einzig richtige Eintheilung ist die nach Berufsgenossenschaften, und ich habe mir alle mögliche Mühe gegeben, auch im

Volkswirthschaftsrath diese Ansicht zur Anerkennung zu bringen. Es war dies aber schon um deswillen nicht möglich, weil man eine vollkommene Umarbeitung der Vorlage hätte vornehmen müssen. Nur wenn man die Unfallversicherung aus Betrieben gleicher Natur gebildeten Genossenschaften überträgt, gewinnt man, wie Herr Professor Schmoller soeben richtig ausgeführt, lebensfähige Verbände, welche später auch weitere socialpolitische Aufgaben, wie die Invaliden- und Wittwenversicherung zu lösen vermögen. Die Einrichtung, wie sie jetzt vorgeschlagen ist, halte ich für ganz lebensunfähig nach jeder Richtung hin, auch financiell selbst bezüglich der kleinen Aufgabe, die man ihr zugewiesen hat in der Unfallversicherung.

Ich möchte dann noch kurz etwas bemerken über dasjenige, was der erste Herr Referent gesagt hat bezüglich der Pensionsversicherung im Allgemeinen. Der Herr Referent hat gerade gegenüber dieser Frage von der er anerkannte, daß sie diejenige wäre, die für die Armenpflege die practisch wichtigste ist, eine ganz andere Stellung eingenommen, wie gegenüber der Kranken- und Unfallversicherung. Er hat ausgeführt, daß er hier Gegner der Einführung des Zwanges sei, während er in Bezug auf die Kranken- und Unfallversicherung ihn zuließ innerhalb gewisser Grenzen. Der erste Grund, den er dafür anführte, war der, daß für den Pensionskassenzwang jede gesetzliche Basis fehlte, während bei den ersten beiden Versicherungsarten in gewissem Umfange eine solche bereits besteht. Er hat zwar hingewiesen auf die Knappschaftskassen, aber ausgeführt, daß die Gedanken, die dort realisirt seien, nicht practisch zu verallgemeinern wären, weil die Verhältnisse des Bergbaues ganz exceptionelle seien. Ich meine nun, daß sich auch bei den übrigen Gewerben mit der Zeit wohl ähnliche Verhältnisse wie beim Bergbau gewinnen ließen, wenn man die Unfallversicherung als Ausgangspunkt für die Schaffung einer geeigneten corporativen Organisation der Industrie benutzte.

(Der Redner bricht ab, da die Zeit von zehn Minuten um ist.)

Redacteur Dannenberg (Hamburg): Als ich mich zum Worte melden ließ, war der letzte Herr Referent gerade damit beschäftigt, die Frage der Durchführbarkeit, eventuell der Berechtigung einer allgemeinen Zwangskasse für Invalidenversicherung zu ventiliren und zwar in solcher Weise, daß ich annehmen mußte, er sei der Meinung, solche Kassen ließen sich auch schon jetzt einführen. Nachdem ich den folgenden Theil seiner Rede gehört, worin er ausführte, daß eigentlich das, was er hier vortrug, nur ein Idealbild der Zukunft sei, daß es nicht Jahre, sondern Jahrzehnte dauern könnte und würde, bevor man auch nur anfangen könne, an diese Sache heranzutreten, wäre es eigentlich überflüssig, meine Bedenken geltend zu machen gegen die Frage der Ausführbarkeit einer Zwangsversicherung gegen Invaliditätsfälle. Ich könnte deshalb auf das Wort verzichten; denn das, was in mehreren Jahrzehnten vielleicht kommen kann, drängt nicht dazu, von uns hier discutirt zu werden; was dann sein wird, wenn wir vielleicht Alle nicht mehr sind, mögen unsere Nachkommen überlegen. Der Herr Referent hat aber in seiner Rede exemplificirt auf bestehende Invaliditätskassen und daraus abgeleitet, daß, wenn gewisse Berufsgenossenschaften im Stande sind, schon jetzt eine Invaliditätsversicherung durchzuführen, es nicht schwer wäre, diese Kassen zu verallgemeinern und zum Vorbilde von Zwangskassen zu machen, und hiergegen möchte ich denn doch Einiges bemerken. Da erlaube ich mir nun ganz kurz auf folgende Frage einzugehen: wie arbeitet denn die Sache jetzt, und wie könnte sie arbeiten, wenn sie verallgemeinert würde? Diejenigen Genossenschaften, welche jetzt Invalidenkassen besitzen, haben den großen Vortheil, daß sie innerhalb enger Kreise Diejenigen beobachten können, die in die Lage kommen, Ansprüche als Invalide zu erheben. Sie können auch noch etwas Weitergehendes thun, und ich will hier an practische Erfahrungen anknüpfen. Die Collegen in dem Beruf haben nicht nur die Möglichkeit festzustellen, ob wirklich Invalidität vorliegt, sondern sie haben einen sehr breiten gangbaren Ausweg offen, um die Last der Invalidität von der Kasse möglichst abzuwälzen. Es ist der Weg, diejenigen, deren Erwerbsfähigkeit anfängt, zweifelhaft zu werden, thunlichst in den großen Betrieben unterzubringen, wo der Einzelne mehr oder weniger in der Masse verschwindet. Diese Leute bekommen dann keine Invalidenunterstützung, sondern sie werden factisch mit Arbeitslohn bezahlt, der ihnen gewährt wird, während sie ihn in Wirklichkeit gar nicht oder nur theilweise verdienen. Die Kassengenossen nennen das: wir nehmen den Alten mit und schleppen ihn durch. Diese Möglichkeit besteht, solange die Organisation sich beschränkt auf bestimmte Gewerbe. Wie wird es nun werden, sobald man eine allgemeine Organisation schafft, wo die persönliche Bekanntschaft aufhört, wo Beamte unter Zuhilfenahme von Sachverständigen entscheiden sollen, ob ein Fall von Invalidität vorliegt? Was ist überhaupt Invalidität? Das muß erst festgestellt werden, wenn ein Gesetz erlassen werden soll. Ist es der Beginn der Abnahme der Arbeitskraft, so daß der Mann, der früher als vorzüglicher Arbeiter galt, nicht mehr im Stande ist, die feine Arbeit zu machen und auf gröbere Arbeit sich zurückziehen muß? Oder ist es die Unfähigkeit, überhaupt noch ferner zu arbeiten? Oder ist es die Unfähigkeit, in dem bisher betriebenen Gewerbe sich zu ernähren, wobei die Fähigkeit bestehen bleibt, durch Uebergang zu einem anderen Nahrungszweige für sich zu sorgen, wie z. B. ein Mann, der in Folge von Augenkrankheit nicht mehr im Stande ist, ein Handwerk zu treiben, das scharfe Augen braucht, sich doch vielleicht noch als Bote, Thürhüter &c. durch die Welt schlagen kann. Wer soll entscheiden, ob und wann hier Invalidität vorliegt oder nicht? Was soll geschehen, wenn der Ausspruch lautet: der Mann ist nicht mehr im Stande, sich als Tischler zu ernähren, er hat zwei Finger der rechten Hand verloren, er könnte aber noch als Thürhüter &c. sein Brot verdienen? Was hat zu geschehen, wenn der Mann erklärt, arbeitsunfähig zu sein, aber auf die Möglichkeit hingewiesen wird, noch auf andere Weise als bisher sein Brod zu verdienen und namentlich während der Zwischenzeit, während welcher etwa nach einem solchen neuen Erwerbe gesucht wird? Wird dem Manne vorläufig die Invalidenpension zugesprochen, so wird er sich nicht übermäßig Mühe geben, nach neuer Arbeit zu suchen. Will man ihm dagegen die Pension vorenthalten, trotzdem er in demjenigen Gewerbe, in welchem er die Versicherung genommen hat, nicht mehr arbeitsfähig ist, so würde darin eine kaum verantwortliche Härte liegen. Das sind so ein paar Fälle, die mir vorgekommen sind, und die ich denjenigen, welche in die Lage kommen könnten, als Verwaltungsbeamte ein Zwangsinvalidenversicherungsgesetz zu handhaben, zur Erwägung vorlegen möchte.

Im übrigen kann ich mich berufen auf die Verhandlungen der ersten Jahre in unserm Verein, in welchen ich wiederholt Anlaß hatte, als Freund des

Kassenzwanges mit den Vertretern der Arbeiter, die ich heute zu meinem Bedauern hier vermisse und die damals sämmtlich gegen den Kassenzwang waren, zu disputiren. So gut wie ich mich in den Jahren 1873 und 1874 für den Kassenzwang in Bezug auf Krankheit- und Unfallversicherung ausgesprochen habe, stehe ich auch heute noch auf diesem Standpunkte. (Bravo.)

Referent v. Reitzenstein (Freiburg): Meine Herren! Ich will Sie nicht ermüden mit einer nochmaligen Ausführung zur Begründung meiner Ansicht über den Inhalt des Unfallversicherungsgesetzes, ich will nur bemerken, daß ich den Ausführungen der Herren Vorredner gegenüber bei meiner Ansicht, es handle sich im Wesentlichen um eine erweiterte, aber durch Versicherungszwang ausgeglichene Haftbarkeit, stehen bleiben. Ich möchte jedoch Einiges erwidern auf das, was soeben gesagt worden ist in Bezug auf die Ansicht, die ich dem Plane der Regierung bezüglich der Eintheilung in Gefahrenklassen gegenüber aufgestellt haben soll. Ich habe meinerseits im Wesentlichen nur die Ansicht zum Ausdruck bringen wollen, die Herr Kalle ausgesprochen hat, nämlich daß ich vermöge des complicirten Räderwerkes, sodann aber auch vermöge des der Eintheilung in Gefahrenklassen zum Grunde liegenden unhaltbaren Princips diese Organisation für außerordentlich schwerfällig und zur Ausführung wenig geeignet erachte. Ich bin dagegen nicht der Meinung, daß man zurückkehren solle zu dem früheren von der Reichsregierung bereits aufgegebenen Project; im Gegentheil, diesem Project gegenüber halte ich die Idee des jetzt vorliegenden Entwurfs eher für eine Verbesserung; das, was ich sagte, bezog sich auf Zweifel, die ich gegen die Zweckmäßigkeit der ihr gegebenen Ausführung hege. Ich hatte hinzugefügt, daß es mir zweifelhaft sei, ob nicht große, local abgegrenzte Verbände mit — als Regel — individualisirender Einschätzung vorzuziehen sein würden; ich hatte dies nur in allgemeinen Zügen als eine Eventualität hingestellt, ohne mich, was hier zuweit geführt hätte, auch über die Details der Ausführung näher verbreiten zu wollen.

Was nun die Verbindung anbetrifft, in die das Unfallversicherungsgesetz mit dem Krankenversicherungsgesetz gebracht worden ist, so bin ich weit entfernt, die Berechtigung jeden solchen Zusammenhanges zu bestreiten. Ich bin vielmehr der Meinung und ich habe auch betont, daß ein Zusammenhang allerdings schon insofern vorhanden ist, als die Krankenkassen ja eintreten müssen, bis festgestellt ist, ob ein Unfall vorhanden ist. Letzteres wird der Natur der Sache nach meist Ermittelungen erfordern; es wird daher durchaus nothwendig sein, daß gesetzlich den Krankenkassen die Verpflichtung auferlegt werde, in solchen Fällen vorläufig einzutreten, dergestalt, daß die Krankheiten, die durch Unfall entstanden sind, nicht von vornherein von der Krankenversicherung ausgeschlossen sind, sondern daß vorbehalten bleibt, in denjenigen Fällen, die sich als Unfälle qualificiren, nachher auf den verpflichteten Versicherungsverband wegen der Kosten zurückzugreifen. Außerdem bin ich ja der Meinung, daß überhaupt die Ausführung der Hilfeleistung, soweit sie Krankenversorgung ist, den Krankenkassen für Rechnung der Unfallversicherungsverbände übertragen bleibe. Ich glaube, daß mit dieser Ausführung sich diejenigen Argumente erledigen, die mit Bezug auf die gefürchteten Simulationen der Arbeiter vorgebracht sind. Ich stelle mir die Sache so vor, daß in der großen Mehrzahl der Fälle die Krankenkassen provisorisch und, ohne

Gewißheit darüber zu haben, ob später der Schaden als Unfallschaden anerkannt und eine Vergütigung seitens des Unfallversicherungsverbandes gewährt werden wird, einzutreten haben werden; bei der Ungewißheit des Ersatzes übernehmen sie ein gewisses Risico, sodaß die Mitglieder stets Anlaß haben, der Sache ihre Aufmerksamkeit zuzuwenden. Im übrigen inhärire ich meinem Gesichtspunkte nicht in der Schärfe, daß ich es als verwerflich erachtete, wenn das Minimum eines Zeitraumes angenommen würde als Voraussetzung eines Unfallschadens; ich wende mich hauptsächlich gegen die weite Bemessung dieses Zeitraumes, wie sie in der neuesten Regierungsvorlage enthalten ist.

Anlangend sodann das statistische Material, auf Grund dessen behauptet worden ist, daß diese den Krankenkassen zur Last fallenden Unfallschäden von unbedeutendem financiellen Gewicht sein würden, so habe ich meinerseits die volle Ueberzeugung nicht gewinnen können, daß diese Grundlage eine durchaus zuverlässige sei, weil es bis jetzt überhaupt an der Gewähr dafür gefehlt hat, daß die Unfallschäden vollständig aus den anderen Krankheitsfällen ausgesondert werden. Diese Gewähr wird erst mit besonderen rechtlichen Behandlungen der Unfallschäden gegeben sein.

Ich möchte Sie aber hiermit nicht länger aufhalten, da die Zeit drängt, und werde demnach nur noch mit einigen Worten der Vorträge der verehrten Herren Correferenten gedenken. Ich habe diesen Vorträgen, namentlich dem so ausführlichen des zweiten Herrn Correferenten, reiche Belehrung zu danken und erkenne mit Freuden die Ergänzung an, die meinem eigenen Vortrag dadurch zu Theil geworden ist. Ich eigne mir auch gern manche von den Gesichtspunkten des Herrn Correferenten an, namentlich auch einige von denjenigen, von denen aus er auf gewisse Bildungen in speciellen Gebieten hinwies, die ja als vorbildliche für die weitere Entwickelung der zwangsweisen Invalidenversicherung angesehen werden könnten. Meine Herren, ich habe in meinem Vortrage, in dem ich diese Frage ja nur summarisch behandeln konnte, nicht eingehen können auf alle diese speciellen Bildungen. An und für sich bestreite ich ja gar nicht, daß exceptionell derartige Bildungen in beschränkteren Kreisen gedeihen können; ich bestreite auch nicht, daß manche von ihnen der Erweiterung fähig sind; aber darin muß ich mir erlauben, dem Herrn Correferenten zu widersprechen, daß die Analogie der Pensionskassen von Beamten für die Organisation der allgemeinen Invalidenversicherung herangezogen werden könne. Der wesentliche Unterschied liegt darin, daß ein Beamter, insolange er dienstfähig bleibt, regelmäßig nicht ohne seinen Willen aus seinem Amte scheidet, während von dem Arbeiter nicht das Gleiche gilt. Hierin liegt ein sehr weitgreifender Unterschied. Ich gebe aber zu, daß es gewisse Kategorieen von Arbeitsverhältnissen geben kann, die sich mehr und mehr den Beamtenverhältnissen annähern, daß daher für Kategorieen, die derartige Fälle in sich begreifen, auch sehr wohl Bildungen am Platze sein können, wie sie in Betreff des Pensionswesens der Beamten bestehen. Nur wird hiermit für die Lösung des Problems der allgemeinen Invalidenversicherung wenig gewonnen.

Meine Herren! In der ganzen Färbung meines Vortrags und dem des zweiten Herrn Correferenten liegt allerdings ein Gegensatz, der, weil die Vorträge unmittelbar auf einander folgten, vielleicht noch schärfer aufgefaßt worden ist, als ich dies selbst vorausgesetzt hatte; wenigstens schließe ich letzteres aus einer Aeußerung, die Herr Kalle soeben gemacht hat. Dem gegenüber bemerke ich, daß es nicht meine Absicht gewesen ist, die Gegengründe gegen die Versicherung, der ich ja thunlichste Ausbreitung wünsche, besonders stark hervorzukehren. Ich glaube, daß sich jene verschiedene Färbung unserer Vorträge zu einem großen Theil zurückführt auf die Normirung, welche wir den zu behandelnden Fragen gegeben hatten. Der Herr Correferent hat in sehr dankenswerther Weise den Bereich des Themas, wie ich es für diesen Abschnitt meines Vortrags gefaßt hatte, erweitert und gesprochen von der Entwickelungsfähigkeit des Princips der Zwangsversicherung überhaupt. Er hat in der Einleitung zahlreiche Momente zusammengestellt, die für die Zukunft dieses Princips sprechen. Ich, meine Herren, beschäftigte, wie ich in der Einleitung meines Vortrags gesagt habe, mich mit dieser Frage hauptsächlich als mit einer Vorfrage für den zweiten Theil des Themas, den ich als den Hauptgegenstand der vom Ausschusse mir zugewiesenen Aufgabe betrachtete. Ich behandelte die Frage als eine Vorfrage für die Bemessung der Armenlast; ich normirte die Frage so: welche Handhabe haben wir in der gegenwärtigen Lage der Projecte über Organisation des Versicherungszwanges, um jetzt bei den Fragen der Prüfung der Reformprojecte für das Armenwesen von der Annahme einer Minderung der Armenlast ausgehen zu können? Wenn ich die Frage so stellte, dann konnte sie natürlich nicht zusammenfallen mit der Frage: Welche Hoffnungen bestehen für die Zukunft einer auf eine Reihe von Jahrzehnten hinaus sich erstreckenden Entwickelung des Versicherungswesens? Dann hatte ich vielmehr zu constatiren, inwieweit bestimmt begründete Aussichten für die Gegenwart oder nahe Zukunft bestehen. Dieser Fassung der Frage gegenüber glaubte ich zu einem negativen Resultat zu gelangen, d. h. zu der Feststellung, daß die Pläne in der Ausdehnung, wie sie uns jetzt erkennbar vorliegen, die Garantie und die bestimmte Hoffnung einer in naher, absehbarer Zeit eintretendenden, wesentlichen Verminderung der Armenlast noch nicht darbieten. Ich bin aber in einem Punkte mit dem Herrn Correferenten sehr einverstanden und ich danke es ihm besonders, daß er diesen Punkt, auf den ich im zweiten Theil meines Vortrags einzugehen gehabt hätte, hervorgehoben hat, nämlich den Punkt des Zusammenhanges zwischen den Reformen und den Organisationen, die sich auf das Gebiet des Versicherungswesens beziehen, und denen, die das Gebiet der Armenpflege betreffen. Ich bin vollkommen der Meinung, daß diese Reformen sich nicht trennen lassen, daß, je nachdem auf dem einen oder dem anderen Gebiet weiter vorgegangen wird, auch die gesammte Sachlage sich ändert für das andere Gebiet, daß die Aufgabe, von diesen sich vollziehenden Aenderungen der Sachlage aus die Projecte immer wieder zu prüfen, sich stets für uns erneuern muß. Ich glaube daher, daß auch an unseren Verein die Aufgabe herantreten wird, sich wiederholt zu beschäftigen mit diesem Thema, und ich bitte, daß, wenn die Herren mein Referat über die Reform der Armenpflege, wie ich es, da die Zeit zu Ende geht, Ihnen mündlich nicht mehr geben kann, wie ich es aber durch den Druck zu veröffentlichen beabsichtige, — wenn Sie meine darin enthaltenen Vorschläge lesen werden, Sie dieselben auffassen mögen als solche, wie sie mir durch die derzeitige Lage der Sache gegeben erscheinen, und wie sie daher, je nach den thatsächlichen Fortschritten, welche in dem einen oder anderen Zweige dieses großen Gebietes die

Organisation wirklich machen wird, auch weiteren Aenderungen unterliegen müssen. (Bravo.)

Reichstagsabgeordneter L. Sonnemann (Frankfurt): Meine Herren, ich habe mir von diesem Berathungsgegenstande sehr viel versprochen im Hinblick auf die schweren Aufgaben, die uns in der nächsten Reichstagssession bevorstehen, und ich will es offen aussprechen, ich bin in meinen Erwartungen nicht getäuscht worden. Sowohl seitens der Herren Referenten wie in der Debatte sind eine Menge neuer Gesichtspunkte geltend gemacht worden, und viele Punkte sind so klar hervorgetreten, wie das bisher kaum geschehen ist. Ich glaube, den Wunsch aussprechen zu sollen, ehe ich auf die Frage näher eingehe, daß die Verhandlung über diesen Gegenstand in einem separaten Abdruck an die Reichstagsmitglieder vertheilt werde; wenn hierfür unsere Mittel nicht ausreichen sollten, so würde sich vielleicht in anderer Weise Rath schaffen lassen. Wir werden hierzu etwa 500 Exemplare nöthig haben.

Ich möchte mir nur noch ein paar Worte zur Sache selbst erlauben. Alle Redner, die bisher gesprochen, haben die Eintheilung in Gefahrenklassen als ausschließliche Grundlage der Verbände verworfen. Ich habe keinen der Redner gehört, der sich in dieser Beziehung im Sinne der Vorlage ausgesprochen hätte. Das ist auch für mich ein Punkt, der mir sehr schwere Bedenken erregt. Herr Professor Schmoller hat dafür vorgeschlagen: „berufsgenossenschaftliche Verbände der Arbeiter." (Professor Schmoller „und Arbeitgeber"!) Nun, dann wird er sich auch befreunden können mit meinem Gedanken. Ich kann mir nämlich absolut nicht denken, daß die Genossenschaften, wie sie hier projectirt sind, practisches Leben gewinnen werden. Man kann solche Genossenschaften nicht begründen für die Unfallversicherung allein, wenn man nicht zugleich an die Invaliden- und Altersversorgung denkt. Mögen Einzelne glauben, daß die Verwirklichung dieses Planes in noch so ferner Zukunft liegt, so muß doch an die Sache herangegangen werden; denn blos für die Unfallversicherung einen so großartigen Apparat zu schaffen, erscheint mir absolut unhaltbar; derselbe würde sich sehr bald von dem Gedanken der Selbstverwaltung loslösen und zu einem rein bureaucratischen Institut herabsinken. Will man aber weiter gehen — und ich sehe darin nicht so schwarz wie einzelne der Herren — und für einzelne Berufszweige die Sache weiter ausdehnen, so glaube ich, daß z. B. die chemische Industrie schon heute so organisirt werden könnte, daß sie sich, wie sie es in ihren Anstalten meist auch bereits hat, Alters- und Invalidenversorgung einrichtet. Das wäre ein schöner Anfang in einem Berufszweig, der, wie schon Herr Professor Schmoller bemerkt hat, eine Musteranstalt herstellen könnte. Will man dies aber, so muß man die Genossenschaften so organisiren, daß sie auch geeignet sind, die Sache weiter zu entwickeln; denn nochmals besondere Genossenschaften zu begründen, eine für die Unfallversicherung und eine für die Alters- und Invalidenversorgung, daran kann Niemand ernstlich denken. Es wäre nun sehr wünschenswerth, bis zum Beginn der Reichstagssession von Seiten der Herren, die sich so ernstlich mit der Sache beschäftigt haben, noch weitere Vorschläge gemacht zu sehen; denn sonst fürchte ich sehr, daß wir im Reichstage eine zweite Fehlarbeit machen werden.

Correferent Bürgermeister Adickes (Altona): Meine Herren! Nur für kurze Zeit lassen Sie mich zum Zweck einiger Berichtigungen nochmals Ihre Nachsicht in Anspruch nehmen! Herr Bueck scheint mich mißverstanden zu haben, wenn er meint, daß ich gesagt hätte, man könnte nur beliebig decretiren, die Arbeitgeber sollten so und so große Beiträge zahlen. Ich habe aber von vornherein betont, daß das Entscheidende in diesen Dingen das Maß ist; und ob man sagen könnte: die und die Industrie kann das und das tragen, darüber wollte ich mich heute nicht auslassen, weil mir dazu die Unterlagen fehlen. Ich stehe ganz auf dem Standpunkte des Herrn Professor Cohn, daß die Bestimmung des rechten Maßes eine sehr schwer zu behandelnde Frage ist.

Wenn sodann Herr Sonnemann meint, daß die chemische Industrie schon in der Lage wäre, die ganze Last der Invaliditäts-, Wittwen- und Waisenversicherung zu tragen, so würde ich mich sehr freuen, wenn dies begründet ist; ich stehe dieser Industrie zu fern, aber, wenn es möglich wäre, solche tragfähigen Industrieen in Deutschland schon jetzt aufzuweisen und für sie sofort weitergehende Institutionen zu schaffen, so würde ich deren Einrichtungen als Musteranstalt gern begrüßen.

Herr Dannenberg hat gesagt, ich hätte eigentlich nur ein Ideal vorgezaubert und auch gleich dabei gesagt, daß es nicht so schnell auszuführen sei. Ich bin nun allerdings insofern derselben Ansicht wie Herr Dannenberg, daß die Bedenken, die er angeführt hat, bei der Durchführung nicht ernst genug erwogen werden können, aber, meine Herren, man muß sie andererseits auch nicht überschätzen.

Sodann wollte ich noch gegenüber demjenigen, was Herr von Reitzenstein wegen der großen Armenverbände geäußert hat, bemerken, daß ich außerordentlich bedauere, daß sein zweites Referat wegen der leider auch durch meine Schuld vorgerückten Zeit nicht mehr zum Vortrage kommen wird. Ich glaube mit ihm, daß der ganze Schwerpunkt der Reformen der Armenpflege darin liegt, wie wir die großen Armenverbände organisiren, und daß die Reformen nur darin gefunden werden können, daß zur Ergänzung der nicht leistungsfähigen kleineren Verbände größere Verbände geschaffen werden.

Herr von Reitzenstein meinte ferner, das Beispiel mit der Versicherung der Beamten träfe nicht ganz zu, weil dieselben nicht ganz beliebig entlassen werden könnten. Ja, unter den städtischen Beamten sind aber eine Reihe solcher, die auch auf Kündigung stehen, also die Verhältnisse sind dieselben. Trotzdem sind die communalen Beamtenkassen geschaffen und wirken in Segen; man theoretisirt eben dort nicht soviel, sondern man freut sich, wenn man etwas Gutes, wenn es auch unvollkommen ist, schaffen kann.

(Die Discussion wird geschlossen.)

Vorsitzender Professor Dr. Nasse (Bonn): Der Herr Referent Freiherr von Reitzenstein hat schon erwähnt, daß es jetzt kaum noch möglich sein würde, den zweiten Theil seines Referates zu erstatten. Unsere Reihen sind schon erheblich gelichtet, und ein Referat, welches doch längere Zeit in Anspruch nehmen würde, würde wahrscheinlich nur sehr wenig Zuhörer noch finden; es würden sich aber keinesfalls noch längere Debatten daran knüpfen können. Vielleicht würde es der Versammlung genehm sein, daß das Referat in den stenographischen Bericht aufgenommen wird, natürlich mit der Bemerkung, daß die Zeit die Erstattung dieses Referates nicht erlaubt habe; es ist das schon früher einmal geschehen bei einem Referat, welches Herr Geheimrath Engel zu erstatten hatte, als es wegen Mangels an Zeit auch nicht möglich war, dasselbe mündlich vorzutragen. (Zustimmung.)

Es ist sodann zu bedauern, daß in Folge der Fassung des Themas und des Umfanges des Gegenstandes, welcher so außerordentlich viele Seiten hat, die Debatte etwas auseinander gegangen ist, so daß die Auffassung der Frage seitens des ersten Herrn Referenten einigermaßen verschieden war von der des dritten Herrn Referenten; es ist in Folge dessen vielleicht doch zweckmäßig zu constatiren — ich bin gebeten worden, solche Constatirung vorzunehmen —, daß von allen Seiten, mit Ausnahme des zweiten Herrn Referenten, der sich auf wenige Bemerkungen beschränkte, betont worden ist, daß der Versicherungszwang vor der Zwangsarmenpflege entschiedene Vorzüge habe und daß eine Versicherung der Arbeiter auf den verschiedensten Gebieten, soweit sich sich einrichten läßt, immer besser sei, als eine Ertheilung von Almosen seitens der politischen Armenbehörden. In dieser Beziehung hat jetzt im Unterschied von früheren Verhandlungen eine ziemliche Uebereinstimmung zwischen sämmtlichen Rednern stattgefunden. Es ist eine Verschiedenheit der Meinungen auch nicht hervorgetreten in Bezug auf die unmittelbare Anwendbarkeit dieses Zwanges in der Unfallversicherung und der Krankenversicherung; man ist vielmehr einig gewesen, daß ein Versicherungszwang in der einen oder anderen Form für die Unfall- und die Krankenversicherung zweckmäßig sei. Ueber die Abgrenzung dieser beiden Gebiete gingen die Ansichten einigermaßen auseinander. Dagegen ist die unmittelbare Ausführbarkeit des Versicherungszwanges für die Invalidenversicherung, sowie für die Wittwen- und Waisenversicherung ebenfalls von sämmtlichen Rednern in Abrede gestellt worden. Keiner hat behauptet, daß gegenwärtig eine allgemeine Versicherung auf diesen Gebieten nach den bisher gemachten Vorschlägen thunlich sei. Andererseits wurde aber hervorgehoben, daß auch auf diesen Gebieten eine Ausdehnung des Princips der Zwangsversicherung zu erstreben sei, und besonderes Gewicht wurde darauf gelegt, daß dieselbe in Form der Berufsgenossenschaften zu erfolgen habe. Man meinte — und der eine Herr Redner schien da größere, der andere geringere Hoffnungen zu haben —, es werde vielleicht möglich sein, in der Form von Zwangsgenossenschaften, wie sie unter den Bergwerksarbeitern bestehen, allmählich einen Berufszweig nach dem anderen zu organisiren. Die genaue Anpassung an die Knappschaftsverbände ist von Niemandem gewünscht worden; man wünschte Modificationen der Einrichtung, aber doch eine Zwangsversicherung der Berufsgenossen, wie sie der Grundgedanke der Knappschaftsverbände ist.

Ich glaube, so wenigstens einige der Gesichtspunkte getroffen zu haben, in denen die Herren Redner übereingestimmt haben. (Sehr richtig.)

Was den von Herrn Sonnemann gemachten Vorschlag angeht, diese Verhandlung separat abdrucken zu lassen und die Separatabdrücke den Reichstagsmitgliedern zuzustellen, so frage ich den Herrn Antragsteller, ob es ihm genügt, wenn ich ihm sage, daß der Ausschuß diese Frage in Erwägung ziehen wird?

Ich glaube, daß nach der Lage der Dinge pecuniäre Hindernisse kaum im Wege stehen können. (Zustimmung des Herrn Sonnemann.)

Dann schließe ich die Versammlung und danke den Herren für ihr Erscheinen und für die Aufmerksamkeit, welche sie den Verhandlungen gewidmet haben. Ganz speciell gilt mein Dank den Herren Referenten, welche durch so sorgfältige Referate die Verhandlungen eingeleitet haben, und den Mitgliedern des Bureaus, sowie den Herren von Frankfurt, die uns einen so angenehmen Aufenthaltsort zur Verfügung gestellt und uns auch sonst das Tagen hier am Orte so wesentlich erleichtert haben.

Fabrikbesitzer F. Kalle (Wiesbaden): Meine Herren! Wenn meine kurzen Ausführungen von vorhin auch nicht überall Ihren Beifall gefunden haben, meine jetzigen noch viel kürzeren werden ihn jedenfalls in jeder Richtung finden. Ich bitte Sie, erheben Sie sich von den Plätzen und sprechen Sie damit unserm Herrn Präsidenten Ihren Dank aus für die liebenswürdige und tüchtige Weise, in der er die Verhandlungen geleitet hat. (Lebhaftes Bravo.)

Vorsitzender Professor Dr. Nasse (Bonn): Meine Herren! Ich danke Ihnen. Ich weiß, wieviel ich Ihnen und zwar sowohl Ihrer Nachsicht, wie Ihrer Unterstützung bei den Verhandlungen zu danken habe.

(Schluß der Sitzung um 4 Uhr.)

Liste der Theilnehmer

an der

Versammlung des Vereins für Socialpolitik

in

Frankfurt am Main

am 9. und 10. October 1882.

Adickes, Bürgermeister, Altona.
Arendt, Dr., Berlin.
Blum, Dr. W., Reichstagsabgeordneter, Heidelberg.
Bokelmann, W., Kiel.
von Broich, Freiherr, Landrath, Hersfeld.
Brüning, Dr., Frankfurt a. M.
Bueck, Generalsecretär, Düsseldorf.
von Bulmerincq, Dr., Geh. Rath, Professor, Heidelberg.
Cohn, Dr. G., Professor, Zürich.
Conrad, Dr., Professor, Halle.
Dannenberg, Redacteur, Hamburg.
Degenkolb, Dr., Professor, Tübingen.
Delbrück, Dr. Hans, Berlin.
Elster, Dr. L., Halle.
Franck, Dr. A., Charlottenburg.
Frenkel, Redacteur, Frankfurt a. M.
Friedberg, Dr. Rob., Leipzig.
Geffcken, Dr., Staatsrath, Straßburg.
Geibel jun., **Carl,** Buchhändler, Leipzig.
Geibel, **Paul,** Unterrohn bei Salzungen.
Groß jun., Dr. **Gustav,** Wien.
Hammacher, Dr., Reichstagsabgeordneter, Berlin.
Heitz, Dr. E., Professor, Hohenheim.

Hutzel, Oberamtmann, Blaubeuern.
von Ihering, Dr. R., Geh. Rath, Professor, Göttingen.
Kalle, Fritz, Wiesbaden.
Kleser, Dr. H., Cöln.
Knops, Ph., Grubendirector, Siegen.
Lammers, Dr. A., Redacteur, Bremen.
Lexis, Dr. W., Professor, Freiburg i. B.
Ludwig-Wolf, Stadtrath, Leipzig.
Marburg, Franz, Rentier, Wiesbaden.
Meili, Dr., Rechtsanwalt, Zürich.
von Miaskowski, Dr., Professor, Breslau.
Miquel, Dr., Oberbürgermeister, Frankfurt a. M.
Nasse, Dr. E., Geh. Rath, Professor, Bonn.
Neumann, Dr. Fr. J., Professor, Tübingen.
Neustädter, Redacteur, Frankfurt a. M.
Paasche, Dr. H., Professor, Rostock.
Popper, Dr., Berlin.
Post, Dr. Jul., Professor, Hannover.
Rauch, Jean, Frankfurt a. M.
von Reitzenstein, Freiherr, Bezirkspräsident z. D., Freiburg i. B.
von Roggenbach, Freiherr, Staatsminister a. D., Bonn.
Samter, Ad., Banquier, Königsberg.
Schillings, Carl, Bürgermeister, Gürzenich.
Schmoller, Dr., Professor, Berlin.
Schulze, Dr., Geh. Rath, Heidelberg.
von Schwerin, Graf, Landrath, Weilburg.
Sewigh, Hugo, Frankfurt.
Seyffardt, L. F., Fabrikbesitzer, Crefeld.
Simons, Louis, Elberfeld.
Sombart, Rittergutsbesitzer, Berlin.
Sonnemann, Leop., Banquier, Frankfurt.
Spier, Dr., Frankfurt a. M.
Struck, Dr. Emil, Straßburg.
Thiel, Dr., Geh. Reg.-Rath, Berlin.
Thun, Dr. A., Professor, Basel.
Varrentrapp, Dr., Stadtrath, Frankfurt.
von Wintzingerode, Graf, Landesdirector, Merseburg.

Verzeichniß der Redner.

FSC
www.fsc.org
MIX
Papier | Fördert gute Waldnutzung
FSC® C083411

Kolibri 360 GmbH
Ferdinand-Jühlke-Straße 7
99095 Erfurt, Deutschland
produktsicherheit@kolibri360.de

Druck:
CPI Druckdienstleistungen GmbH
im Auftrag der
Kolibri 360 GmbH
Ferdinand-Jühlke-Str. 7
99095 Erfurt